FBI
操纵术

联邦调查局特工的绝密人心侦破术

鲁毅◎编著

湖南人民出版社
民主与建设出版社

图书在版编目（CIP）数据

FBI操纵术 / 鲁毅编著. -- 长沙 : 湖南人民
出版社，2012.3

ISBN 978-7-5438-8226-3

Ⅰ. ①F… Ⅱ. ①鲁… Ⅲ. ①心理交往－社会心理学－通俗
读物 Ⅳ. ①C912.1-49

中国版本图书馆CIP数据核字（2012）第032665号

出　　　版：湖南人民出版社・民主与建设出版社

　　　　　　（地址：长沙市营盘东路3号 410005）

经 销 者：全国新华书店

印 刷 者：三河市天润建兴印务有限公司

开　　　本：710×1000　1/16

字　　　数：250000

印　　　张：18

出版时间：2012年4月第1版

印　　　次：2019年1月第6次印刷

出 版 人：谢清风

责任编辑：胡如虹

特约编辑：陈荣赋　张　斌

封面设计：柏拉图创意

ISBN 978-7-5438-8226-3

定　　　价：39.80元

FBI
前言

　　FBI 的盛名可谓由来已久，这个成立于 1908 年的美国联邦调查局在其 100 多年的历史进程中处理了无数棘手的核心案件，为美国立下了汗马功劳，堪称世界上最大的情报机构和执法机构。其一流的技术和设备令人叹为观止，而 FBI 特工的心理素质和工作过程中所运用的心理操纵术则最让人称道。

　　的确，FBI 特工一流的操纵术使其具有超强的办案效率。值得指出的是，人性的相通使得 FBI 操纵术在很大程度上也适用于我们的日常生活。在我们的日常生活中，人与人之间的交往，往往就是心理与心理的较量，不是你影响他人，就是他人驾驭你。随着 FBI 的名字被大众所熟知，FBI 操纵术也成了大家争相学习的对象。许多人都希望从 FBI 的实践中学习一些读心、攻心智慧，从而使自己成为一个人际交往的高手。

　　但是，很多人对"操纵术"有一点误会，在他们看来，"操纵术"总是与"阴险狡诈"、"阴谋"、"算计"等词语有必然的联系。其实，"操纵术"并不是贬义。不管是在职场中还是在社交场合，若懂得读心和攻心战术，就会让自己在人际交往和工作中左右逢源、游刃有余。

　　人心是世界上最复杂的东西，人与人之间的关系也是世界上最复杂的关系。读心攻心，掌控别人的心理，是一种战术，也是一种技术，需要我们认真观察，仔细判断，知人知面更要知心，掌控别人的心理才能洞察别人的一言一行，才能在人际交往中趋利避害、八面玲珑，在工作中如鱼得水、尽得先机、掌控一切。

　　FBI 认为，人的一切行动都是由心理控制的，在生活和工作中，懂得并且运用操纵术可以使人有效地驾驭他人，如此自然会达到事半功倍的效果。所以一旦学会了 FBI 操纵术，我们就可能在人际关系和工作场合中摆脱被动局面，占据主导地位，从心理层面影响和驾驭他人。

　　本书系统总结了 FBI 在身体语言、攻心术、操纵术等方面的理论研究成果和刑事侦破活动中的实战经验，并将之灵活运用到人们日常工作、交往和生活中。全书分为"FBI 特工神秘读心术"、"FBI 特工绝密攻心术"上下两篇。阅读本书，你将对 FBI 操纵术的形态、内涵战术、技巧及其运用有全面深入的了解，运用 FBI 的系列读心攻心策略，识人心知人性，揭开人心的神秘面纱，洞穿他人的内心世界，在人生各个场合驾驭局面、战胜对手、稳操胜券，让事业、财富、成功、幸福等手到擒来，如愿而至！

FBI

目录

上篇　FBI 特工神秘读心术——一眼看透人心

第六章　你来我往，各怀"鬼"胎
——FBI特工的人际交往读心战术

第七章　火眼金睛，看谁说谎
——FBI特工的破解谎言读心战术

下篇　FBI特工绝密攻心术——攻克心理堡垒

第八章　先声夺人，先入为主
——FBI特工的强势出击攻心战术

第十二章　　旁敲侧击，迂回进击
——FBI 特工的侧面突破攻心战术

第十三章　　虚张声势，故弄玄虚
——FBI 特工的心理博弈攻心战术

第十四章　　说到心坎，突破心防
——FBI 特工的无敌说服攻心术

第十五章　　糖衣炮弹，威力巨大
　　　　　　——FBI 特工的人情投资攻心术

附　录　　FBI 在行动
　　　　　——FBI 大事绝密档案

FBI 上篇

FBI 特工神秘读心术
——一眼看透人心

FBI 第一章

知面知心，一眼识破
——FBI 特工的外观容貌读心战术

在 FBI 特工看来，通过对一个人外貌的观察，就可以做到对这个人的性格特征以及情绪变化的把握，这种观察，包含了对眼睛、眉毛、鼻子、嘴巴、耳朵、头等部位的观察。FBI 心理专家在这方面的研究，完全可以借鉴到我们的生活中，让我们通过"知面"进而"知心"，从而了解对方。

头：透视对方内心的起点

头是一个人的重要组成部分，人们在情急之下往往会顾"头"不顾"尾"，这种本能反应也很好地说明了头是人最关键的部位。事实上，头的作用还很多，我们可以通过"头"了解到很多的信息。FBI 特工根据头的形状来分析人的性格：

1. 正方头

追求自由、不受拘束、喜欢运动、精力充沛、性格活泼、勇于探索，是这些人的特征，他们尤其喜欢野外运动。理论性的东西并不是他们喜欢的，这种人一旦发言，常常会提出富有建设性的意见。

同时，这类人特别能吃苦，对于别人很难忍受的事情，在他们看来却只是小菜一碟。他们最大的缺点就是不大喜欢读书，这就使得他们头脑简单，思想单纯，他们也不善于思考问题。他们的观念中，生存的本领在于实干的精神和充沛的体力。

2. 长方头

这种人不会用武力去达到自己的目的，他们更愿意凭借智力获得成功。外交家、推销员等往往是他们适合的职业。

但是，他们缺乏应有的勇气和行动能力，能够做出完美的计划，却总是执行力不够。在金钱方面，他们会挣钱但却不懂得理财，因此金钱很容易流失。

3. 圆形头

这类人会让人感觉和蔼、幽默和可亲可敬。在生活上他们更愿意享受，喜欢吃，喜欢睡，所以身体越来越胖，这就使得他们行动缓慢，给人一种慵懒的印象。但是拥有这种头形的女性，往往很受人欢迎。

4. 三角头

这种类型的头，前额宽而高，下巴比较尖，脸就像是倒立的三角形。这种人智商很高，善于思考，逻辑推理能力也很强，爱好广泛，足智多谋，具有很强的创造力。做事也容易冲动，有拍案而起的气魄。

据 FBI 资料库显示，思想家、发明家、文学家、教育家、设计师、评论家等多属于这种类型。

5. 残月头

这种人喜欢说话，但是不经意间总是容易得罪人。这类人的反应很快，但热情退得也快，给人不稳定的感觉，这类人很容易冲动。FBI 特工说，喜欢发怒的，往往多是这样的人。

6. 新月头

这种人优点很多，其中谨慎就是这种人最大的优点，他们对别人的话持观望态度，很少会冲动，不会做出鲁莽的事情。办事比较果断也是他们的一项优点，做事理智。无论办什么事情，他们都三思而后行，从来不肯轻举妄动，一旦行动，往往会有所收获。

这种人也具有很明显的不足之处，那就是思维迟钝，行动缓慢，做事过于循规蹈矩，为人也很固执。

7. 平直头

这种人需要分为两种来看，鼻梁挺一些的，会很有智慧，做事成功往往会多于失败；如果鼻梁下陷或者鼻孔上仰，会让人感觉到愚蠢。事实上他们的确反应比较迟钝，所以，失败容易伴随他们做任何事情。

8. 凹额头

这类人的额头后仰，鼻梁很高，眉骨凸出，嘴唇后缩，下巴却很长，有点像字母"C"。这种人思维很敏捷，智商很高，他们的人缘很好，注重交际，做事有气魄，善于使用谋略，可以称得上是名副其实的奇才。

这类人同时还很容易成为领袖人物，组织及领导才能都很强，同时有雄辩之才，常常妙语连珠，让人感觉到他们所特有的魅力。但这也造就了他们固执己见的态度，做事也会疑虑重重，甚至有点杞人忧天。

眼睛：一眼看穿对方的命门

在 FBI 特工眼里，眼睛是人的面部最主要、最可靠的部位，它为人与人之间的信息沟通提供了一种永恒的渠道，将人的性格、学识、情操、趣味和品性暴露无遗。眼睛是人的心灵之窗，不管一个人是正是邪，只要通过观察他的眼睛就可以立即辨识。比如，天真无邪的孩子，目光必然清澈明亮；而利欲熏心的人，眼中所透露出来的就是混浊不正了。

根据 FBI 特工的观察，善良淳朴的人，一般眼神坦荡、安详；狭隘自私的人，眼神狡猾、昏暗；不恋富贵、不畏权势的人，眼神刚直、坚强；见异思迁、见风使舵的人，眼神游移、飘忽。眼睛的神采如何，眼光是否坦荡、端正等，这些都可以反映出对方的德行、心地、人品以及情绪。

在我们的日常生活中，当人们视线相互对视时，都会处于一种矛盾的心理中，一方面他们认为这种对视会让对方感到不快，另一方面又想假如视线转移了，对方会不会看透自己的心理。在这种进退两难的矛盾状态之中，人们就会变得更加焦急，越会注视对方的眼睛，更剧烈的反应便随之产生，也就越害怕对方会看透自己的心理，强烈不安的心理情绪就越严重。这种状况的产生源自于他们的不自信，据 FBI 特工分析，这种人习惯从别人眼中反映出的自己来认识和确认自己的存在与价值。

我们都知道，一个向别人撒谎的人，一般是不会正视对方的眼睛的，他们会将视线移向一边。那么我们是否可以就此认定，当一个人和另一个人谈话时只要他敢于直视对方的眼睛，他就一定没有对对方撒谎呢？先一起来看一个 FBI 心理专家做的实验。

实验中，FBI 心理专家把参加实验的人员分为甲乙两组，并让甲组的人对乙组的人撒谎，同时，他们还要求甲组中 85% 的人看着对方的眼睛撒谎。随后，他们又把两组人员的撒谎过程全程录像。录像完毕后，再到一家电视台做了一期《你能识别哪些人在撒谎》的谈话节目，让台下观众通过看录像节目找到撒谎的人，并让他们说明各自的理由。

结果，很多观众都中了 FBI 心理专家的"圈套"。高达 95% 的撒谎而注视对方眼睛的人都没有被观众识破，他们被当成了说实话的人。让观众误解的正是因为他们敢于正视对方的眼神。而在那些事先没有被 FBI 心理专家叮嘱过在撒谎时要注视对方眼神的"骗子"中，80% 的都被识破了。他们在与对方说话时，其游离不定的眼神出卖了他们。通过这一实验，FBI 心理专家还惊奇地发现，在识别谎言方面，女性要做得更好一些。她们能较为准确地发现对方声音的变化、瞳孔的变化、眼神的变化，以及其他一些表情、心理等的变化。

由此，我们可以说，当一个人和另一个人谈话时即使敢于直视对方的眼睛，也不能保证他没有撒谎。在现实生活中，很多有丰富经验的骗子在行骗时，往往会一直和对方保持眼神的交流，以此骗过对方。事实也证明，他们的想法没错，因为他们借助于此成功了太多次。由此可见，只通过眼神不一定能准确地判定一个人是否在撒谎。除了观看一个人的眼神以外，还要结合他在说话时流露出来的一些其他动作，才可能对他说话的真伪得出一个较为准确的判断结果。

FBI 特工发现，如果一个人（尤其是陌生人）和你对视的时间占了你们交流总时间的一半以上，你就应该注意了。你们的对视很可能会是下面三层意思：

（1）他可能在向你撒谎，他的长时间眼神交流只是一种假象，让你觉得他说的全是实话；

（2）他可能对你有所企图，这种眼神交流就是一种暗示，他或许是想从你那儿知道某个消息或是确认某件事情，又不便开口，只能用眼神来告诉你；

（3）他对你充满敌意，他的眼神其实就是在向你下战书。

在人们交流的过程中，双方身体语言使用得最多的还是"眼神"。FBI 特工研究证实，人们在谈话时（盲人除外），眼神的作用甚至会超过有声语言。很多时候，用语言费力了很久也不能说清的思想情感，往往以一个简单的眼神就能表达得清清楚楚、明明白白。

在与人交流时，对方用斜视的目光来打量的情况会经常发生，这又是什么意思呢？来看 FBI 的调查结果：

1. 表示不确定的犹豫心态

当一个人与他人进行交流时，如果他对对方所说的话感到有些疑惑，或是需要自己作出决定但又有很多不确定的因素客观存在时，此种情况下，他就会用斜视的眼光看着对方，同时把眉毛向上拱起，试图在讯问对方："你说的是真的吗？"或是试图告诉对方："抱歉，我现在还不能作出决定。"

2. 表示自己对对方所说的很感兴趣

用斜视的目光悄悄地打量着对方，很有可能是因为在与对方交谈的过程中发现对方很有趣或是很有吸引力，这种时候一般还会扬起眉毛或是露出浅浅的微笑，当然这种时候也会成为求爱的信号。

3. 表示敌意或轻视的态度

这是最常见的一种含义，在与对方交流时，要么是对对方有一定的意见，要么是对自己过于自信，那么，在交流的过程中，就会露出这种眼神。FBI 特工指出，当看别人时，最好不要用斜视的眼光去打量对方，以免引起对方的不快。

FBI 研究表明，人眨眼的频率是 1～3 次 / 分钟，闭眼的时间为 1/10 秒，这属于正常情况。而为了某个特定的目的或是为了表达某种特殊的情感，这个时间和频率就会发生变化，所以，如果你凑巧遇到某个人对你做出此种姿势，就得留意他此举的含意了。

FBI 心理专家指出，心理压力忽然增大会导致人们的眨眼频率增加。比如，一个人在撒谎时，害怕自己的谎言被对方揭穿，在说完谎话后，他的心理压力会增大，眼睛也就会随着眨呀眨，最高可达每分钟 15 次。这就告诉我们，当和别人谈话时，如果发现对方不断地眨眼睛，说话结结巴巴，这就需要判断他说话的真伪了。

如果一个人故意延长眨眼时间，往往意味着他对对方已失去了兴趣，或感到了厌烦，甚至是生出自己比对方要"高一截"的想法。他们延长眨眼的时间的目的，就是为了阻止对方进入他的视线，或是想将视线中的对方清除出去。所以，他们在看对方一眼后，往往要把眼睛闭上 2～3 秒钟，甚至是更长的时间。如此反复数遍，直到对方察觉他的意思为止。

FBI 的经验告诉我们，很多位高权重的人最喜欢用此种方式来看那些没有地位和权势的普通人，甚至还会倾斜着头来看，以此洞察对方身上所有的卑微和胆怯。这时对方一旦用直视目光看着他们时，他们反而会显得手足无措。

FBI 的这一研究可以运用到我们的生活中。比如，在与老板谈话时，老板的眼睛不断地一开一闭，这表明老板对该员工的回答可能不太满意。这就需要你在接下来的谈话中改变谈话方式，以重新引起他的注意。比如，有时候趁着老板闭眼的过程，迅速地向左或向右跨一步，当他睁开眼的时候，给他一种错觉，这样往往能让他开始留意你说话的内容。当然，如果是因为老板自视高傲而故意对你延长眨眼时间，那就没有这个必要了。

眉：透视对方的点睛之笔

在过去，人们往往认为眉毛的主要功能是防止汗水和雨水滴进眼睛里。眉毛除了有这种功能之外，还与表情有很大的关系，人的眉毛可以展现心情的变化。FBI 特工指出，每当人们的心情有所变化时，眉毛的形状也会跟着改变，从而传递出许多重要信号。FBI 的精英们之所以能够快速掌握某人的情感变化，作出正确的决断，这和他们仔细观察对方的眉毛，并且进行积极的分析是分不开的。通过大量的经验和案例，他们将眉毛反映人的心情变化情况分为以下几种：

1. 低眉

低眉是一种受到侵略时的表情，防护性的低眉目的是保护眼睛，免受外界的伤害。

FBI 特工的实战经验告诉人们，在危险面前，光是低眉仍不够保护眼睛，还需要将眼睛下面的面颊往上挤，这样做的目的是为了最大程度地保护自己，这种情况下眼睛仍保持睁开并注意外界动静。这种上下压挤的形式，是在遭受袭击时典型的退避反应，突然见到强光照射时眼睛就会产生这种反应，人们的情绪强烈波动如大哭大笑或感到极度恶心时，也会在脸上产生这种情状。

2. 皱眉

一般人常把一张皱眉的脸视为凶猛，而在 FBI 特工看来，真正带有侵略性的表现出毫无畏怯的脸反而是瞪眼直观、毫不皱眉的。

皱眉代表着很多种心情，例如否定、希望、怀疑、疑惑、快乐、惊奇、诧异、错愕、不了解、傲慢、无知、愤怒和恐惧等。

眉头深皱做出忧虑状的人，一般是对目前的境地不满意却又无法逃离的人；因大笑而皱眉，这种人的内心还是有着轻微的惊讶成分的。

3. 眉毛一道降低，一道上扬

这种状况表达的信息介于扬眉与低眉之间，他的内心一半激越，一半恐惧。尾毛斜挑通常处于怀疑状态，扬起的那道则像是提出一个问号。

4. 眉毛打结

这是指眉毛同时上扬及相互趋近，和眉毛斜挑一样。

这种表情代表着严重的烦恼和忧郁，当然，有些慢性疼痛的患者也会如此，急性的剧痛则是低眉而面孔扭曲的反应。

FBI 特工指出，只有在人们心中极度悲痛的时候，才会做出眉毛的内侧端拉得比外侧端高，而成吊眉似的夸张表情。眉毛先上扬，然后迅速下降，这种短捷动作，是一种友善表示。它通常会伴着扬头和微笑，但也可能自行发生。眉毛闪动在对话中也时有出现，这是为了强调语气，当需要强调时，眉毛就会扬起并瞬即落下，像是不断在强调："我说的这些都是很惊人的！"

另外，见面时，眉毛闪动，是表示"哈啰"，连闪好几下就像是在说："哈啰！哈啰！哈啰！"如果前者是说"看到你我真高兴"，而后者则在说"我真是太意外，太高兴了"。

5. 耸眉

耸眉大多出现在一些人的说话中。人在热烈谈话时，差不多都会重复做一些小动作以强调他所说的话。有些人讲到要点时，会不断耸起眉毛，那些习惯性的抱怨者在絮絮叨叨时就会这样做。

其实，眉毛的形状是千变万化的。FBI 的心理专家研究指出，眉毛可有十几种动态分别用来表示不同的心理变化，在此就不一一列举了。总之，眉毛对眼睛的保护作用是功不可没的，对于我们了解一个人，透视对方的心理同样有着巨大的作用。

鼻：FBI 特工教你读懂鼻上的表情

FBI 特工的经历告诉我们，鼻子动作虽然轻微，但也能表现一个人的心理变化，就是说，鼻子也有"表情"。

简单来说，在谈话中对方的鼻子如果稍微胀大，多半表示满意或不满，或情感有所抑制；鼻头冒出汗珠时，则说明心里急躁或紧张，如果对方是重要的交易对手时，必然是急于达成协议；摸着鼻子沉思时，说明正在思考方法，希望有个权宜之计解决当前的问题。不仅如此，FBI 还指出，不同形状的鼻子，也可以告诉我们不同的语言。鼻子的形状像鹰嘴，尖向下垂呈钩状，这种人比较阴险凶暴；鹰鼻而眼深者则生性贪婪不知足；如果鼻子的颜色整个泛白，表明此人性情畏缩不前；鼻孔朝着对方，显示此人藐视对方，轻视别人；鼻子坚挺的人性格坚强，决定的事情他一定要做到。

FBI 身体语言研究专家为了搞清楚鼻子的"表情"，做过这样一个观察。他们在车站观察、在码头观察、到机场观察，在观察了一周后，得出结论：人的鼻子是会动的。FBI 的专家指出，在有异味和香味刺激时，鼻孔会做出伸缩动作且很明显，甚至整个鼻体会微微地颤动，接下来就会开始"打喷嚏"。这些动作，其实都是在发出信息。此外，高鼻梁的人内心会有某种优越感，表现出"挺着鼻梁"的傲慢态度。

FBI 还指出，对鼻子做手术，将影响某人以后的性格特征。事实上的确如此，曾经有一位日本籍整容医生根据临床经验说："某人一旦接受了隆鼻手术，以往本来属于内向性格者，常会摇身一变而为倔犟之人。"

我们来看 FBI 特工们关于鼻子语言的一个有趣的例子：

有位男士看到一位漂亮的小姐，为了表现出他的与众不同，他向空中吐着烟圈，然后烟圈飘向那位小姐。小姐没说什么，只是伸手捂了一下鼻子。男士便问道："你讨厌烟味吗？"那位小姐没有应答他，只是继续捂着鼻子。

据 FBI 特工的结论，用手捂着鼻子其实是在表达她的讨厌情绪。遗憾的是，那位吸烟者竟然没有看出来，反而问了一个不该问的问题。

另外需要注意的是，若某人仰着脸，用鼻孔而不是用眼睛"看"人，这跟用手捂捏鼻子一样，是要表达自己的反感情绪的。

当我们和自己并不怎么喜欢的人迫不得已而交谈时，想要尽快结束这种毫无意义的交谈，不妨用手多次摸鼻子，再加上不停地交换姿势，或做用手拍打物体之类的动作，对方或许会知趣地停止和你交谈。

口：FBI 特工透视对方的语言利器

FBI 特工的一项研究表明，口不仅是人传递有声语言的器官，还是人最忙碌的器官之一，更主要的是它是人脸上最富有表情的部位。无论是语言表达、情感交流，还是吃吃喝喝等许多功能都需要用口来实现。通过 FBI 的这一研究，不难发现，口在人的生存交往中有着其他任何器官都不可替代的重要作用，口还有反映一个人性格特征的功能。

嘴唇不仅与人的身体健康有关，而且与人的品质性格也有着千丝万缕的关联。为了能更好地通过嘴唇去了解一个人的性格特征，以及掌握对方的情绪变化，FBI 特工对此做了如下的分类和解释：

1. 嘴唇厚的人为人实在

嘴唇厚的人给人憨厚和诚实的感觉。这种人往往心地善良而仁慈，他们能够诚实待人，对朋友和同事重感情、讲信用。只不过，这种人做事没有主见，办事缺乏足够的果断。

2. 嘴唇大且厚的人性格坚强

嘴唇大而厚的人给人的印象往往是沉着稳重，这种人性格坚强，自尊心和好胜心都很强，做起事来，总有一股冲劲和拼搏力，不达目的，他们绝不会罢休。对于这样的观点，FBI 特工给出解释：嘴唇厚的人，面颊也丰满，会让人感觉忠厚老实，而这种人待人温和，具有良好的人缘。为了保持这一系列优势，他们对工作要求也很严格，做事很踏实。如果女性拥有这样的嘴唇，那表明其内心感情十分丰富。

3. 嘴唇薄者爱吹毛求疵

嘴唇薄者往往是尖酸刻薄、吹毛求疵的人。根据这一观点，我们不妨再去仔细观察我们周围的人，可以发现，那些尖酸刻薄的人，平常喜欢说话，唠唠叨叨。在他们看来，滔滔不绝的语言是战胜对方的法宝，他们从不打算用诚信与对方交往。

4. 嘴唇松弛的人缺乏耐力

嘴唇松弛的人给人一种松松垮垮的感觉。这种人身体状况也欠佳，所以在做事的时候很容易显示出疲软和精疲力竭来。

FBI 告诉我们，这种人适合从事那些风风火火的事，因为他们的动作往往很迅速，只不过需要注意的是，他们需要加强锻炼身体和增加营养，把体力和意志都提到一个新的高度。

嘴部的无声语言远远超过了有声语言的作用，它可以"一言不发"地告诉你一切。FBI 特工从实战中得来的这一心得，在我们的日常生活中同样很重要，当然，这要依赖于你对身体语言的理解，只有这样才能使其发挥出相应的作用。

有这样一句关于嘴巴的谚语：好马长在腿上，好人长在嘴上。以此说明嘴巴对人有着非常重要的作用。这句话其实有两层含义：一是说人的嘴长得好看，这是嘴巴在视觉上的功能；二是嘴巴可以花言巧语和雄辩。

根据 FBI 特工的经验，嘴巴的不同动作代表着不同的含义，甚至我们可以通过嘴巴去了解到一个人的性格特征和情绪变化：

1. 谈吐清晰、口齿伶俐

这种人给他人的第一印象就是能说会道，这种人比较极端，要么才华横溢，要么平庸无奇。前者虽然口若悬河，但是往往倚仗着自己丰厚的知识底蕴，无法让人辩驳，让人对其敬而远之；后者就不是这样了，错误百出，往往不堪一击，唯一的好处就是他们思维敏捷而又机智，与人交往中不会呆板和迟钝，往往由此而拥有良好的人缘。

2. 语言模糊、说话缓慢

FBI特工指出，这种人通常在语言表达方面有所欠缺，他们比较孤僻，不喜欢人多，经常独处一室自娱自乐，生活也很平淡，各种能力由此也很欠缺，成功在他们的世界中几乎不会出现。当然这种人不乏"不鸣则已，一鸣惊人"的类型。要知道沉默的人总是最危险的人。在别人夸夸其谈的时候，他们保持沉默寡言，进行着大量思考，他们说出来的话虽然少，但必定会非同凡响。

3. 嘴巴抿"一"字形

这种嘴巴动作通常出现在需要作重大决定，或事态紧急的情况下。他们一般都比较坚强，给人坚持到底的感觉。这种人较为倔犟，每件事都经过深思熟虑而采取行动，这时候谁也阻挡不了他们，他们有不到黄河心不死、不到长城非好汉的心理，所以获得成功的概率较大。

4. 偶尔用手捂住嘴巴

害羞是这种人的最主要特征，尤其是在他们与陌生人或关系一般的人相处时。他们的性格特征是保守和内向，会将自己的真实感受进行掩盖，也不喜欢在多人面前显露自己。这种人喜欢吐舌头，这是他们在意识到自己的错误时，经常做的动作。

5. 牙齿咬嘴唇

上牙齿咬下嘴唇、下牙齿咬上嘴唇或双唇紧闭是这种人与别人交流时的动作。这会让人感觉他们在聚精会神，事实的确如此，他们也正是在聆听对方的谈话，并仔细揣摩。他们分析能力较强，遇事虽然不能非常迅速地作出判断，但是他们作出的决定往往是不会出现问题的。

6. 嘴角上挑

这种人机智聪明，性格外向，给人能言善辩的感觉，他们也同时善于和陌生人交流，而且会很亲切。他们胸襟开阔有包容心，不会记恨曾经伤害过他们的人，有着非常良好的人际关系，在最困难的时候常常能够得到他人的支持与帮助。

下巴：个性心理密码解锁器

凭借多年经验的积累，再练就一双充满智慧的眼睛，及时分析不同环境和地点，加上仔细观察，这样就能够做到识透别人，这是 FBI 特工的实战经验之谈。在本节中，将会讲到 FBI 特工是如何通过下巴的动作，分析情况，破译人们的心理密码的。

在日常工作或生活中，下巴的变化往往被人们所忽视，其实下巴同样是可以分析出一个人的性格与爱好的。FBI 特工凭借着多年的工作经验告诉人们：尽管下巴的动作很细腻，也很难让人觉察，但事实上它的变化的确展现着人们的心理变化，通过对下巴动作的解析，做到破译人们的心理密码是对我们的生活和工作有着重要意义的。

关于下巴的分析，来看看 FBI 特工们是怎样做的：

1. 下巴压得很低

这样的人有着很强的自我意识，一旦他们所说的话或所做的事被别人轻视就会很不开心，甚至气得暴跳如雷，他们会以自己的实际行动和轻视自己的人一决高低。但是对于那些想和他们玩心眼的人，他们往往置之不理，当然这样做并不是因为他们没有察觉到别人的心眼，而是因为对此他们不屑于理会。这种人聪明且直爽，心地坦荡，对人坦诚相待，不屑于算计别人，同时也会很好地提防别人的算计；这样的人脾气不好，容易发怒，自控力不够，发脾气往往不看场合，很容易引起别人的反感，冲突、交锋等字眼往往是别人对他们的评价。这种人很坚持原则，对于那些明明错了却死不认错的人，他们也会坚持原则，一旦对方承认错误，他们也会大度接受。

2. 下巴高抬，不时做出调整

这样的人是属于直爽和坦诚那一类的，他们的情绪都写在脸上，爱憎分明，对于喜欢的人，可以真诚相待；至于那些不喜欢的人，他们根本不会强颜欢笑。在他们的观念中，喜欢就是喜欢，不喜欢就是不喜欢。可想而知，这种鲜明的态度常常很容易得罪人。当然他们对自己喜欢的人很友善，但这并不代表着他们愿意对自己喜欢的人阿谀奉承、阳奉阴违，要知道他们的世界里永远是没有溜须拍马的。这样的人重情重义，对待友情很认真，绝不会因为利益关系和朋友翻脸。这样的人很聪明，能通过表面现象看清事物的本质，他们对残酷的现实以及世间的利益关系有清醒的认识，且不喜欢斤斤计较。

这样的人有旺盛的生命力，生机勃勃，很有激情。他们看起来随时都有无穷的精力，思维活跃，行动迅速，能很快地理清事情的来龙去脉，然后果断处理。面对困难和危机时，他们不是委曲求全，而是披荆斩棘、奋勇向前，这种奋斗拼搏的精神很有感染力和号召力。他们是新事物的开拓者，是旧事物的创新者。这样的人有很强的好胜心，他们充满竞争力和挑战精神，喜欢惊险刺激，只有在这样的环境里他们才感到快乐，也只有在这样的环境里才能把他们的雄心壮志全部激发出来。

他们性格倔犟，往往有死不认错的特性。他们很爱面子，有时候即使知道自己错了，并且知道错在哪里，也依然态度强硬。当然，他们心胸宽广，只要别人肯给其台阶下，他们也会主动反省，真诚地道歉。这样的人有百折不挠的精神，绝不会向失败低头，他们有很强的奋斗精神，并且越挫越勇。这样的人心地善良，但有张非常厉害的嘴，有时候难免得理不饶人，但他们绝不是那种刻薄的人，而是刀子嘴、豆腐心。

3. 下巴与头部的动作保持一致

这种人待人很温和，对于喜欢的人很温柔；至于不喜欢的人他们也只是冷淡一些，绝不会针锋相对。他们在平时表现出一副好脾气的样子，一旦对方欺人太甚，那么他们发起怒来是会让所有人望而生畏的。他们原则性很强，做事也理智沉着，不会放任自己。他们对事情看得很透，属于大智若愚型。

这样的人是天生的慢性子，同时又勤勤恳恳、坚韧不拔，对一件事情一旦下定决心就会坚持到底，除非客观因素的影响，做事有点倔，不喜欢半途而废。这种人同时还很固执，他们不喜欢争吵，他们能够肯定别人的观点，但是这并不代表会轻易改变自己的观点，对于自己的观点总是会坚持下去。关于大的问题，他们有自己的看法，有自己的一番理论，并且乐于遵循，当然他们的理论是不违背法律的，也是被社会道德所认同的，只不过有点不善于变通罢了。当然因为他们自身的这种脾气，使得他们不能很好地接受别人的意见，处理事情上就有点偏激和狭隘。这种人的性格里还有种多疑多虑、缺乏安全感、不自信的分子，他们愿意追求平稳和安定的生活，在挫折和失败面前，喜欢逃避，适应力较弱，甚至会产生悲观情绪。可是即便这样他们也会坚持下去，只是时间需要长一些罢了。

这样的人追求现实和物质富足的生活。他们对物质的富足看得很重，当然他们获得物质上的满足是靠着自己孜孜不倦的努力，而非其他。只不过由于不懂得圆滑处理人情世故，而给人一副不大方的印象。这样的人在物质充足的同时，还会钟情于艺术，理解艺术，给人一种优雅、有内涵的感觉。

4. 下巴随着说话者的目光发生转移

这种人沉稳踏实、爱憎分明、原则性很强，在待人接物上憨厚而又诚恳，不懂得玩手段。这种人自制力很强，无论对任何事情都可以谨慎处之，很少发脾气。他们为人大度，不占小便宜，同时也不会和人因一点小事而计较，信奉"吃亏是福"。当然这样的人并不是"软柿子"，超越了他们的原则，他们也会绵里藏针，讽刺别人。这样的人固执，在与人交往中，显得难以沟通，也不会轻易改变自己的观点；这样的人也是慢性子，对于外界的信息总是选择性地接受，之所以慢性子，并非是比别人脑筋慢，也不是因为他们笨，只不过是沉稳、不疾不徐的性格罢了。每当大家激烈争论的时候，他们都会沉默，等到大家议论完了，他们则会提出建设性的意见，这些意见往往会一鸣惊人；这种人喜欢安定、稳固的情谊，关系不到一定程度是不会特别热情的，不愿意不熟悉的人来打扰自己的生活，而对于莫逆之交则豪爽、大方；这种人诚信而又忠实，不轻率许诺，一旦许诺了，就会做到"受人之托，忠人之事"，这种人是最值得信赖的人。

FBI特工正是借助自己的平时积累，以及大量的实战经验，从人的下巴出发，对人们的心理进行解析，看穿人们各自的性格特点和内心世界的变化情况。

耳朵：FBI 特工的信息接收器

FBI 的调查研究表明，耳朵在透视人们的性格特征中，同样有着重要的作用，根据不同的耳形，是可以了解到对方的性格特征的，FBI 特工把耳朵称为"信息的接收器"。

那么我们来看一看，FBI 特工将耳朵作了哪些分类，这些分类又是如何帮助我们透视对方、掌握对方的情绪变化的。

1. 金耳

金耳外形较小，颜色比脸还要白一些，有明显的耳垂，耳尖位置高过眉毛。这种人听力很好，会给人高贵的感觉。他们通常很聪明，在事业上往往可以不断前进，取得好成绩。

2. 木耳

这种耳朵给人瘦薄的感觉，甚至有点干枯的感觉。这种耳朵的耳垂很小甚至没有耳垂，肉耳会很突出，会让人认为这种人饱受饥饿，毫无美感可言。相对地，同样这也会引发人们的怜悯之心，往往会成为别人值得信赖的朋友。

3. 水耳

水耳很厚，微圆，贴在脑袋上，同时耳垂颜色红润也比较大，有美的感觉。这类人从小营养很好，有着强健的体魄，办事能力很强，也会很容易成功，一般都会顺利发展，佳绩频传。

4. 火耳

这种耳朵耳轮微尖，内耳有些外翻，耳垂不太好看，耳尖位置高过眉毛。据 FBI 特工观察，有这种耳朵的人，鼻梁上会有一条横纹。这种人的肾功能不太好，做事小心，同时在终身大事上，需要谨慎。

5. 土耳

这种耳朵坚厚肥大，轮廓分明，色泽红润，给人一种鹤发童颜的感觉。这种人的生命力很旺盛，身心健康，做事的时候也积极主动，同样可以很容易成功，是事业上的成功者。

6. 虎耳

虎耳的轮廓比较小，甚至会有点残破。这种人的听力不好，他们的警惕性很高，因此给人疑心很重的印象。对于这种人来说，一旦处于管理层，就要学会大胆分权。

7. 猪耳

这种耳朵没有明显的耳廓，有着很厚的耳轮，同时部分还拥有着很大的耳垂。这种人很像富翁，但遗憾的是他们很少拥有财富。即使曾经拥有财富，最后也是所剩无几。所以，要学会适当投资，以使自己老有所养。

8. 驴耳

这种耳朵轮廓很分明，耳垂很突出，有厚度，不过这种耳朵很软，没有耳骨一般。营养不足、缺乏钙质等都是这类人给别人的感觉，看上去如同饱经战争的难民。他们适应生活的能力不强，由此而无暇顾及他们的事业。

9. 鼠耳

这种耳朵上耳向上直竖，耳根子反而细小。要知道这种耳朵很像老鼠的耳朵，所以让人感觉这种人有偷窃的行为。因此，对他们宁可信其有，不可信其无，谨慎小心为妙。

面部表情：内心活动的真实折射

"要知道，被调查者的面部表情是一切问题的源泉，通过这些调查者的面部表情就可以看穿他们的内心世界。人的面部表情直接反映了人的内心变化，掌握了这项技能，会对工作带来便利。"一位 FBI 特工这样说道。

面部表情有着很强的感知度，是所有表达中最敏感、最丰富的。面部表情在国际中普遍很流行，是一种跨文化、跨地域的通用语言。自人类文明之始，面部表情就是一种国际通用语言，是很有效的交流方式。

脸部的肌肉很发达，也很集中，它们不断向大脑中枢神经传递信号，而正是这种信号的传递产生了很多表情，包括微笑、哭泣、失落、兴奋、惆怅等。在传递信号的过程中，虽然面部表情不同，但是表情这种全球通用的符号，被人们所理解。

但是，正因为面部表情成为了一种国际化的语言，可以反映出人们内心世界的变化，人们其实是通过控制面部表情，做到它和自己内心真实想法产生差异性的。所以，尽管面部表情可以提供各种有意义的信息，让我们对别人的思想和感觉有一定的了解，但是还是要提防这些信息的偏差，这就要我们仔细观察，从实际出发。

安东尼斯是 FBI 一位专门研究人的面部表情的教官，在实战经验中，他总结出了一系列行之有效的分析人的内心世界真实想法的方法。他认为，对人的面部特征的准确判断可以帮助到他的工作。正是因为这个原因，他也一次次揭开案件背后隐藏的玄机。凭借这项技能，他多次得到FBI 组织的高度赞扬，这项技能也被作为美国心理学的指定课程。

安东尼斯认为，困难和挫折是每个人都要经历的事情，但是不少人在面临逆境的时候，选择了消极的表情，厌烦、易发脾气等，这些都是通过面部的基本特征体现出来的。此时，大多数人还会伴随着脸红、鼻子通红、嘴唇紧闭等情况出现，甚至于还会发现他们目光停滞，紧盯着一个点，脖子也呈现僵硬状，不会去东看西看。

安东尼斯给我们讲了一个有关桥牌的例子。往往在玩桥牌的时候，人们手中有了好牌，反而会故作镇定，根本不会将得意的神情表现在脸上，而是做出一副低调、保守的姿态。这就是桥牌高手有效迷惑对方的方法。要知道敏锐观察者对于细小的变化都是不会放过的，他们可以抓住任何细微的非语言信息，达到了解别人内心的目的。

很多人在遭遇到恐怖事件，或者心中充满恐惧的时候，他们的言行和举止会表现得不统一。即便这种现象会很短暂，转瞬即逝，但是往往有经验的 FBI 就可以据此读懂一些信号。不仅是在恐惧的时候，当人们不得不去承认自己不愿接受的事情时，也会有这样的心口不一表现。就比如说，有些人往往语言很积极，可是他的面部表情早已出卖了他。

安东尼斯认为，人们对自己的情感总是会选择隐藏，没有多少人喜欢把自己内心深处的感受与其他人分享，这就使得我们对猜测别人内心真实的想法有了难度。还有一点就是，人的脸部信息的显示都是短暂的，表情的变化是瞬间发生的，这也为我们观察一个人提高了难度。在我们日常的随意谈话中，脸部的一些细小的变化并不会很重要，可是，在诸如情侣间、亲人间、上下级间的交流中，这些细节就显示着重要的信息了，显示着人们内心深处更加复杂的心理变化。当然大多数时候，人们的面部表情都是自己内心真实的写照。就比如，一旦人处于身心舒适的环境中，他们的面部肌肉也会跟着放松下来，这种姿态就是真实的；再比如，在陌生的地方和陌生的人坐在一起，人的内心就不会放松，进而做不出放松的姿态来了，这是因为陌生的地方和陌生的人都不能带给他可靠的感觉，自然就不会放松下来了。当微小信号一出现，我们就需要仔细观察，并且牢牢把握，这对我们准确把握和研究人们内心变化有着至关重要的作用。

FBI 第二章
穿着打扮，透视人心
——FBI 特工的衣着装扮读心战术

想要迅速准确地透视对方的心，通过观察对方的五官是远远不够的。因为随着社会的发展，人们的外在打扮已经变得越来越重要了，所以，这其实也是在提醒我们，通过观察人们的衣着打扮，同样是可以识透别人的内心的。本章意在借助 FBI 对于人们常见的装扮方式和装扮手段进行分析，进而传授人们衣着打扮的读心战术。

服装：展示内心的飘动符号

俗话说"人在衣裳，马在鞍"，可见衣着是人社会性的重要内容，不仅掩饰了人的动物性，更将人在社会中的地位区分得清楚明白。人们在选择衣着的时候会考虑到很多方面的因素，如喜欢程度、衣着款式、自己年龄、经济条件、用途等。其中个人的喜好程度是最重要的因素，而这种个人的喜好则勾勒出了某人的性格特征。

FBI 的研究员对此做了大量的调查和研究，得出以下几点穿着折射人的心理的结论：

1. 简约风

以节约原则为主的人。这种人购买衣物时最先想到的是价格，明晰价格之后，会寸步不让地进行讨价还价的工作，这种人珍惜每一分金钱，即使花一分钱也要计算它的价值。由此可见，他们习惯于用金钱衡量很多东西，处处考虑金钱利益的得失，所以显得没有丝毫的人情味，很势利。

2. 重质地

以讲究原则为主的人。这种人在购买衣服的时候，很看重衣物的质地面料、手工和美观度，甚至达到过度讲究的地步。这种人有求知的热情和自己的人生目标，对于自己的价值很清楚，也懂得为自己争取适合自己的东西。他们的享受是建立在辛勤付出的基础上，所以他们大多能实现自己的目标和理想。

3. 重形象

以树立形象为主的人。这种人在选择衣服时，判断衣服的好坏并不过多地考虑自己，而是先想到能否给他人留下一个美好的印象。他们在乎自己的一举一动，而且努力实现完美，以求在公众心中树立起良好的形象，这是他们相当重视权势和声望所致。

4. 精神穿衣

以思想愉悦为主的人。这种人不喜欢时尚和流行，对商店橱窗中展示的最新款往往不屑一顾，他们更喜欢既简单又保守的衣服，并钟情于此。他们并不那么在乎物质上的享受，对旁人的评头论足也视为耳旁风，只重视精神上的富足，为了买到理想中的衣服常常耗费巨大的时间和精力。

5. 款式第一

以唯美原则为主的人。这种人购买衣物时只求好看，其他的如价格、质地和面料对于他都是次要的。通过这些，不难看出这一类人对一切美的事物都有十分灵敏的感受，以视觉美为最高的目标。但是，这种人总是喜欢吹嘘，有点不切实际，所付出的努力往往归于昙花一现，有所成就的机会很渺茫。

6. 耐穿才是王道

以实用原则为主的人。这种人穿衣仅是为了保暖，款式与时尚对于他们都是次要或无关紧要的。他们的消费很低，会省下很多的钱，属于持家类型。他们性情忠厚，有着菩萨心肠，悲天悯人。同时，这种人乐善好施，乞丐上门也经常会受到他们的款待。

服装在人们的日常生活中占有十分重要的地位。穿着打扮不仅反映一个人的修养、职业，同时也反映其个性与心理。在选择服装色彩的时候，人们多少会受到自己性格的影响。人们的服装色彩总是和自己当时的心理活动状态有着一定的联系，所以，从每个人所喜爱的颜色上也可多少看出他具有什么样的性格特征。

我们来看看，FBI 特工是如何通过颜色透视别人的心理的：

1. 喜欢穿白衬衫

这种人的性格特征是缺乏主动性、判断力以及羞耻之心的。白色与任何颜色的衣服都能搭配组合，同时，白色是表示干净的颜色。

但需要注意的是，白色与任何颜色都能搭配，也给人一种亲切感，但常穿白衬衫的人，也给人一种"穿什么都可以"的感觉，在性格方面是属于直爽派的。从事穿白衬衫职业的，例如裁判官、医生、护士、机关的职员等，你看到对方的第一印象都是缺乏感性，尤其在感情方面和爱情方面。

2. 喜欢穿黑色服装

穿黑色衣服使人精神紧张，黑色服装也是在丧葬及祭祀的仪式中穿着的服装。根据观察发现，喜欢红白明显色彩的人，同时也喜欢黑色系的服装。

3. 喜欢红色服装

选择红色服装的人是精神的、冲动的，同时他们也是坚强的生活者。红色是在需要增强声势时的最佳选择。

4. 喜欢蓝色服装

喜欢穿这种颜色服装的人，其性格主要缺乏决断力、实行力。这类人说话比较啰唆，有着较强的羞耻心和责任感，是自尊心很强的人。

要想接近喜欢这类色彩服装的人，应逐渐按部就班并投其所好。同时在这种人面前不能说别人的坏话。

5. 喜欢紫色服装

这种人一般具有保持神秘、自我满足的艺术家的气质，喜欢别出心裁。

6. 喜欢褐色服装

这类人在选择褐色服装时，表明当时的心理状态很踏实。

7. 喜欢绿色服装

这种人一般喜欢自由，有宽大的胸怀，绿色是其在抱有希望、没有偏见的心理状态下选择的。

8. 喜欢灰色服装

这是人在缺乏主动性、没有勇气面对困难的心理状态下所选择的服饰颜色。

9. 喜欢橙色服装

这种人雄辩、开朗、口才好，并喜欢幽默，而对于橙色衣服的选择很有可能是在无法独居，充满了强烈的人生意欲的时候所选择的。

10. 喜欢黄色服装

这种人为使别人感觉自己有智慧，希望对方认为自己有着纯粹高洁心灵，从而选择这种颜色的衣服。

通过不同的衣服，无论是颜色还是款式还是其他方面，都可以了解到一个人的性格特征，这就需要我们凭借着 FBI 给我们的建议仔细观察，才能灵活运用到生活中。FBI 之所以成功，不仅仅是因为他们借助着高科技和详尽的科学调查，还因为他们自身对他人的仔细观察和总结。

鞋子：小鞋子浓缩人心大世界

人们的鞋子，除了有保暖、保护脚的作用之外，我们还可以通过它对一个人的性格进行观察。对于不同鞋子的选择，透出一个人的不同性格特征。对此，FBI 也有一番研究：

1. 始终穿着自己最喜爱的一款鞋

始终穿着自己最喜爱的一款鞋子，即使穿坏了也会再买来一模一样的一双的，这种人思想相当独立。他们对于自己的喜好很清楚，同时也愿意固守这种喜好而不去改变，他们不会因为别人的看法来左右自己的喜好。他们对待事情比较小心和谨慎，在经过仔细认真的考虑以后，要么不做，要做就会全身心地投入，把它做得很好。他们对待感情很重视，对自己的亲人、朋友、爱人的感情都是相当忠诚的，不会轻易背叛。

2. 喜欢穿时髦鞋子

喜欢追着流行走、穿时髦鞋子的人，在他们的观念里，只要是流行的就是好的，不去考虑自身的条件是否与流行相符合，显得有点不切实际。这种人做事时常缺少周全的考虑，所以常会顾此失彼。他们对新鲜事物的接受能力比较强，表现欲望和虚荣心也强。

3. 喜欢穿没有鞋带的鞋子

喜欢穿没有鞋带的鞋子的人，这种人的穿着打扮和思想意识都和绝大多数人差不多。自然这种人的主要性格特征也都是传统和保守，做事中规中矩，追求整洁，表现欲望不强。

4. 喜欢穿露出脚趾的鞋子

喜欢穿露出脚趾的鞋子，这样的人多是外向型的人，而且思想意识比较激进和前卫，浑身上下散发着一股朝气和自由。他们很乐于与人结交，并且拿得起放得下，是非常洒脱之人。

5. 喜欢穿细高跟鞋

爱美的女性是不会在乎穿细高跟鞋对脚的折磨的，所以这样的女性表现欲望也很强，她们希望能引起他人和异性的注意。

6. 喜欢穿靴子

喜欢穿靴子的人，自信心并不是特别强，靴子在外在上弥补了他们这些欠缺的自信。另外，他们很有安全意识，懂得在适当的场合和时机将自己很好地掩蔽起来。

7. 喜欢穿远足靴

热衷于远足靴的人，会在工作上投入充足的时间和精力，这种人为人处世充满着危机感，时刻做着准备去迎接即将面临的一切。他们有较强的挑战性和创新意识。敢于冒险，喜欢向自己不熟悉的领域挺进，并且有较强的自信心，时刻坚信自己能成功。

8. 喜欢穿运动鞋

喜欢穿运动鞋说明这是一个对生活持积极乐观态度的人，这种人往往为人较亲切和自然，生活规律性不强，比较随便。

9. 喜欢穿拖鞋

喜欢穿拖鞋的人是轻松随意型的最佳代表，这种人非常重视自己的感觉和感受，不愿意接受别人的意见，也不喜欢被各种条条框框约束，同时这种人愿意享受生活，而且很会享受生活，绝对不会苛求自己。

通过鞋子来观察人们的内心世界，是 FBI 特工惯用的读心战术。FBI 特工凭借着生活中的仔细观察和调研，同时在实战中汲取经验，以达到对鞋子的精准认识，从而更好地了解人们的内心。

化妆：浓妆淡抹，闻香识女人

化妆是人类对自身的一种修饰，用来掩饰自己的缺陷与不足，从而在公众面前充分显示出美丽的一面。化妆不仅给别人带来美丽的视觉冲击，还使自己增加了信心，而且也能从一个侧面反映出一个人的真实性格。人们无论怎样打扮自己都不可能完全通过化妆的方式掩饰自己的所有不足。相反，如果一味地想通过化妆的方式掩饰自己的缺陷和不足，那么很可能达不到预想的效果，反而会更加清晰地暴露出内在的性格特征。

随着社会的发展，而且就女人的性格而言，女人特别愿意通过穿衣打扮来提升自己的外在美，并且从中狠下一番工夫。莎士比亚说："衣裳常常显示人品。"因而，对于穿衣打扮一定要结合自己的文化修养和知识层次来选择适合自己的服装。

女人选择一身适合自己的服装，再加之高雅的谈吐，不论是在职场中还是在家庭中都能够挥洒自如，展现出非凡的气质、良好的修养以及自尊、自爱、自信、自强的特质。

毫无疑问，一个有色彩有内涵的女人是职场中和家庭中的一道亮丽的风景线。FBI 特工从女人对化妆的态度和方式中读出了她们的性格特征：

1. 喜欢化淡妆，但不缺优雅的女人

这样的女人心理上非常成熟，无论是在思想、感情、行动还是经济上都具有较强的独立性，很少对别人产生依赖感。在生活中，她们凡事都喜欢亲力亲为，从不依赖别人，即便遇到棘手的事情，她们也不会表现得惊慌失措，而是先稳定好自己的情绪，仔细清理事情理出头绪，然后按部就班地解决问题。这样的女人善于思考、处事干练，能够独当一面，生活中的所有事情对她们来说都不是问题，他们能够很好地驾驭自己的人生。这种女人目光是深沉的，常常会给人一种冷漠的感觉，而这其实是成熟的一种表现。

这种女人，能够面对和接受现实，进而主动去适应各种新环境。她们对自己以及周围的一些事物都会有较为客观的评价。虽然她们依旧拥有赋予自己理想的权利，但是她们却绝对不会沉湎于不切实际的幻想和奢望之中。她们的生活永远井井有条，很少出现方寸大乱的时候。所以说，这样的成熟女人都是理性的。通常，她们能够较为理性地、适度地把握和处理好一些自己必须面对的问题。其原因是她们的自控能力、抵惑能力、辨别能力、承受能力、调节能力都较强。这是经过时间的打磨之后才造就的。这样的女人通常被称为"气质女人"，她们拥有更多的是内涵而非外表。

2. 无论在工作还是生活中都喜欢浓妆淡抹

这种女人性格外向开朗、心地善良，很容易相处，不仅如此，这类人还具有极强的同情心，心胸宽广、乐于助人。她们有敏锐的洞察力，谁对自己有敌意，她们都能马上感觉出来，并且会回击对方的敌意。而对于那些对自己示好的人，她们也能热情地对待对方。

这类女人有很强的好胜心，喜欢占据领导地位，但是有时候会因为太强势而让周围的人感到压抑。这样的女人不喜欢独处，更愿意跟朋友在一起或是参加集体活动。同时，极佳的口才、风趣幽默的特点能让她

们很快成为焦点。她们很自信，不喜欢别人轻易反对自己提出的观点，喜欢和别人一决高低，有时候太争强好胜难免引来别人的反感。这样的女人性格是多变的，角色也是多元化的。在家庭生活中转换着婚内、婚外、婚前、婚后的不同角色——女孩时的任性与妻子时的贤惠，婚姻中的撒泼、情绪化、唠叨嘴，替代了婚前的温柔、可爱、善解人意。然而，这种女人却能巧妙地把扮演的所有角色的优点集于一身，不仅能够把做母亲时的明智、奉献、大度和做妻子时的娴熟、明理、柔媚恰到好处地糅合在一起，而且能够把做红颜时的开诚布公以及做朋友时的肝胆相照融为一体，这种女人是非常受人欢迎的。

或许这种女人是因为成熟的缘故，她们懂得爱，同时她们对爱有着深层次的理解。因为成熟，她们对感情的追求是执著的；因为成熟，她们在生活中极力地寻找着饱经风霜后的美丽；因为成熟，她们懂得了怎样珍藏感情；因为成熟，她们不会沉浮躁动。

FBI特工就是通过从女性对化妆的态度与方式上了解她们的内在性格。虽然在某些方面对这些人分析得还不够彻底，但是FBI并没有放慢研究的步伐，而是结合自身多年的经验，不断帮助人们发现并解读人们内在的性格特征。

饰品：心灵文化的显示屏

佩戴各种装饰品，在古今中外都有着相当长的历史，这是人类审美意识觉醒以来最传统的一种装饰行为。这种行为不仅为人们增添了无限的风采，而且可将人们的身份喜好区分得一目了然，佩戴饰品体现出了人们对生活目标的追求和审美时尚的选择，同时FBI研究员还指出，佩戴饰品还具有"延长自我"的特点，时刻传递着人们的性格、性情和情绪等信息。

假设代表着"自我延长"的饰品和一个人的自我形象不符，那么就会让人感觉不舒服，甚至有不协调的感觉，由此观之，根据饰品来判断一个人的性格是有章可循的。

一、帽子：遮得了面庞遮不住内心

帽子不仅有御寒遮阳的功能，它还是一种增加美观、给人树立某种形象的装饰物。每当我们出入于娱乐场所、大型酒楼餐馆，都会看到"衣帽间"的牌子，这就可以表明帽子和人有着不可分割的关系，而且帽子对于人来说很重要，它可以帮人们树立形象，使其个性在众人面前得以展现。

接下来，我们就根据 FBI 的最新研究成果，来看看对不同帽子情有独钟的人们，都具有怎样的性格特征。

1. 爱戴礼帽

戴礼帽的人都自认为稳重而具有绅士风度，他们也愿意让别人觉得自己有沉稳和成熟的风格，在别人面前，会经常表现得非常热爱传统。这种人通常看不惯很多东西，所以他们有点清高，有些自命不凡，认为自己是个干大事的人，在他们的意识里，他们进入任何一个行业都应该是主管级的人物。

2. 爱戴鸭舌帽

一般有点年纪的人才戴鸭舌帽，鸭舌帽表现出稳重、办事踏实的形象。戴这种帽子的男人，总是认为自己是个客观的人，从不虚华，面对问题时，可以从大局着想，不会因为一些细枝末节而影响整个大局；同时他们在潜意识里还认为自己是个老练的人，在与别人交往时，就算对方胸无城府，他们还是喜欢与别人兜圈子，直到把对方搞得晕头转向，也不直接说出自己的心思。

3. 爱戴旅游帽

旅游帽既不能御寒也不能抵挡太阳的照射，纯粹是作为装饰之用。用这种帽子来装扮自己，可用以折射某种气质或形象，或者另有一些企图，用来掩饰一些自己认为不理想或者有缺陷的东西。

由这些可以看出，爱戴旅游帽的人并不是一个心地诚实的人，而是个善于投机取巧的人，因此真正了解他们的人少之又少，而一般人所看到的只是他们的外表。

4. 爱戴圆顶毡帽

这种人对任何事情都产生兴趣，但并不是很喜欢将自己的看法说出来，即使有看法也是附和别人的论点，好像自己没有什么主见似的，他们是老好人的典型代表，不愿随便得罪一个人，哪怕是个最不起眼的人。

这种类型的人是忠实肯干的，他们相信只有付出才有收获的道理。在他们平和的外表下有自己执著的观点，痛恨那些不劳而获的人，相信君子爱财取之有道，从来不让不义之财玷污自己的手指。

5. 爱戴彩色帽

这种人总是在不同的场合，佩戴不同颜色的帽子，这说明他们是天生会搭配且衣着入时的人。

这种人对色彩很敏感，对于当下流行的东西也很喜欢，对于新鲜玩意总是跃跃欲试想尝试一番，希望人家说他的生活过得多姿多彩，懂得享受快乐人生，并且总是以弄潮儿的身份走在时代前列。

这种人是害怕寂寞的，因为他精力旺盛、朝气蓬勃，那颗不甘寂寞的心总是使他躁动不安，他会经常邀请伙伴们一起到歌舞升平之地尽情玩耍。

FBI 的读心智慧告诉我们，通过观察你周围人的帽子的样式，就可以轻而易举地判断出这个人的心理特征。但这只是表面的，FBI 在了解一个人上并不是仅仅局限于此，所以，我们还需要通过其他方面的结合，才能更准确地判断对方的心理。

二、眼镜：心灵世界全都写在这扇小窗户上

眼镜最初是为了矫正近视或为了保护眼睛而使用的工具，但今天它早已超出了其原本的使用价值，成了具有多种功能且很有装饰意义的大众用品。除了矫正视力、过滤阳光、阻挡风沙等使用价值外，眼镜还可以给人带来美观甚至气质的感觉。无论处于何种原因，而今佩戴眼镜的人越来越多了。

现在佩戴眼镜的人，已有了各种各样的理由，不同款式的眼镜同样可以展示不同人的性格特点。

1. 戴无边眼镜

这类人认为自己是个客观的人，在面对问题的时候都会顾全大局，不会因为个人的原因而影响到整个事件的进展。

这种人总觉得自己善于用计，因此与人交往时，他们喜欢兜着圈子跟人沟通。其实他们害怕被人伤害，所以千方百计不让别人接触他们真实的内心世界。

2. 戴黑胶边眼镜

这类人希望将自己稳重及成熟的风格展示出来。他们也愿意将自己热爱传统的一面展示出来。这种人通常自视很高，可惜他们保守且缺乏冒险精神，因此成就不大。值得注意的是，这种人对朋友彬彬有礼，但是这样形成的友谊没有深度。

3. 戴金丝边眼镜

这类人希望在给别人一种斯文之余，还有着学者风范的感觉。这种人喜欢追赶潮流，给人一种很现代的感觉。

当然，这种人对自己的外表相当重视，尤其是当他们与朋友约会时，必定穿着光鲜，同时在言语之间，还会暗示自己是个有身份的人。另外需要说明的是，这类人在跟人家讨论问题的时候，喜欢发表一些独特的见解，以表示自己与众不同。

手表：形象和地位的心理表征

"一寸光阴一寸金，寸金难买寸光阴。"时间不会因为任何人而停止，它会在不知不觉、悄无声息中流逝，不同的人对此会有不同的感受。有的人视若无睹，有的人深深惋惜，有的人抓紧利用每一分钟去做一些有意义的事情……

一个人对待时间的看法，很大程度上是由人的性格、心理所决定的，而时间对人具有什么样的影响，是可以通过不同的人所戴的手表传达出来的。我们来看看 FBI 特工是如何解释这个问题的：

1. 喜欢戴电子表

有一种新型的电子表，只要按一下显示时间的键，就会出现红色的数字，如果不按，则表面上一片漆黑，什么也看不见。喜欢戴这一类型手表的人，他们往往拥有不同于其他人的地方，他们性格独立，不受控制和约束，喜欢自由自在、无拘无束，只愿意按照自己的意愿去做事情。另外，这种人善于掩饰自己的真实情感，所以一般人不能轻易走近了解他们。在别人看来，他们充满着神秘感，而他们自己也非常喜欢并陶醉于这种神秘感，乐于让他人对自己进行各种猜测。

2. 喜欢戴闹钟型手表

喜欢戴闹钟型手表的人大多对自己要求特别严格，总是把神经绷得紧紧的，一刻也不能放松。这一类型的人虽算不上传统和保守，但按规矩办事是他们的风格，他们的成功绝对是按照一系列整齐的计划实现而得来的。他们非常具有责任心，有时候会刻意地培养和锻炼自己在这一方面的能力。除此之外，他们还有一定的组织和领导才能。

3. 喜欢戴液晶显示型手表

喜欢液晶显示型手表的人在生活中多为比较节俭，知道如何精打细算。他们单纯，喜欢简捷方便的事情，而对于太抽象的概念则难以理解。他们在为人处世方面多持比较认真的态度，不会显得特别随便。

4. 喜欢戴古典金表

喜欢戴古典金表的人多是具有发展眼光和长远打算的人，他们为了长远的成功可以放弃眼前的利益。他们心思缜密，头脑灵活，往往有很好的预见力。他们的思想境界比较高，而且非常成熟，凡事看得清楚透彻。他们有宽容力和忍耐力，又很重义气，能够与家人朋友同甘共苦、生死与共。他们有坚强的意志力，从来不会轻易向外界的一些困难和压力低头。

5. 喜欢戴具有几个时区的手表

喜欢戴具有几个时区手表的人多给人有些不现实的感觉。这种人很聪明，也有一定的智慧，但是太过于依赖自己的想象，所以不愿意付诸实践。做事常三心二意，这山望着那山高。在一些责任面前，常以逃避现实的方式面对。

6. 喜欢怀表

喜欢怀表的人多对时间具有很好的控制能力，忙忙碌碌的生活并没有让他们成为时间的奴隶，他们会找出时间让自己放松。同时这种人也能很好地控制自己的心态。他们多有比较强的怀旧心理，乐于收集一些过去的东西。他们言谈举止高雅，表现出一定的文化修养。他们有比较浓厚的浪漫思想，常会制造一些出人意料的惊喜。他们对人对事极度有耐心，很看重人与人之间的友情。

7. 喜欢戴没有数字的表

喜欢戴没有数字的表的人抽象化的理念较为强烈，他们擅长于观念的表达，而不希望什么事情都说得通俗易懂。喜欢玩益智游戏是他们的另一大特色，因为他们本身就是相当聪明和智慧的，他们对一切实际的事物似乎并不是特别在乎。

8. 喜欢戴上发条的表

这种人具有极强的独立意识，同时无论什么事都愿意亲力亲为。他们乐于做那些可以马上见到成果的工作，他们最看重的是自己所获得的那种成就感，但在这个过程中，他们又不希望一切都是轻而易举就获得的，这样他们反而觉得没有了意义和价值。此外他们还不希望得到他人过多的关心和宠爱。

9. 喜欢戴由设计师为自己设计的手表

喜欢戴由设计师特别为自己设计的手表的人，很重视自己的形象和地位，甚至愿意为了别人而改变自己。他们时常会大肆渲染而夸张一些事情，以证明和表现自己，吸引别人的注意。

10. 不戴手表

不戴手表的人，大多有比较独立自主的性格，他们不会轻而易举地被他人支配，自己认准了的事情才会去做。他们的随机应变能力比较强，能够及时地想出应对的策略，而且非常乐于与人结识和交往。

佩戴不同的手表代表着不同的性格，这就需要我们在以后的生活和工作中，多加留意，只有这样才会对别人有一个更加准确的认识。

手提包：藏满了人的喜好和兴趣

提包在人们的工作、生活和学习中是非常重要的一件必需品，它几乎与人形影不离。FBI 特工在平时的工作中通过观察，发现手提包能将主人的内心信息全部展现给外界。

提包的样式多种多样，人们选择的依据主要是个人的喜好，恰恰就是这种选择将人们的性格特点很好地展现出来。FBI 特工对此做了如下具体的分类，帮助人们通过手提包去看透别人的性格：

1. 喜欢休闲式提包

这种人工作具有很大的伸缩性，自由活动的空间也非常大。再加上先天的性格，可以看出这类人大多很懂得享受生活，这种人对生活的态度比较随意，不会过分苛刻地要求自己。同时，他们生活积极乐观向上，有强烈的进取心，能很好地安排工作、学习和生活，做到劳逸结合，在比较轻松惬意的环境中把属于自己的事情做好，并取得一定的成就。

2. 喜欢公文包

这种人可能是某个企事业单位的总经理，也有一些是比较正规单位的普通职员。这样的人大多数办事较小心和谨慎，他们不一定非得要不苟言笑，即使是有说有笑，对人也会相当严厉。当然，他们对自己的要求往往更高。

3. 喜欢肩带式手提包

这种人在性格上比较独立，但在言行举止等各个方面却是比较传统和保守的。他们有一定自由的空间，但不是特别的大，交际圈子比较狭窄，朋友也不是很多。

4. 喜欢浓郁民族风味手提包

这种人自主意识比较强，他们个性突出，是个人主义者。这在他们的衣着打扮、思维方式等方面都可以看出来。甚至有时候会表现得和别人格格不入，所以他们很难营造出良好的人际关系。

5. 喜欢方形提包

有小把手的方形或长方形的手提包，这种手提包外形和体积都相对比较小，并没有很好的使用价值，喜爱这一款手提包的人，多是没有经历过什么磨难的人。他们比较脆弱和不堪一击，遇到挫折容易退缩和妥协。

6. 喜欢小巧精致的手提包

对于那些非常小巧精致但不实用，装不了什么东西的手提包，主要是年纪比较轻、涉世也不深、比较单纯的女孩子的最好选择。但假如有人步入成年，非常成熟还热衷于这样的选择，这就说明这个人对生活的态度是非常积极而又乐观的，对未来充满了美好的期待。

7. 喜欢金属制手提包

这种人比较敏感，能够很快跟上时代的脚步，对新鲜事物有着超乎别人的接受能力。但是这一类型的人，在很多时候并不肯轻易地付出，而总是希望别人能够付出。

8. 喜欢超大型手提包

这种人性格大多自由自在、无拘无束，他们很容易与他人建立某种特殊的关系，但是由于他们性格的原因，建立好的关系也很容易破裂。他们有着散漫、缺乏责任感的生活态度，虽然他们自己感觉无所谓，但并不是其他所有人都能接受和容忍的。

9. 喜欢中性色系手提包

这种人表现欲望并不是很强烈，他们不希望被人注意，这样才可以使自己缓减压力。他们凡事多持得过且过的态度，比较懒散。在对待别人方面，也喜欢保持相对中立的立场。

10. 喜欢男性化皮包

喜欢男性化皮包的人（这里理所当然是针对女性而言的），都是比较坚强、剽悍、能干的，并且趋于外向化的。

11. 不习惯带手提包

这类人的性格需要分两种情况来看，一种是因为懒散，认为皮包带起来比较麻烦；还有一种可能是他们的自主意识比较强，希望能够独立，而手提包会在无形当中造成一些障碍。这两种情况都是把手提包当成一种负担，都可以看出这种人责任心不强，他们不希望对任何人、任何事负责任。

通过手提包观察人不仅要借助手提包的外形，如果有机会，还要看看手提包里面的"世界"，你就可以进一步了解到这个人的性格特点了。

提包里的东西摆放得非常零散，没有一点规则，需要某样东西的时候，就打开手提包一通乱找，通过他们整理提包的习惯，可以看出这种人的生活是杂乱无章的，他们做任何事奉行的都是"无所谓"的态度。

还有一种人，他们提包内的各种东西摆放得层次分明，想要什么伸手就可以拿到，这说明提包的主人是一个很有原则性的人，他们大多具有很强的进取心，办事认真可靠，待人也很有礼貌。FBI 特工通过观察，这一类型的人有很强的自信心，且组织能力突出；但缺点是他们大多比较严肃、呆板，会过多地拘泥于生活中的某些细节。

提包是识透人心的法宝，从现在开始，留心你周围的人，通过他们的提包看透他们的性格特点。

FBI 第三章
行为习惯，泄露心机
——FBI 特工的行为习惯读心战术

我们每天要工作、生活，这就离不开各种行为动作，而这些行为动作无不在不知不觉间将你内心的想法、情绪变化甚至个性特点全部展露无遗，同样我们也可以通过这些行为动作去了解别人，看透别人的内心世界。那么这些日常工作、生活中的细节是如何显露人们的内心的呢？本章中，FBI 的特工们将通过人们的各种行为习惯介绍行为习惯读心术。

生活习性：透露你的性格特征

人是有感情的动物，所以人们在社会生活中必然会流露出一些感情和欲望，不管是有意的还是无意的，这些一旦表现出来，就会慢慢发展成一种习惯，而 FBI 特工就通过收集这些欲望，得知一个人的性格特征。所以，习惯是一个人内心世界变化的展示器，可以为我们更好地分析与研究一个人的性格特征和真实面目提供参考。

那么，接下来，我们看看 FBI 特工给我们总结出来的性格读心方面的一些研究成果：

1. 购物习惯

（1）喜欢购物。这种人在平常的生活中会穿着非常得体，给别人一种有素养，有谈吐、比较文雅的感觉，而且这种人很受别人的爱戴。不过这种人虽然能够给人留下很好的印象，但是在处理事情上有点不够理性。尤其是在购物上，在面对自己并不是很需要的商品时，如果被商家的广告迷惑住，那么购买就是肯定的了。另外，需要注意的是，这种人比较勤快，在工作中也是如此。在人际交往中，这种人同样显得非常活跃，在任何聚会场合，他们都会表现得很热情，喜欢用具有说服力的语言来打动在场的每一个人。

（2）天生购物狂，见到自己喜欢的会不惜重金购买。这种行为有一个很恰当的名字——购物狂综合征，这种人的自我意识特别强，购物时总喜欢将所有自己喜欢的物品买下。当然，这种人在与人交往的时候，有点以自我为中心，总是会告诉他人自己优秀的一面，对于别人的话语他们往往显得不够耐心，打断别人的话也就在所难免了，他们喜欢让别人顺着自己的思路去思考问题。不过这种人比较容易相信别人，对于需要帮助的人，也会给予帮助。他们的动手和动脑的能力都很强，可以自己建造房屋、自己修理汽车等，同时他们还认为良好的理论知识可以指导和提高实践水平。令人感到意外的是，这种人在购物过程中往往会丧失思考能力，从而养成了大手大脚花钱的习惯，不仅如此，他们热衷于权力，也渴望社会地位，而一旦拥有这些的时候，他们最想去实现的就是自己疯狂购物的愿望，他们比较享受疯狂购物的过程。

2. 付款习惯

（1）购物后自己亲自结账。这种人做事认真而且对工作负责，只要自己能够完成的事情都会主动去做，对于生活和工作，他们都有着相当高的热情，他们一旦忙碌起来就不知道什么是疲倦。无论面对多么繁重的任务都会以更加饱满的精神状态投入工作中，不会影响到工作的进展。这种人是不折不扣的工作狂，而且他们可以一直保持旺盛的精力与热情。这种人同时还比较优雅，这也是他们在社会交际中积累下来的好品质。他们比较重视家人和朋友，将家人和朋友放在很重要的地位。当他们关心家人和朋友的时候，会把一切的工作都抛在脑后，全身心投入对家人和朋友的关心上面。在他们看来短期内获取的巨额财富可能会很多，但比起家人和朋友们对自己的重要程度，两者没有可比性，更没有任何可比的价值。他们非常坚信自己能成为生活中的主宰者而不是跟随者，不会为了一时的物质利益而牺牲对家人和朋友们的关心与爱护。此类人对自己的事业有着很高的追求，在追求事业的同时也会更加关注自己的人生，更加关注自己和家人、朋友之间的关系。

（2）选择电话或者网络方式付费。这种人一眼就可以看出是非常讲究工作效率、惜时如金的人。他们是绝对不会浪费时间的，在他们眼里，时间就是生命，喜欢追求简单快捷的生活和工作方式。而且，这一类人对于事情的考虑是比较周全的，对那些需要帮助的人也会伸出援助之手，并且会一直坚持下去。他们知道如何去关爱一个人，愿意用自己无私的爱来关爱每一个需要帮助的人，他们为那些凡事计较回报、个性自私的人树立了榜样。在他们看来，帮助有困难的人似乎是本职工作，他们会受到这些因素的影响而变得更加自信。因为他们对时间非常看重，所以有的时候难免表现得不近人情，十分冷漠，这种冷漠表现在和别人的交往中。这样的人对自己不喜欢的人或事物都会表现出非常不耐烦的情绪，正是这种态度常常引起其他人的误会。这类人脾气非常暴躁，当有人触犯到他们的神经的时候，他们就会表现得异常激动，也会蛮横起来。其实这些都只不过是他们冰冷的外表罢了，他们的内心还是非常火热的。虽然这样的人在一生的成长过程中总会遇到挫折，但并没有妨碍他们的上进心，他们会把自己的时间和精力都投入事业的打拼中，其他人的成功能够加快他们努力奋进的脚步。他们不会把时间都花费在享乐上面，而是从一点一滴做起，为早日实现自己的梦想而努力。

（3）把结账的任务交给别人。这种人在任何情况下都将自己的利益看得很轻，是那种只求付出而不求回报的人，他们会牺牲自己的时间与精力去帮助朋友，却忽视了自己的时间。他们认为帮助别人才能体现出自己的价值。当别人对他们表示感谢并给予物质奖励的时候，这样的人大多会摆摆手。这类人天生就很聪明，有很强的说服能力，因此受到大家的欢迎，并以这样的人格魅力为自豪。当他们发现事情进展没有向着希望的方向发展的时候，他们会选择放弃。他们不会为自己得不到的东西去奋斗，徒劳无功的结果是他们最厌烦的，也是极力反对的。在社会中，当现实的情况与他们所想的发生严重背离的时候，他们会有反抗意识，认为只有通过自己的反抗才能使收益不受到影响。

3. 选择礼物的习惯

（1）选择食品作为送礼的物品。这种人是懂得享受生活的人，他们是行为的发出者，也是最有力的执行者。在工作中，一旦有了指令，他们在简单有效的沟通之后就会付诸行动，即使遭遇挫折也不会因为这些困难产生出为难的情绪。在和异性交往的时候，总是小心翼翼地看待问题，从不跨过自己的道德底线，与那些触犯他们道德底线的人抗争。这样的人有很好的人缘，并且容易与人相处，他们的朋友都愿意帮助他们。他们有着非常强的理解能力，他们的想象力非常丰富，甚至有些想法十分荒诞可笑。他们有些时候表现得非常自负，不能接受别人善意的告诫，尤其是人多的时候更是这样，这是他们的虚荣心在作祟。在人际交往中，他们会成为人们议论的焦点，当然他们也希望看到这些。

（2）选择一些形状非常怪异的礼物。这种人很容易给别人留下深刻的印象，他们会根据别人的喜好送一些奇形怪状的礼物。这样的人最主要的性格特征就是自信，别人都认为环境能改变一个人，他们却不这样认为，他们更喜欢去改变外在因素。通过给别人送礼物，也表现出了他们的睿智和聪明，也证明了他们是很有个性的人。通常这样的人对他们不喜欢的人或事都比较抵触，而且不会因为别人的劝说而改变自己的观点。

（3）选择一些传统手工艺制品作为礼物。这样的人渴望在生活中获得认可，希望得到别人的理解和支持，对他们在生活中扮演的角色给予充分肯定。面对挫折的时候，他们总会显出强大的抗击打能力，摔倒会马上爬起来，并继续挺胸抬头上路。他们往往将自己的才能在最开始就全部显露出来，带着一点顺从的本性。他们作为下属，对于上司的指令会牢记在心，在成长的路上也会慢慢成熟，对事情也越来越具备准确的判断能力。

这种人具有着牺牲精神，往往留给人们高贵而且安详的感觉。对于外表，他们并不是足够的重视，他们最看重的还是内心。他们对待时尚也并不敏锐，喜欢自己动手做东西，倡导纯手工制作，因为这是他们的兴趣所在。

每个人在日常生活中所表现出来的动作是不同的，同时也是多种多样的。想要据此判断一个人的内心世界，一方面需要借助 FBI 特工给我们总结出来的一些经验和理论知识，一方面需要结合自己的实践，在实践中不断揣摩，只有这样我们才能准确地通过日常生活中的细节，判断对方的性格特征。

行为动作：一不小心出卖你的心

人们的性格并不是固定的，在不同时间和地点往往会表现出不同的性格特征。只要拥有平和的心态，那么你的外在动作就会变得更为自然，人们也就无法从你外在的细微变化中捕捉到你内心的性格。既然如此，我们来看一看，在我们的生活中，是哪些动作出卖了我们的内心世界。

1. 遇事常常情绪激动

这种人是典型的急躁型，在遇到事情的时候，往往表现得不知所措。这种人有着很强的占有欲，很喜欢将所有的责任都担负起来，在任何事情上都表现出强烈的欲望。欲望是一道难平的沟壑，它总是源源不断地扩张、加深，最终让人因无法承受诸多欲望带来的压力而崩溃。一个人知道了自己的欲望是什么，便知道了性格中最大的弱点是什么。一个人的性格是最难被改变的，但是更加难以改变的是面对欲望的时候人们能否不被欲望影响，能否不按着内心的欲望而自由支配行为。占有欲强烈的人通常是不受人们欢迎的，他们很少和人真心交往。

2. 与人交谈过程中，胳膊总是抱在一起

在我们的生活中，经常会看到当某人受到惊吓时总会习惯性地将自己的两只胳膊抱在一起。而这个动作背后说明了什么问题呢？科学家们多年的研究表明：两只胳膊抱在一起是当人类受到外界压力或刺激的时候所表现出来的自我保护动作。这个动作很早的时候就出现了，人们在外捕猎遇到危险的时候，往往会把用硬木头做成的木板挡在胸前，以抵御来自猛兽的袭击，这种方式被认为是人类早期的自我保护的方式。人类发展到一定阶段，随着科技的进步，人们的思想意识也在不断发展。他们认为，把内心的恐惧直接表露出来已经不符合社会发展的需要，于是便无意识地把两只胳膊抱在胸前作为缓解恐惧的一种方式，然而这更

多的是人的心理反应。喜欢抱胳膊的人是善于自我保护的，同时也是崇尚自由的，他们不喜欢被规定好了的生活，甚至有点不遵守秩序，他们往往不受束缚。与人交往的过程中，他们不喜欢听从别人的指挥，有自己的想法，比较我行我素，任何场合对于别人的颐指气使会很反感。这种人的创新能力强，可是也不善于自我反省，对于别人的意见总是忽略掉或当耳旁风。他们是天生的逆反者，爱钻牛角尖，即便是面对既成的观点，他们也愿意去挑出一些反驳的地方。

这样的人的内心是存在着自私自利和怨恨的。一旦受到别人冷落或嘲笑，他们就会把自己内心深处的另一面——刻薄、充满怨恨都发泄出来，让这些消极情绪主导他的内心世界。所以 FBI 特工告诫这些人，在生活和工作的过程中要学会放下怨恨，学会大度，让宽容成为自己的主要性格特征，这样我们的心情才能平和，生活也才会幸福。

3. 交谈时不停地做出漫不经心的小动作

当一个人与你交谈时，不停地弹烟灰、用手指像弹钢琴般地轻敲椅子扶手、不时移动一下桌子上的东西等，他做出这些琐碎的动作，其实是在提醒你，他可能无法继续和你交流下去，你就应该早些告辞了。他所做出的好客的表情，那也许只是一种礼貌的行为，他手上的动作才是真实的，他此时有点心烦意乱，已经在提醒你该走了。

在彼此信息交流最旺盛的时候，频频出现弹指、搔鼻、拭脸等与交谈内容无关的动作，做出该种动作的人，并没有认真倾听对方说话，其心理上已经出现了障碍。很多时候，这种下意识的动作就是表示厌恶对方的一种无言的信号。

4. 喜欢对人指手画脚

这种人是事业心很强人的典型代表，他们对于自己感兴趣的工作愿意投入百倍的热情和努力。他们在工作中的爆发力也很强，只不过他们兴趣多变，爆发力的显现就不能长久了。虽然他们的稳定性不好，但却有着较强的求知欲，很喜欢钻研自己不懂的知识。这种人在职场中，做事情往往不够谨慎，爱边做边想，不善于采纳别人的意见，有点主观臆断和蛮干的感觉，他们喜欢让自己的感觉主导自己。这类人的反应速度很快，思维也很活跃，在团队中能出谋划策，同时也喜欢发号施令。他们以快乐来判断价值，是那种不会为钱而工作的人。

不过需要注意的是，这种人有种最不好的习惯，那就是喜欢在背后说别人的坏话。大多数人会认为，这种人遭遇问题的时候，不愿意当面和你讲清楚，而会在背后用说坏话的方式来报复，并且在说坏话的过程中添油加醋，捏造谎言歪曲事实。

FBI 特工指出，这种人的性格非常狭隘，对于别人的错误无法容忍，很容易对别人取得的成功产生嫉妒心理，是名副其实的伪君子。

FBI 告诫人们，在我们的日常生活与工作中，往往一个细微的动作或表情就可以将我们的内心世界展示得很透彻，从而让别人一览无遗，所以我们要时刻保持一颗平静的心，一方面不要将自己的内心世界展示出来，另一方面，也要仔细观察，以防别人的不轨之心。

阅读习惯：反映你的品位涵养

不同的人会有不同的阅读习惯，比如买回一本书或是一份报纸，有的人会迫不及待地读起来，但也有的人可能会把它先放在一边，等闲暇时再安安静静地去阅读，这种差异性就是由不同人的不同性格造成的。FBI 特工发现，通过阅读的状态和习惯，也可以对一个人的性格进行观察和分析。

我们先来分析上面所提到的拿起一份报纸或者一本书的情况。当拿到一本书或是一份报纸后，不分时间、地点和场合，总是迫不及待地看起来，即使是手头上正做着别的事情，也会暂时先搁置，这种人性格比较外向，他们做事雷厉风行，干劲十足，但是做事情缺乏必备的稳重和沉着。他们性格开朗大方、真诚豪爽，生活态度也很积极乐观，有充沛的精力和热情，是一个不甘寂寞的好动分子。他们虽然头脑很灵活，具有一定的随机应变能力，但是并不善于掩饰自己，常常是喜怒形于色，别人往往会看个一目了然。在社会中，他们很吃得开，因为他们的适应能力和交际能力比较强。他们的思想比较超前，对于新鲜事物的接收能力也很快，常常会有一些大胆的设想。但缺点是太爱出风头，有时还有些刚愎自用。

再来看看和他们相对的另外一种人，这种人拿到一本书或是一份报纸以后，先将它们放在一边，尽快把自己手头上的工作做好，然后在没有任何打扰的情况下，再将它们拿出来静静地、仔细认真地阅读，对于上面自己感兴趣的东西还会保留下来。FBI 的经验告诉我们，这一类型的人大多属于内向型的，他们沉默少语，也不善于交际，人际关系处理得并不是很好。不过他们拥有独立的思想和主见，他们的想法和语言不说则已，一说则一鸣惊人。他们很注重现实，不会有一些不切合实际的想法和做法，自我约束能力比较强，个性独立，办事认真，只要去做就会力争把事情做好。他们对周围的人一般时候不是很热情，不希望从别人那里得到什么。他们也很懂得自取其乐。

还会有这样一种人，由于他们很难静下心来，所以当他们拿到一本书或是一份报纸以后，只是先大概地浏览一下，然后就放在一边不看了。这样的人性格大多外向，生活态度是乐观而又积极的，有随便的成分在里边。这种人具有一定的幽默感，兴趣广泛，善于交际，耐不住寂寞，他们希望生活中永远都有许多人和欢声笑语。这种人具有一定的组织能力，但自我约束力差，做事马马虎虎、得过且过，在稍不注意的时候，总是会招惹一些是非。

再来看最后一种人，这种人拿到书或是报纸时，放在一旁不看，只等到自己无事可做，或是心情烦闷的时候才把它们拿出来，权当是一种解闷的消遣，这一类型的人大多性格孤独寂寞，而比较多愁善感。在为人处世方面缺乏坚决果断的魄力和勇气，不善于交际，常常孤芳自赏、自命清高。他们有着丰富的想象力，但又有些不切合实际。他们善于体贴别人，具有一定的同情心，思想比较单纯，为人憨厚，一般不愿意伤害别人。

吃有吃相：吃相泄露人心端倪

饭桌上有大学问。通过观察一个人在饭桌上的表现，是可以掌握到很多的信息的。如果说人们在其他地方还会"伪装"自己，那么面对吃饭的时候，很少有人会再次去伪装自己，我们要想更好地相识一个人，就需要在饭桌上看到他更真实的一面。

其实，吃相影响着一个人的形象，甚至会对一个人的工作产生影响。

乔治和史密斯两人同时进入 FBI，成为了让人羡慕的 FBI 特工。两个年轻人都是年轻气盛，跃跃欲试，都想在自己的岗位上大显身手，破一桩石破天惊的大案。但就是因为一件小事，使得两个人有了不同的道路。

一天，史密斯碰到了乔治。史密斯随手递给乔治一袋干果，乔治摇了摇头，告诉史密斯：公司不允许吃零食。史密斯听了哈哈一笑，说昨天自己在吃东西的时候，正好碰到了领导，但是领导并没有说什么，只是轻轻拍了拍他的肩膀，然后就笑着走开了。

乔治听完这个之后，也就放下了心，然后拿着干果袋子，走进了办公室。在工作之余，他总是会吃上一些干果。不巧，正在吃的时候，被领导看到了。有了史密斯的"预防针"，乔治也没什么顾虑了，继续享用着他的零食。

领导看到之后，很严肃地瞪了乔治一眼，扭头走了出去。乔治正纳闷呢，他桌子上的电话就响了起来，原来是领导通知他去办公室。

乔治到了办公室，领导直接将一份解聘书放到了乔治的面前，告诉他一个不幸的消息，他被公司解雇了。

乔治的脑袋一下子就蒙了，他想不通的是，为什么自己吃零食被解聘了，而史密斯却没事。他把心里的困惑说了出来，这个时候领导解释了他的困惑。

领导告诉乔治：虽然乔治和史密斯都违反了公司在上班时间不准吃零食的规定，但是乔治的吃相非常不雅观，有损 FBI 的形象。在 FBI 工作是需要高度严谨的，容不得一丁点儿的失误。

"难道犯罪嫌疑人看到我的吃相，就会对 FBI 产生怀疑，造成负面影响？这也太夸张了吧。"乔治不服气，但是丝毫没有改变已经发生了的这个事实。

对于吃相的研究，其实就是一门功课，很多专家都开始研究它了。

吃相和心理密不可分。每个人的吃相除了先天的一部分因素之外，其实还和人们的后天遗传有着很大的关联。饭桌也就成了一个非常难得的观察窗口。其实"吃相"可以反映一个人很多的东西，诸如饥饱程度、袋里的经济实力、文化修养和气质品位。

在西方，吃已经成为一门学问。很多专家都是将其作为一门高深的学问进行研究，他们通过一些资料的研究，发现很多人的吃相可以透露出他的性格特点来。

吃相是人们心理的最好反应，吃的方式和过程，同样可以看出一个人的内心世界。接下来，我们来看看 FBI 特工是如何通过不同的吃相来了解人的微妙心理的。

一些人在吃相上，往往是主菜、配菜、调料，各种食物混在一起吃。这种人的性格是比较粗暴的，但是他们却有着很强的依赖性。

一些人在吃菜的时候，总是喜欢配上些调料，然后再入口食用。这样的饮食习惯，一般只有那些专横独断、思想保守的人才能养成。他们有着极强的控制欲与权力欲，而且喜欢对别人发号施令。

有的人在饮食时，会匆匆忙忙吃上些配菜，接着再去享用美味的主菜。这样的人，是比较自私自利的，他们在做事情的时候，自我意识较重，很少会顾及别人。

另外，有些人在饮食前，往往会将盘子中的食物拨来拨去，甚至会将他们摆放成艺术图案。这样的人，性格开朗、富有爱心，也善于交际。

吃相的不同，是代表着不同的性格特征的，所以对于吃相的把握是很重要的，是可以利用这些细节就能读出人的性格的。

在酒桌上会有各色各样的人，其中有些人喜欢细嚼慢咽，而有的人则表现出来的是狼吞虎咽，这种不同也反映着个人的不同。所以我们先来看一看 FBI 总结出的几种最为常见的吃相类型：

1. 浅尝即止食量小

这些人吃起东西时有一个特点，那就是几乎没有一样是可以吃完的，但是每一样又都是品尝到的，他们的食量是比较小的。

这种人的性格特征为趋于保守，做事谨慎，对于任何事情，他们都是在做足了调查的时候，才会去做，比如说他们在出差的时候，即便多花钱，也会选择自己有把握的以前走过的路。

2. 仔细咀嚼吃得慢

这种人的吃饭动作很慢，其他人都已经吃得差不多的时候，他还是在吃。他们咀嚼，品尝，虽然吃得慢，但食量并不小。他们的吃饭已经变成了一种艺术品的欣赏，用筷子的动作也都是很慢的，就好像是在深思熟虑一样。

这样的人大多性格严谨，他们在生活中，总是善于动心机，有时候还会喜欢挑剔。他们具有较强的好胜心，同时特别善于斤斤计较，对朋友也时好时坏，所以他们的知心朋友很少。这种人最大的优点就是，做事情能够想得周全，能够做到滴水不漏，很少出纰漏。

3. 暴饮暴食不节制

暴饮暴食者在进食时不加节制，他们面对任何食物都是可以吃得下去的，他们对食物是来者不拒，甚至觉得越多越好。他们在饭后，还喜欢打上几个饱嗝，所以他们也偏胖。

这样的人性格很直，也是性情中人，人缘很好，很容易和别人打成一片。不过，他们的缺点是遇到自己喜欢的东西、事情等，就不会去考虑别人的感受了。他们也不怎么会和朋友分享，经常会对别人置之不理，这样也使得对方产生误解。

4. 风卷残云地解决

这种人吃饭很快，有一些人会认为这种人有点不礼貌，但是这种人往往是有着开朗豪放的性格，不拘小节的。

他们具有旺盛的精力，无论是说话还是办事都是比较干脆利落的，对于说过的话，做过的事都能够做到言必行，行必果。因此，这种人是值得信赖的朋友，但是他们的性格方面还是比较急躁的，他们有点争强好胜、好勇斗狠等性格。在和他们相处时，要学会扬长避短，以柔克刚。

5. 爱吃独食不分享

酒桌是个热闹的地方，但是也有些人并不是很喜欢这样的场合，他们在热闹面前，更喜欢一个人静静地用餐，习惯于单独进食，不愿与人分享。

具有这种饮食类型的人大多性格冷僻、孤芳自赏，他们的性格是比较坚毅沉稳的，同时他们还是具有很强的责任心的，言行一致，他们是很好的信守诺言的人，总能出色地完成自己的工作。

吃相不同的人，是拥有着不同的性格特征的。对于一个上司来说，是很容易遇到饭局应酬的，多一项识人的技能，就可以把握住成功的机会，从而让自己收获更多。

酒中有真意，把盏品酒识人心

FBI 的心理专家通过研究发现，一个人握酒杯姿势的不同，性格和心理特征也不同，我们来看看 FBI 给我们的分类和建议。

首先来看看男性，男性在握酒杯的动作中，会将自己的性格特点完全暴露出来。

如果一个男性喜欢紧紧握住酒杯，同时用拇指紧按着杯口，这样的男性性格外向、豪爽，喜欢直来直去。在他们的眼中，最容不下婆婆妈妈和斤斤计较。这类人在与人相处时，表现得友好、热情、直率，由此人缘极好。另外，他们做事也很有魄力，敢说敢做，正因为如此，他们有时也显得有点莽撞。

如果一个男性喜欢用双手抓住酒杯，则说明其性格较为内向，这种人的逻辑思维能力很强，喜欢独立思考问题，并且做事冷静。在他们的处世之道中，信奉"君子之交淡如水"的原则，和朋友保持着若即若离的态度。可能他的朋友不是很多，但与其交往的往往是挚友，很少有"酒肉朋友"。做事时他喜欢三思而后行，凡事都要做好相关的计划，然后才开始行动。

如果一个男性喜欢把杯子紧握在掌中，同时用拇指扣住杯子的边缘，则表明其性格较为柔顺，为人忠厚，同时胸襟开阔。这种人外冷内热，当你通过接触了解之后，你会发现他其实是一个非常有趣的人。这类人做事时，非常有主见，有自己的独到看法和做事方式，要想改变他的做事方式还真不是一件容易的事，除非你有百分百充足的理由。

如果一个男性喜欢用双手捂住杯子，则说明其城府很深，十分善于伪装自己。这类人在和人相处时会笑容满面，实际上一点人情味也没有。他们很少在人面前暴露自己，也从不喜欢将自己的事告诉朋友，所以，他们的朋友，尤其是知心朋友往往是寥寥可数的。

再来看看 FBI 给出的观察一个女性端酒杯的姿势，以知晓她大概的性格和心理特征的方法。

如果一个女性习惯于一只手紧握酒杯，另一只手则无目的地划着杯沿，这就代表着其性格较为稳重，喜欢沉思，有比较独立的个性，不会轻易地向世俗潮流低头，比较叛逆，只不过表现方式不是很明显罢了。她愿意结识朋友，对人也比较真诚、热情，所以其人缘还颇为不错。她做事时不喜欢张扬，更不喜欢出什么风头，仅会默默无闻地做好自己该做的事。

如果一个女性喜欢握住高酒杯的脚，同时食指前伸，则说明在她的性格中，自负的成分占了很多，这种人喜欢妄自尊大，在这种人的眼里别人是没有地位的。在这种人的世界中，只对有钱、有势、有地位的人感兴趣，而对那些"寒士"或是比自己差的人，她往往会对其嗤之以鼻，这就使得她的人际关系较为糟糕。她做事时较为缺乏责任心，所以容易出现虎头蛇尾的状况。在遇到失败、挫折的时候，她会知难而退。但她在做事时各种准备工作往往会做得较为细致。

如果一位女性喜欢玩弄自己的酒杯，则说明其性格较为活泼、直率、爽朗，这种人具有较强的自信心，是非观念也非常明确。这种人在人际交往中，往往比较大度，不会斤斤计较，也不会睚眦必报，对于别人无意的冒犯也会一笑置之。做事时她从不会犹豫不决，或者是拖拖拉拉，而是非常利落和干脆。

如果一个女性总喜欢把手中的空酒杯翻来覆去玩耍，则说明其有较强的虚荣心，喜欢表现自己和炫耀。这种女人有点任性，甚至有点飞扬跋扈。当看到自己心仪的男子，也会大胆地卖弄风情，从而吸引对方注意。这种人的人际交往比较有针对性，喜欢结交那些较有权势的人，不过往往是事与愿违，因为那些有权有势的人，恰又瞧不上她这样的人。所以，她很多时候是茕茕子立，形单影孤的。

如果一个女性喜欢把杯子放在手掌上，一边喝酒，一边滔滔不绝地跟对方说话，这种人的性格外向，非常活泼、开朗，善于交际，拥有着乐观、积极和向上的生活态度。她们聪慧和机敏，还很幽默，也有较强的表现欲望，常常会故意制造一些意外，给人带来耳目一新的感觉。在与人交往时，无论走到哪儿，她总能将自己很快融入集体之中，所以其人际关系较好，朋友也较多。做事时她信奉"言必行，行必果"，所以很容易取得成功。

需要注意的是，FBI 给我们的只是一个总体上的、大概的结论，而不是一个全面、准确的结论，所以，我们在借助 FBI 的这些实战经验的同时，再具体观察到每个特殊的个体，分析他们之间存在的差异性，从而彻底了解一个人。

抽的不是烟，是性格

俗话说，烟酒不分家，既然我们能够通过酒的一系列动作去判断一个人的个性特点，那么烟呢？FBI 的回答是肯定的，在一项调查中显示，烟是男士甚至女士使用率很高的物品，而在这种物品的选择包括吸烟的动作中，都可以体现出一个人的性格特征。

吸烟的人大体上分为这样两类：主动吸烟的上瘾者和社交场合需要的被动吸烟者。但是，不论是哪一种，他们之所以吸烟，都是其内心矛盾和混乱的一种外在表现。

FBI 心理专家的研究表明，小口、快速地吸烟会刺激吸烟者的大脑，提高大脑的兴奋度和警觉性，而较慢吸烟则具有一定的镇静作用。主动吸烟上瘾者较为喜欢独自一人抽烟，借助着烟中尼古丁的镇定作用来释放心中的压力；社交场合需要的被动吸烟则不同，他们通常在各种聚会、商务活动中，或者是在喝酒的时候才会吸烟，所以这类人吸烟往往是一种社交展示，仅是为了给对方留下某种印象。不过，被动吸烟者有些时候的吸烟也是属于释放心中的压力（也可能为了掩盖心中的紧张情绪）的表现的。

FBI 做过这样一项问卷调查，近 85% 的"烟民"都认为，吸烟的时候他们的压力会减小。事实果真如此吗？FBI 继续深入调查，发现吸烟的成年人的平均压力要比那些不吸烟的人稍微高出一些，同时，一旦养成吸烟的习惯后，吸烟者的压力会随之上升。所以，得出的结论就是吸烟是根本不能控制情绪的。与之相反，吸烟者一旦对烟中的尼古丁形成了依赖性反而会增加他们的压力，吸烟所谓的放松作用，仅仅在于吸烟者在吸烟时所获得的尼古丁能够减缓他们身体缺乏尼古丁而产生的紧张和焦虑情绪。也就是说，吸烟者在吸烟的时候，他的心情是平常的，而他一旦停止了吸烟，却感到了压力。这就意味着，要想让一个吸烟者恢复平常的状态，他就必须随时在嘴上叼一支香烟。

吸烟虽然有害健康，但还是有不少人依旧我行我素，由此，FBI 特工做了大量的观察，得出由一个人吸烟的特点，如吸烟的方式、喜欢抽什么样的烟等，就可以大概知晓他的情绪特征或性格特点。

我们先来看看不同的吸烟方式所包含着的不同个性。

如果一个人吸一口烟，弹一下烟灰，则说明其此时正处于心情凝重或是烦躁的阶段，要不就是此人正处于进退两难的尴尬境地，对于下一步很茫然。有时候人处于紧张的思考阶段，也会有这样的动作。当然，不排除有人故意摆出此种姿势，以显示自己的不凡，或是炫耀自己，以吸引别人的眼球来满足自己的虚荣心。

如果一个人吸烟时总会把抽口弄湿，则说明其性格多变，情绪也常常起伏不定。这种人爱意气用事，做事缺少规划性，所以常会碰得"头破血流"。同时这种人还会因为异性问题而与别人发生纠葛，从而损伤自己的人际关系。

如果一个人在吸烟时经常忘了弹烟灰，则说明其对自己缺乏信心，有点自卑。他的世界都是灰色的。明明自己稍一努力就可以完成的事情，但由于缺乏自信会放弃，而看到别人轻易做成后，他又追悔莫及。与人交往时，他常常会显得较为谦卑，有时甚至还有点卑躬屈膝。但是这种人非常真诚，几乎不会跟人玩什么阴谋诡计。此外，如果一个人在工作或是开会的时候出现忘了弹烟灰的情形，则说明其正在专心致志思考问题。

如果一个人吸烟的速度很快，则说明其性格较为急躁，脾气也较为火暴，容易发怒。这种人的是非观念非常清晰，绝不会因为私情偏袒和自己要好的朋友，人缘很好。做事时，他往往有急功近利的思想，喜欢贪多求全，结果是顾此失彼。因而他如果是单纯地从事某一项工作，往往能把它做得非常出色、漂亮。当然，如果一个人偶尔出现快速、大口吸烟的情形，则说明其现在肯定处于焦虑的情绪状态之中。

如果一个人抽几口就把烟灭掉，这就相当于画上了一个句号，一种是表示他要去做另一件事情，而且这件事情他非做不可，其灭烟的行为可以看做是对自己决定的再一次肯定和鼓励。还有一种情况就是，一个人做出此种动作，可能表明其此刻心情非常糟糕，把烟卷当成了一个出气筒。

如果一个人喜欢随时在自己的嘴角上叼一支烟，这就代表着其性格较为倔犟、叛逆，给人放荡不羁的感觉，但是这种人富有正义感，侠义心肠，喜欢"多管闲事"，好打抱不平，多不拘于小节，因而其人缘关系颇为不错。需要指出的是，这种人的心理承受能力较差，一旦自己的能力没有得到别人的认可，或是工作中遭到了失败，他要么是强烈反抗，要么就是从此一蹶不振，而且往往是后者居多。

如果一个人总喜欢把烟吸到抽口也舍不得丢掉，说明这种人很节俭，但却较难持家。这种人较为虚伪和自私，且工于心计，在待人处事上常常处心积虑，猜疑心非常重。他最大的毛病，就是很少会对自己的朋友哪怕是亲人，袒露自己的心事，这直接导致其人际关系较为糟糕。有些时候他由于太处心积虑，反而会让自己失去一些机会。

如果一个人喜欢仰起头用嘴角抽烟，则表明其具有较强的独立意识，同时对自己充满了信心。他任何事情都要自己亲自做成。但由于过分清高，使得自己与周边的人有点格格不入。所以，在很多人眼中，他是那种很难让人接近的人。不过事实并非如此，他其实是那种"外冷内热"的人，一旦与他交往一段时间后，就会发现他其实是一个很重感情的人。

就吸烟的种类而言，通过观察也可以了解一个人大概的性格特征。

如果一个人不太在意香烟的品牌，则说明其可能还没有真正成为烟民，他吸烟是出于好奇心。这样的人性格较为温顺，喜欢随遇而安，缺少主见和原则性，往往是人云亦云。这类人最大的缺点是缺乏坚强的毅力，在困难和挫折面前容易打退堂鼓，从不肯认认真真做一件事，当然更不用说什么为理想而奋斗了。所以，他很难成就一番自己的事业。

如果一个人喜欢吸雪茄，则说明其性格较为倔犟，这种人也不愿意向任何压力或权势低头。在人际交往中，非常直爽、豪放，从不拘泥于各种繁文缛节，因而他深得朋友的喜爱。这种人还有一个重要优点，即有一颗勇于负责任的心，他从不会推卸属于自己的责任。相反，在一些危急时刻，他还敢于临危受命，这就使他很多时候能受到大众的支持和拥戴。

如果一个人喜欢抽洋品牌烟，则说明其虚荣心较强，喜欢追逐潮流，喜欢表现自我。他渴望金钱，但又不吝啬，为了炫耀自己，即使一掷千金也在所不惜。他对生活的要求颇高，但又不愿意为之奋斗，故而常常陷入"心比天高，命比纸薄"的尴尬境地之中。

如果一个人喜欢用名贵烟盒来装价格低廉的香烟，这典型是虚荣心和表现欲望的表现。这种人渴望金钱却又不够努力，仅仅是靠做梦发财，结果当然是连一分钱的财也没有发。在与人交往时，他几乎不会真心对待自己的朋友，往往是见异思迁，因而其知心朋友几乎没有。

再来看 FBI 特工给出的通过观察人们捻熄烟头的不同动作，来识别人们的性格特征的方法。

只是随便地将一个仍在冒烟的烟蒂扔进烟灰缸，这种人性格较为懒散，凡事喜欢以自我为中心，因而有时显得较为自私。这种人的缺点是做事不严谨，喜欢打马虎眼，故而经常遗忘或丢失东西，同时别人托付给他的事，往往会无果而终，如果被人追问原因，他还会振振有词地为自己辩护。

如果一个人通过将烟蒂按压使烟熄灭，这往往是其发泄心中不满或是某种欲望的表现。这样的人倔犟甚至偏激，遇事不够冷静。这类人的体力较为充沛，但无法恰当处理自己心中的各种欲望，故而常常处于焦虑、急躁的情绪状态之中。不过，他们在做事时较为积极，很少出现半途而废的情况，因而深得老板的喜欢。

如果一个人轻轻敲打熄灭自己的香烟，则说明其十分注意自己在别人眼中的一言一行，做事时非常小心谨慎，从不会莽撞行事。在与人交往时也是如此，表现得很谦逊，彬彬有礼。不过，有些时候由于他太过于谨慎，以至于有时不能完全将自己的意见传达给对方，同时，在该"断"的时候显得犹豫不决，以至于错过了一些好机会，致使局面变得更复杂。

如果一个人经常用脚踩熄烟蒂，说明这种人争强好胜，具有一定的攻击性，不会轻易认输。他们言语丰富，词意尖锐，喜欢讽刺、打击别人。这种人很难有好的人缘。不过，一旦他对某人产生好感，就会积极主动地向对方表明自己的意思。

有人吸烟时慌慌张张，有人吸烟则波澜不惊，有人吸烟时姿态优雅，也有一些人吸烟仅是让自己加入"烟民"的行列，当然有些人吸烟是为了掩饰自己的紧张情绪……吸烟的动机大相径庭，其姿势也就因人而异，由此 FBI 心理专家们特别指出，通过此可以窥见那些吸烟者的"烟品"和性格。

抽烟时手掌向外的人性格非常外向，这种人属于"人来疯"类型。他很容易迷失自己，需要一个人领导着逐渐找回已经或是正在丧失的自我。他跟谁都谈得来，十分喜欢与各式各样的人来往，他很担心独处。他对生活喜欢追求其丰富多彩，而讨厌一成不变的东西。

把大拇指放在嘴边吸烟的人性格较为倔犟、坚强，这种人具有较强的理性，富有独立性，不过多少有点自负。他懂得自我反省、自我沉淀。这种人最不能容忍别人（尤其是自认为不如自己的人）对自己发号施令，很多时候，如果自己不发表一点意见，他就会觉得不对劲儿。这种人做事时也会选择最好的方案。

敞开手指拿烟的人较为敏感而细心，这种人情绪波动较大，颇为任性。这种人内心是随和且较为喜欢与人交往的人。虽然他较为任性、喜欢逞强，但为人较为真诚、坦率，即使遭到别人误解，他往往也会尊重对方。

经常用指尖夹烟的人性格较为温和、亲切，攻击欲望不是很强烈。他做事不是很自信，并且有点悲观，这使他活得比较累。他为人善良，常常为别人考虑，他也不太喜欢冒险，一般不会去做风险性较高的事情。他的生活态度较为严肃，做任何一件事情都会认真地对待，并且喜欢追求高效率、高质量。

用指腹夹烟的人性格较为稳重，思想也比较单纯和传统，富有同情心和正义感，是毫不含糊且可以信任的人。这种人对自己认识得很清楚，知道自己的优缺点，懂得如何扬长避短。他对自己充满了信心，相信只要经过自己的一番努力，肯定能实现自己心中的梦想。

FBI 特工发现，很多人在紧张的时候都喜欢用抽烟来缓解心头的压力或是掩盖自己的情绪，但是他们的秘密也是随着抽烟的一系列动作展示给了别人。在下面的叙述中，我们来看看 FBI 特工对吸烟时吐烟的样式的研究。

FBI 特工认为，通过观察一个人吸烟时吐烟的朝向，可以判断他的性格是积极的，还是消极的，可以分出以下几种类型。

如果一个人在吸烟时喜欢朝下吐烟，这是缺乏自信的表现。这种人的生活和工作态度都比较消极，因为在他看来，痛苦和不幸占据了人生的大部分。

如果一个人在吸烟时喜欢朝上吐烟，这就代表其自信并具有较强的优越感。无论是对工作还是生活，他都愿意积极面对，他坚信"没有比脚还长的路，没有比人还高的山"。

如果一个人朝下吐，且是由嘴角吐出烟时，则暗示此人的人生态度非常消极或灰暗。举个电影中的例子来看，那些黑帮或犯罪集团的首领，在吸烟的时候，常常是靠坐在椅子上，斜仰着头，不时把烟吐向天花板，以此来显示自己的优越性和强悍。相反，那些地位卑微、处于弱势群体的人，常常把香烟用食指和拇指倒扣在手里，从嘴角把烟吐出来。

一个人吐烟的快慢往往与他当时的情绪状态有很大关系，如果一个人吸烟时吐烟的速度很快，代表其积极而又充满自信，同时，他此刻还具有较强的优越感。反之，如果一个人吸烟时吐烟的速度较慢，则说明其现在正处于一种消极、压抑或是失望的情绪状态之中。

FBI 以玩牌来说明这个问题，当一个吸烟的人拿到一手好牌后，他往往会充满自信地朝上吐烟；反之，当他手气不好拿到一手"烂牌"时，他往往又会朝下吐烟。当然，他的这些动作都暴露给了他的对手，有经验的高手都是凭借这个来判断对方的牌的。不过，如果玩牌高手们哪天遇到比自己更善于"察言观色"的对手，他们往往会血本无归。因为这些"高手"不仅善于观察他人的身体语言，还善于伪造一些身体语言姿势来麻痹对方。比如，他们拿到一手好牌后，反而做出骂骂咧咧的样子，并把牌随便往桌上一扔，将两只胳膊交叉在一起，做出一副准备投降的样子。与此同时，他们却静静地为自己点上一支烟，悠闲地吸着并向上喷着烟雾。此时，如果对方心里窃喜自己此次赢定了，并压上自己所有的赌注，很有可能他会在这一次输个精光。

最后，抽烟时喜欢吐烟圈的人，一个比较突出的特点就是有比较强的支配欲和占有欲，有点以自我为中心，凡事喜欢我行我素，不愿被任何规则、条款束缚。他的性格较为外向，喜欢与人交往，较为仗义和慷慨，不喜欢斤斤计较，很多事情只要说得过去就行了。这就使得他的人缘非常好。

要知道，烟是在我们的生活、工作、人际交往中扮演越来越重要角色的物品，会在我们不知不觉之间将我们的个性特点全部暴露出来。FBI的这些观察的方法很有效，但需要指出的是，这些方法必须要根据不同的场合、不同的人群作出区别性的对待。

签名：看透人心的痕迹

习惯就是人性格的一面镜子。而汉语中的"习性"一词，也指的就是习惯与性格，由此可见，习惯和性格，这两者相互依存，谁也离不开谁。

任何一种行为习惯，都是在人类的感情与欲望有意和无意中达到一定量的积累之后形成的，而这也是将人们内心表现于外的行动，通过这些行为习惯可以透视一个人的内在本质。

名字是一个人的身份代号。时至今日，随着交际圈的扩大，交际活动的频繁，人的名字出现的机会也越来越多，于是签名成为人们一项重要的交际内容。每个人的签名都不同，有美有丑，有大有小，总是呈现出千姿百态的样子，FBI告诉我们，通过签名不仅可以看到签名者的个人信息，还能对他们的性格有个大概了解。

下面，就根据FBI特工的经验，将签名分为以下几种，借以剖析人们的性格特征：

1. 名字写得特别大

这种人表现欲望强烈，喜欢招摇，注重表面文章，而且喜欢穿着打扮，会给人留下良好的视觉感受，但是这种人缺少打动人的东西，所以也很容易被人忘记。这种人喜欢将众多的任务揽于一身，但由于能力有限，所以任务完成得也就一般，在困难面前有点软弱无能，更有甚者有始无终，所以他们成就大事的希望较小。

2. 名字写得特别小

名字写得特别小的人与签名特别大的人性格截然不同。这种人不喜欢在大庭广众下抛头露面，也不愿意引人注意，既不积极用特别的外表吸引别人的注意力，也不主动向别人打招呼和表示什么。这种人很明显是缺少信心，工作上的表现虽然不是十分主动，但是可以集中精力完成自己的本职工作，功利心和进取心都不强，喜欢平淡稳定的生活。

3. 名字向上

这种人往往具有雄心壮志。他们不畏辛劳，坚定执著地朝着自己的理想前进，工作中表现得积极向上，想尽办法战胜眼前的困难。对于荣誉和鲜花非常向往，非常热衷于世间的一切享受，这也是他们不懈努力的结果。而根据 FBI 特工的经验，这种人往往可以成就大的事业，但有时也会将困难引到别人的头上。

4. 名字向下

这种人是消极的等待者或妥协者，犹如大病初愈，又好像历尽了沧桑和磨砺，一副有气无力的样子。这种人缺乏自信心，不敢设计未来，见到别人取得荣誉，虽然有时也会热血沸腾，但转眼间又去随波逐流了。

5. 名字向左

这种人一般不喜欢按照常规办事，喜欢创新同时追求不同凡响，他们喜欢表现自我，在陌生人面前直言不讳，而他们认真诚恳而又不失幽默的表现往往会获得大众的喜欢。

6. 名字向右

这种人信心十足，热情洋溢，积极向上，总是一副朝气蓬勃、和蔼亲切的样子，在人际交往过程当中他们经常主动向别人靠拢，别人也会笑脸相迎愉快地与他们交谈。他们社交的主要手段并不是主动，而是在交往的时候表面热心参与，可其实早已是置身事外，对全局进行缜密的观察和了解，别人的一举一动几乎都逃不过他们的眼睛，所有的发展变化都在他们的掌控当中。

通过别人签字的样子就可以了解到别人，这并不是只有 FBI 特工可以掌握的神秘技能，借助以上经验，我们同样可以从签名笔迹中读出他人内心的痕迹。

打电话：高科技下的人性分析

随着科技的发展，电话已经成为了人们重要的联络手段，而自打手机随着需求而生的那天开始，人们就不得不面对这样一个现实的问题，那就是在公众场合接打电话。FBI 的研究员们发现，接打电话不同的姿势、不同手机样式的选择等都是可以展现出一个人不同的性格特征的。

一、机型透露内心

现在的手机种类很多，人们对于手机的选择，其实也就是在展示自己的内心特征，不同的机型代表着不同的含义。

1. 简单、方便的普通机型

这类人的性格是易于交往的，他们有很多朋友，同时朋友也给了他们很多的机遇。很遗憾的是，这种人往往不知道自己真正需要什么，容易在朋友的建议中迷失自我。

这种人对感情的原则性不强，分不清自己的所爱，常常陷入自我矛盾中，因此表现得忽冷忽热，意志不坚定。

2. 可换彩壳的流行机型

这种类型的人喜欢放荡不羁、轻松自在的生活。这种人的优点在于为人真诚、爽快、善良、喜欢赞美别人、能包容别人的缺点，朋友也愿意与之交往，只不过他们心思过于浅显，导致他们缺乏吸引力。

3. 外形极酷的金属机型

喜欢使用这种机型的人适应能力非常强，有着很好的人生机遇，同时把握机遇的能力也很好。这种人一定要有很坚强的意志，要不然做事很容易半途而废。与人相处时善于隐藏自己，实际上他们个性独特，不容易让别人了解，内心很孤僻。

4. 能防水防震的运动机型

这类人性格开朗、热爱生活和运动，给人感觉很阳光。他们有着很好的人缘，身边聚集着很多同性或异性的朋友，不过交友过滥也是他们的特点。

5. 对机型没有特别要求

这类人的个人信条是工作至上，只有工作着他们才感到自己生活着。因此，只有愉快的工作才能让他们有快乐的生活。如果工作不满意或者失去了工作，他们就开始质疑自己的人生价值。他们最大的优点在于敬业，但过分的敬业也让他们活得并不轻松。

二、动作展示性格

想要通过手机看透别人的内心世界，通过手机的外形是远远不够的，要知道电话的最主要作用是接打电话，在这些动作中包含着更多的信息，只有明白了这些信息，才有可能对一个人有一个很清楚的认识。接下来，FBI 就从以下的几个方面，分别阐述该如何通过手机接打的习惯动作，来了解别人。

1. 从使用手机的方式看人的心理

如果有一天，有人说："我没有用过手机！"那你会发现所有的人都会把他当做怪人来看了。在现代社会，由于手机与人联络方便的优点，使得其成为现代生活不可缺少的物品了。接下来，我们看看 FBI 特工们是如何通过这项人们不可或缺的物品来分析人的心理与性格的。

（1）老是用简短的对话交谈。有一种人无论和谁讲电话都讲个不停，交流的语言来来回回却只有"怎样"或是"好吗"等这种简单的对话。这种人与人的交往只存在于表面，对人际关系和自己都没有足够信心，有时会避免和特定的人有深入的交往。当和别人不通电话的时候，他们会生出"我被抛弃了吗"、"别人讨厌我吗"等烦恼，总是会很紧张，并为这种事所烦恼。这种人也有缺乏体贴与想象力的一面。另外，那些在工作和生活的场所找不到身心安顿之处而感到孤独寂寞的人，就属于这种人。

（2）依照不同对象使用手机或室内电话。"因为不好意思打手机给前辈，所以用家里的电话。"持有这种观点的人，他们的潜意识里认为手机是"简便的联络工具"，所以"使用这个来跟长辈联络太过失礼了"。这种人对于上下关系比较重视，会紧守住这层关系，属于保守、怀抱着权威主义的人。从很在乎对方的反应与他人对自己的评价这点看来，可以说他们是对人际关系心怀不安的人。

（3）不断地传短信。只使用文字的短信，不需要像讲电话那样注意声音语调，只要传送自己的想法就行了。经常不断传短信的人，对人际关系怀有强烈的不安和自卑感，有独断专行的习惯，爱钻牛角尖，甚至会将对方的短信按照自己的想法来解释，容易有和现实状况不相符的想法，换句话说，就是他们有点妄想性认知。

2. 观察人们如何在人前讲电话

在大街上、公交车、快餐店等公众场合，总是会看到不同的人拿着电话讲个不停，有些人会认为这种人很烦，总是远远避开。但是 FBI 特工通过仔细观察和结合大量的实战经验，发现通过不同的在人前讲电话的方式可以断定一个人的性格特点。

（1）在人前仍会掏出手机与其他人通话。这种人性格比较自私，他们不会顾虑到自己的行为带给其他人的麻烦和干扰，同时他们总是将自己的想法和希望优先。

（2）旁若无人大声打电话。这种人自我表现欲极强，他们即使没有特别的理由也要夸大自己的存在。需要注意的是，他们反应迟钝，根本意识不到自己已经侵入别人的心理领域。和他人交谈时只顾讲自己的事，完全不听他人说话。

（3）总爱在别人面前确认有无来电。这种人对别人"心不在焉"，心思常神游到别的事情上，这对人是很失礼的，可见他们常常以自我为中心。

3. 从打来的电话知道对方的"规矩遵守度"

公事电话中，基本的对话礼貌是"电话铃响两声后再将电话接起来"。但是随着 FBI 的调查发现，现实生活中的这种事情也是因人而异的，不同的方式往往代表着不同的个性，来看看 FBI 特工给我们的建议吧。

（1）电话响起时，即使忙于某件工作，也会放下手上的事接起电话。这种人是会遵守规则的人，属于领导的指示与公司的规定都会乖乖听从的优等生类型。他们表里一致，对于外界的刺激会很敏锐，只不过这类人遇到预料之外的事情就会紧张得不知所措。

（2）电话响了好一阵子，也是一副无所谓的样子。这种人是属于不慌不忙，总是很悠闲自在，凡事都尽可能按照自己的意思去做的类型，当指示或规则发生改变，他们仍是会以自己的标准去作衡量判断，然后再做些改变。他们个性松散，有可能是个麻烦的制造者，而且非常不善于与人交际，所以也很不喜欢接电话。

（3）除了自己的电话之外，就算是在自己身边的电话响起，也绝对不会去接。这种人总抱着"别人是别人，我是我"这种想法，这种人做事缺乏协调性，不适合做团队的工作，而且会反抗领导、会破坏规则。需要注意的是这种人如果工作能力很强的话，会是一个很让人尊敬的对象呢！

4. 从打电话时的动作看个性

不同的人打电话不同的习惯动作，分别代表着不同的个性特点。

（1）边记要点边说。事先准备好便条纸的人是思考周到的人。这种人对于自己的工作要求很严谨，也很规范，会注意到小细节，绝不会敷衍了事，很善于把工作做好。他们考虑周到、重感情，只不过在遇到突发事件的时候，会有点无法适应。

（2）边说话边写下无意义的话与图。这是讲电话时不用心，不管说什么都无所谓的最佳证据，这种人处在闲得无聊的状态。

（3）讲电话讲到一半才开始找便条纸。这种人是做到哪想到哪的人，没有计划，但是懂得随机应变，属于行动派，他们的缺点表现在情绪转变很快，有点草率，不够沉着稳重。

（4）边讲电话边做出行礼的动作。有些人在打电话的时候，总是无意识地做出一些动作来，这个称之为自己的同调行动。能够带出动作的感情是很强烈的，所以这种人是不会说谎的，而且个性积极正直。

（5）讲电话时总是不知道手该放哪里。这是对某个状况或某个人感到慌张、担心与不安，为了缓解这种压力而作出的反应。也有人喜欢边讲电话边用手指敲桌子，也属于这种情况。这种人属于爆发型，平时脾气很好，一旦爆发就一发不可收拾。

（6）边做别的事边讲电话。一边整理桌上的书与文具，或者做着其他的事情，同时又打着电话，这种人不专心说话，还会随着其他事物转移注意力。这样做的人如果不留意到这一点，将无法控制好自己的行为举止，给人造成注意力不集中和不够贴心的感觉。

FBI 第四章

闻声识人，听话观心
——FBI 特工的言语说话读心战术

如何在短时间内对一个人有个全方位的了解？言为心声，FBI 的经验告诉我们，在与人交往过程中出现频率最高的语言，是我们了解对方不可或缺的利器，不同的声音，不同的音调，与人交谈中的动作，甚至交谈的话题等都在帮助着我们走进对方的心理世界。

声音：透视人心的韵律

"闻其声，知其人"，俗话是这样说的，而根据 FBI 特工的一项调查指出，人的内心感受直接影响声音，而另一方面，声音大小、韵律、语速、语气等也是内心活动的外在表现。既然这样，那么就可以肯定地说，通过"声"和"音"同样是可以"识人"的。

1. 语速传递着人心理健康的程度

语言无疑是人和动物区别的一个重要特征。人之所以是高级动物，会运用语言自然是不可少的。语言是一套音义结合的复杂系统。人的说话区别于动物的吼叫，它不是本能的释放，而是在进行思想的交流，同时也是心理、感情和态度的流露，其中，语速的快慢、缓急直接体现出说话人的心理状态。

一个人说话的语速可以反映出他心理健康的程度。心理健康、感情丰富的人在不同的环境下可以有不同的语速。就比如说，一个心理健康的人在朗诵一篇富有战斗力的激情散文时会加快语速，借以抒发一种战斗的激情；同样当他们朗诵一篇优美的抒情散文时，又会用一种悠扬、舒缓的语气来表达心里的那种美感。

FBI 特工通过仔细观察，发现每个人也都有自己特定的说话方式、语言速度。在这些人当中，有的人天生属于慢性子，说话不急不忙，任凭再急的事情，他也照样雷打不动地用他那种独有的语速来叙述给别人听；有的人天生就是个急性了，说话就像打机关枪，一阵儿紧似一阵儿，容不得旁人有插嘴的机会。但其实大多数人介于二者中间，语速属于中速。语速是每个人长期以来形成的性格特征，是客观固有的，而且长期存在。在对这些人的观察和调查中，说话语速较慢的人比较憨厚老实，性格内向，可能会有点木讷；而说话飞快的人，比较精明，热情外向，性格张扬。

在现实生活和工作中，我们可以更好地领略语速中透露出的各种人丰富的心理变化。通过掌握一个人的语速快慢，判断出他当时的心理状态。如果一个平时伶牙俐齿、口若悬河的人在面对某个人时，突然变得吞吞吐吐、反应迟钝，这肯定是对对方有事隐瞒，而底气不足的表现。

在我们的生活中会经常有这样的情况发生：一位平常说话慢慢悠悠、不急不忙的人，面对一些人对他说出不利的话的时候，如果他用快于平常的语速大声地进行反驳，那么很可能这些话都是对他的无端诽谤；如果他支支吾吾、吞吞吐吐，半天说不出话来，那么他就表现出了心虚和中气不足，这些指责很有可能就是真实的了。另外，当一个平时说话语速很快的人，或者说话语速一般的人，突然放慢了语速，就一定是在强调着什么东西，想吸引他人的注意。

FBI 特工的经验告诉我们，语速可以很微妙地反映出一个人说话时的心理状况，通过注意对方的语速变化，就可以了解到他的内心变化。

2. 透过说话的韵律见人心

在言谈中，除了音感和音调之外，语言本身的韵律也是重要的因素。

充满自信的人，谈话的韵律一定为肯定语气；缺乏自信的人或性格软弱的人，讲话的韵律则犹豫不决。在我们的生活中也经常会有人在讲一半话之后说："不要告诉别人……"这种韵律典型就是不自信的表现，而这种时候他的内心却又希望自己的话语能够传遍天下。

话题冗长说明谈论者心中必潜藏着唯恐被打断话题的不安，同时也可能是这种人会以盛气凌人的方式谈个不休；至于希望尽快结束话题交谈的人，也有害怕受到反驳的心理，所以常常给对方没有结果的错觉。

至于生活中那些滔滔不绝谈论不止的人，FBI 告诉我们，这种人一方面目中无人，另一方面喜欢表现自己。还有一种人，他们说话比较缓慢，这种人大都性格沉稳，处事做人就是通常所说的慢性子。

一个成功的政治家或企业家，在掌握言谈的韵律方面都有独到之处。他们善于处理细节，从而使他们赢得了社会或下属的认可与尊重。

3. 从声音大小探测人心

FBI 的读心策略告诉我们，声音的大小和人的性格有着紧密的联系。比如说，声音小的人多半是性格极为内向的人，他们往往在说话时压抑自己的感情，话不说到一定的份上，他们一般不会把内心的想法和盘托出。

喜欢大声怒吼的人则通常支配欲强，此类人喜欢单方面贯彻自己的意志，以自我为中心。这种人一般属于外向性格。为了使对方听懂他的话，这种人的声调甚为明快，这表示"他希望别人充分理解他"，这也是比任何人都重视人际关系、擅长社交的外向型之人的特性。在被别人接受或者和对方聊到情投意合的时候，他们的声音就会变得更大，而且声调里会充满了自信。那些能够断然下定论的人，通常都是外向型人当中支配欲最强烈的人，这种人也喜欢强迫别人接受他的观点。这种人能够把自己的想法率直地吐露出来，所以他们一般都是正直的人。不过美中不足的是，他们很容易成为本位主义者。

声调：探知人心的深度

声调在初次见面时会给对方留下很深的印象，有些人声调轻缓柔和，有些人声调带有沉重威严感，这都是我们对于一个人在声调上的认识。FBI 的研究表明，人们同样是可以通过声调去获得信息，进而去"识人"的。

声调会表现人的性格和人品，甚至是预测个人前途的线索，当你没有很好地观察到对方的脸部表情、动作和言辞时，那么你就可以借助声调去揣摩对方情绪的变化。

我们来看看在声调的揣摩上，FBI 特工们给了我们怎样的建议：

1. 高亢尖锐的声音

这种人一般较神经质，对环境有强烈的反应，甚至于连房间变更或换张床这种小事情都可以影响到他们的生活。但同时，这种人富于创意与幻想力，美感极佳而不服输，讨厌向人低头，说起话来滔滔不绝，喜欢给他人灌输己见。所以遇到这种人的时候，不要急于反驳，谦虚的态度即可使其深感满足。

首先来看看，发出这种声音的女性，她们情绪起伏大，对人的好恶感也非常明显。这种人一旦执著于某一件事时，往往顾不得其他。另外，她们也经常因一点小事而伤感情或勃然大怒。这种人会轻易说出与过去完全矛盾的话，并且不引以为戒。

再来看看，发出这种声音的男性，他们个性狂热，容易兴奋也容易疲倦。这种人对女性会一见钟情或贸然地表白自己的心意，往往会使对方大吃一惊。高亢声音的男性从年轻时代开始即擅长发挥个性。

2. 温和沉稳的声音

这种人属于慢条斯理型，往往上午有气无力，下午却变得活泼起来。他们的优点表现在富于同情心，不会坐视受困者而不理。在会谈中，刚开始时或许难以交往，但他们却是忠实可靠的人。

音质柔和、声调低的女性多属于内向性格，她们会随时顾及周围的情况，并且控制自己的感情，同时也渴望表达自己的观点，因而应尽量让其抒发感情。

男性如果有人带着这种声音，乍听上去显得老实，其实也有其顽固的一面，他们往往固执己见绝不妥协，不会讨好别人，也绝不受别人意见的影响。

3. 沙哑声

具有这种音质者，会凭着个人的力量拓展势力，在公司团体里率先领头引导他人，他们在工作中，越失败越会燃起斗志全力以赴。在这种声音者中屡见成功的政治家、文学家、评论家。

女性发出沙哑声往往较具个性，不要管她们外表是否柔弱，但绝对有强烈的性格。虽然她们对待任何人都亲切有礼，却一般不显露自己的真心，令人有难以捉摸之感。她们虽然可能与同性间意见不合，甚至受人排挤，但对于异性却有很大的吸引力。面对这种类型的人，必须注意不要强迫灌输他们自己的观念。

男性带有沙哑声者，这代表着耐力十足又富有行动力，遭遇别人裹足不前的事的时候，他们也会铆足劲往前冲。他们的缺点是容易自以为是，而对一些看似不重要的事掉以轻心。

4. 粗而沉的声音

发出沉重的、有如自腹腔而发出声音的人，不论男女都具有乐善好施、喜爱当领导者的个性。这种人喜好四处活动而不愿静候家中。

女性有这种声音者在同性中间人缘较好，容易受到别人的信赖，成为大家讨教主意的对象，好相处是她们最突出的特点。

有这种声音的男性通常往往成为政治家或实业家，不过，其感情脆弱又富强烈正义感，争吵或毅然决然的举动会使其日后懊悔不已。

这种类型的人不论男女均交友广泛，能和各种类型的人往来。

5. 娇滴滴而黏腻的声音

女性发出带点鼻音而黏腻的声音，通常是非常渴望受到大众喜爱的人，这种人心浮气躁，有时由于过多希望引起别人好感反而招人厌恶。

需要指出的是，这种声音的发出者如果是单亲家庭的孩子，则表明其内心期待着年长者温柔的对待。

男性若发出这样的声音，多半是独生子或在百般呵护下长大的孩子。这种人害怕寂寞，碰到必须自己判定事物时会感到迷惘而不知所措。他们对待女性非常含蓄，绝不会主动发起攻势，若是一对一地和女性谈话时会特别紧张，因此这种人在别人眼中显得优柔寡断。

每个人在说话的时候，发出的声调都是不同的，不同的声调代表着不同的个性，只要善于判断对方的声调就可以了解对方。

口头语：随口说出你的心

口头语言是说话习惯的一部分，它是我们每个人在日常生活中不知不觉就形成的一种特有的话语风格，同时，口头语言带有很深的性格印记，认识到口头语的这一作用便能快速地了解对方。

下面这些是人们常用的口头语：

经常连续使用"果然"的人，他们有点自以为是，强调个人主张。经常以自己为中心，很少考虑他人的想法。

经常使用"其实"的人，表现欲较为强烈，希望能引起他人的注意。这种人的性格大多比较任性和倔犟，并且多少还有点自负。

经常使用外来语言和外语的人虚荣心强，爱卖弄和夸耀自己。

经常使用流行词汇的人，热衷于随大溜，喜欢夸张。这样的人独立意识不强，没有自己的主见。

经常使用"确实如此"的人，多浅薄无知，自己却浑然不知，还常常自以为是。

经常使用地方方言，并且还底气十足、理直气壮的人，自信心很强，富于独特的个性。

经常使用"最后怎么样怎么样"之类词汇的人，大多潜在欲望没有得到满足。

经常使用"这个……"、"那个……"、"啊……"的人，说话办事都比较谨慎小心。这样的人就是我们所说的好好先生，他们绝对不会到处惹是生非。

经常使用"我……"之类词汇的人，不是代表着软弱无能、总想求助于别人，就是虚荣浮夸，寻找各种机会表现自己以引起他人的注意。

经常使用"你应该……"、"你必须……"等命令式词语的人，多专制、固执、骄横，有强烈的领导欲望。

经常使用"真的"之类强调词汇的人，大多缺乏自信，害怕自己所说的话无人相信。遗憾的是，他们这样再三强调反而让人更加起疑。

经常使用"我个人的想法是……"、"是不是……"、"能不能……"之类词汇的人，属于和蔼亲切型，在待人接物时能够做到客观理智，同时通过冷静地思考和认真地分析，再作出正确的判断和决定。他们不独断专行，能够给予别人足够的尊重，同样也会得到别人的尊重和爱戴。

经常使用"绝对"这个词语的人，做事十分草率，容易主观臆断，他们不是太缺乏自知之明，就是自知之明太强烈了。

经常使用"我要……"、"我想……"、"我不知道……"的人，大多思想单纯，爱意气用事，这类人情绪不是十分稳定，让人揣摩不透。

经常使用"我早就知道了"的人，有强烈的自我表现欲望，在他们的潜意识里，只愿意自己是主角，自己发挥。这样的人绝对不可能静下心来仔细倾听他人的谈话内容，更不要指望他能成为一个热心的听众。

另外，口头语使用频率极高的人，大多办事不干练，意志不够坚定。

如果想从口头语言上更多地观察对方，那么就需要在和对方的接触中多花费心血，仔细认真地揣摩，时时刻刻地回味分析。相信用不了多长时间，你也能迅速地从口头语言上像 FBI 特工一样了解对方。

FBI 特工之所以通过和别人简短的接触就能判断该人的性格特点，这种能力为他们的工作提供了极大的便利，因为在人们的生活中，每个人打招呼的习惯语都有所不同，所以通过这些打招呼的口头语窥探人的性格特征也就很容易做到了。

下面就看看 FBI 特工给我们总结的生活中常用的一些打招呼口头语代表着怎样的含义：

1. 你好！

习惯使用这样的打招呼语的人大多头脑冷静，不过做事稍微有些迟钝，对待工作的态度倒是勤勤恳恳、一丝不苟，对自己的感情把握得很好，不喜欢大惊小怪，深得朋友们的信任。

2. 嗨！

此类人腼腆害羞，生活中也是多愁善感，很容易使自己陷入尴尬为难的境地，为了避免出错，丧失了很多创新和开拓的事情。在生活中有时也会表现出热情，比较讨人喜爱，尤其是和家里人或知心朋友在一块儿时。这种人晚上宁愿同心爱的人待在家中，也不愿在外面消磨时光。

3. 喂！

快乐活泼、精力充沛、思维敏捷、直率坦白、具有良好的幽默感，是这类人的主要特征，而且他们善于听取不同的见解。

4. 过来呀！

这种人办事果断，愿意将自己的感情和思想说出来和大家一起分享，好冒险，做事能从失败中吸取教训。

5. 你怎么样？

此类人喜欢出风头，自己也是信心十足，所以盼望着别人能关注他，但又时时陷入深思。他们总是三思而后行，不轻易采取行动，不过一旦决定要做的事情，就会全力以赴，不达目的誓不罢休。

6. 看到你很高兴！

这种人性格开朗，在他们的特点中待人热情、谦逊是值得其他类型的人学习的，对于任何事情都有着很高的积极性，开朗活泼，是十足的乐观主义者。不过他们常会陷入幻想之中，也容易被自己的情感所左右。

7. 有啥新鲜事？

这种人雄心勃勃，好奇心极强，做事喜欢打破沙锅问到底，对于物质享受很有要求，同时也愿意为之而奋斗，办事计划周密，有条不紊。

话题：亮出自己的底牌

人们对自己内心的见解和心理活动的表达，往往是借助着语言的力量。在 FBI 特工看来，言语是情感的表达，是思想外化的直接表现形式。

在与人交流的过程中，人们的语言虽然不会非常直观地表明自己内心的想法，但是说话的内容则还是将你的底牌亮了出来。要知道语言是心理的外在表现，所以在人们的语言中，就会经常包含有关自己的思想以及自己的生活的东西。人们的所思所想，是不会脱离他的生活经验的。因此，通过人们的谈话内容就可以透视这个人的性格。

FBI 特工正是因为能够掌握人说话时的话题，才能迅速洞察对方：

话题偏重自己、家庭或职业，这种人有着自我意识的倾向，他们属于自我中心主义者。

愤愤不平地埋怨待遇低微，这种人是借助着待遇这个借口，表现出对自己工作的不够热爱。

借着开玩笑，常常破口大骂，或者指桑骂槐，这是有意将积压在内心的欲求不满设法爆发出来的心声。

根本忽视别人的谈话，谈论一些与主题毫不相干的话题，这种人怀有强烈的支配欲与自我表现欲。

不愿抛出自己的话题，反而努力讨论对方的话题，这种人为人处世宽容，而且颇能为对方着想，具有大家风范。

非常愿意打听对方的秘密，这种人想通过这种方式，了解对方的缺点，从而控制对方。

不断谴责自己领导的过错或无能，这种做法是在表示自己想要出人头地。

对于他人的消息传闻特别感兴趣，这种人内心非常孤独，但又不同意获得真正的友谊。

把话题扯得很离谱或者不断改变话题，这说明他的思维不够集中，逻辑思维较差。

一直谈论会场的话题，而不喜欢他人来插话，这种人不愿意屈居在别人的掌握之下。

场合：从聊天场合观察对方

人们的交流和沟通可以在很多地方、各种场合进行，但据 FBI 特工的一些调查显示，人们选择不同场合进行交流沟通，分别代表着不同的性格特征。而我们也只有明白这里面存在的奥妙，才可以准确地对我们周围的人作出判断。

1. 在饭店大厅里谈正事

很显然，在这种场合聊天，个人的信息很容易被泄露，而这样做就说明这些人的胆量很大，不在乎自己的隐私被其他人窃取，哪怕是别人因此而对他们构成威胁，他们也有十足的自信来对付，这体现出了一种超群的智慧。

2. 在俱乐部或酒吧谈事情

这种人大多沽名钓誉，单方面地认为这种场合可以契合他的需求，而且名正言顺地以休闲和娱乐为目的。同时，还可以提高自己的身份和影响，有利于自己目标的实现。

3. 在茶馆里聊天

这种人做事谨慎，在他们的观念中，茶馆无非是闲杂人等的聚居地，毫无威胁可言。况且他们做事小心，认为茶馆是自己身份的最好掩饰，别人就识不得他们的庐山真面目，他们也是受到了电视剧中的地下党以及贩毒分子在茶馆中活动的启示。

4. 相约在办公室里谈事情

这种人很显然具有诚意，办公室本来就是工作的地方，是个单一性质的场所，谈话内容和气氛只能限于工作。这种人对工作充满了自信，他们的眼里工作永远是第一位的。

5. 在宽敞场所聊天

这种人心胸开阔、乐观直爽，他们的这一选择，其实还有其他原因的考虑，这种宽敞的场所通常人很稀少，就不用担心有人偷听了，从而避免给自己留下什么麻烦。这种人往往有着远大的志向，同时看问题的目光长远，居安思危，做事沉着稳重；也善于掩饰自己的真情实感，别人，有时包括亲人也无法理解他们。

6. 在被窝中聊天

当与亲密无间、无话不谈的人谈话时，就有些人选择这种场合。这样的选择避开了意外的人或声响来扰乱谈话或他们的情绪，比较安静，对外界适应能力不强是他们的缺点，性格方面也是软弱胆小，他们之所以选择在被窝中向亲朋好友倾诉自己的苦水，往往也是因为在生活或工作当中有了压抑，为了发泄才这样选择的。别人很难察觉这种人的情绪。

当然人们的生活空间很大，交流的场合也很多，这里只是列举出几种最为常见的场合。借助 FBI 给出的这些经验，大家可以了解到如何通过场合对一个人的性格特征进行分析，而要想做到精准还需要我们仔细观察，具体情况具体对待。

说话的习惯：最自然的心灵表白

每个人都有自己的言谈习惯，不同的人所具有的言谈习惯都有着各自的特点。FBI 的心理专家经过反复调查和研究，了解到一个人的说话习惯与其性格特征有着直接的关联，而 FBI 的特工精英们也常常将这一关联用到实战中，作为认识一个人的基本方法。那么该如何通过人的说话习惯去了解一个人呢？请看 FBI 的解释。

1. 常说错话的人表里不一

生活中，你有没有在无意识中说出奇怪的话？FBI 的一些心理专家认为，在生活中出现的说错、听错，或者是写错等"错误行为"，其实都是一个人内心真正的愿望的外在表现。

说错话的一方都以"不小心"、"不是真心的"等借口来搪塞，但实际上，那不小心说错的话，往往是他内心的真实写照。这种现象可以说是屡见不鲜。

据此判断，总是将话说错的人，我们大胆推测他是在习惯性地隐藏自己的想法，是为了不让别人看到真正的自己，这种人就是表里不一的人。而且，他们的内心深处是极不情愿将这些真心话表现出来的。他们的脑海中总是盘旋着各种阻止自己讲出真心话的言语，可是事与愿违，越是不愿意讲出来就越容易讲出来。这种情况在我们的生活中会经常发生。当某样东西越是被禁止，越是被极力打压，它反而越容易表露出来。

总而言之，每个人心中都或多或少暗藏着一些事情，越想要去隐瞒它、掩盖它，就越容易说错话或做错事，无意之间将自己的心虚表露无遗。

2. 得理不饶人的人

喜欢辩论的人往往展现出气势凌人、得理不饶人的特征，他们在辩论中总想把对方打倒，战胜对手，而这些人总是将这种感觉带到生活中。他们总认为真理只会掌握在自己手里，因此他们与别人讲话发生争执是在所难免的，辩论则是他们与别人谈话的主要方式。

这些人的本质其实是个弱者。大好的时光却被他们浪费在毫无意义的辩论上，胜败的较量被他们无限度地放大，哪里还有更好的心情去做更有意义的事呢？而回过头再去看他们所热衷的争辩，会发现他们什么都没有获得。这种行为让对方无法得到快乐，而自己也在此过程中失去了快乐。

FBI特工告诉我们，喜欢争辩的男性易于冲动，表里不一，无法把握事物的发展方向，在困难面前他们表现得很坚强，尽管他们艰苦奋斗，但是成功却似乎总是离他们很远。而他们在辩论的过程中，树敌颇多。在事业难以成功和人际关系恶化的双重打击下，他们心里充满害怕和孤寂，这种弱势的最好掩盖方式就是高声辩论，这样就形成了一个恶性循环。

说话的方式：道出人性密码

FBI的人类行为学家研究表明，人的表情有两种表现形式，一种是通过脸部表现出来的，还有一种则是通过说话方式传递的。通过这些，可以看出语言是人类的第二种表情。

从对方的口中了解他的个性如何，这是最直接也是最有效的了解别人的方法了。可是，在我们的生活中有些人对自己的了解是不够仔细的，这个时候别人就可以借助他的谈话方式来判断这个人的性格特征。每个人的谈话方式都不同，有的人言简意赅，妙语连珠；有的人却废话连篇，啰啰唆唆……从谈话方式上便能了解他们的性格特征。

人说话的目的，一方面是想要将自己的意思完整地传达给对方，另一方面还需要让对方接受这些意思，而且是更好地、更愉快地接受。要达到这样的目的和效果，说话时的语态就显得尤为重要。FBI特工发现，从一个人说话的语态上也可以反映出一个人的性格。

1. 善于使用礼貌用语

这种人具有着较高的学识和文化修养，能够给予别人足够的尊重和体谅，他们的心胸比较开阔，有一定的包容力。

2. 善于使用恭维崇敬用语

这种人则属于圆滑和世故之徒，他们的观察力很强，能够简单识透别人的心情，然后投其所好。而且他们随机应变和适应力都很强，性格弹性比较大，和不同性格的人都能够保持很好的关系，由此他们在为人处世方面多能如鱼得水，左右逢源。

3. 用语简洁

这种人的性格中充满着豪爽、开朗和大方的气度，行事相当干练和果断，承诺过的事情一定会做到，拿得起放得下，做事干脆不拖沓，充满着人格魅力，具有开拓精神，有"敢为天下先"的胆量。

4. 拖泥带水、废话连篇

这种人内心软弱，同时责任心不强，碰到不愿意面对的事情喜欢逃避，心胸也不够开阔，成天为了一些芝麻粒大的事情而纠缠不清。他们虽然对现实的状况不满，但因为没有开拓进取的精神，所以只愿意等待，不愿意去改变，这种人还容易嫉妒他人。

5. 不断发牢骚

典型的好逸恶劳、贪图享受型。他们想着改变处境，但是不愿意自己动手，宁愿等待，然后享受别人的劳动果实。在挫折和困难面前也会选择退缩，做事总是将失败的原因归在客观因素上。而且这种人严格要求别人，对自己却是能松就松。他们自私自利，缺乏宽容别人的气度，很少设身处地地为别人着想，总期望得到更多的回报。

6. 习惯用方言

这种人特别重感情，但是很难适应和接受新的事物，与其他环境的融合往往需要很长的一段时间。但这种人的自信心比较强，有一定的魄力和胆量，做事情肯努力，同时做事也容易成功。

说话的动作：难以遮掩的心理平台

根据 FBI 观察，人们在交谈过程中总是喜欢用动作作为语言的辅助，这些动作有的是习惯，有的则是为了加强说话的效果与语气等特意做出的。对于人们的这些动作和手势的观察是很重要的，因为不同的人所做出的不同动作，都反映着不同人的心理及性格特征。因此，留意和细心观察这些动作，掌握说话人的动机，窥探到他们的内心世界，从而了解这些人的性格特征。

1. 说话不停点头和摇头

在我们生活的过程中，不要被那些和人交谈时会不停地点头的人蒙蔽。这种人通过点头好像在表示自己认同了对方的看法，他们处事往往非常轻率大意，他们会给人很多承诺，但是并不一定能够完成。这也是由他们的不认真所造成的。这种人被动性很强，他们很容易被别人影响，从而干涉到自己的做事效果。

还有一种人在与人交流的过程中，总是不停摇头，这种做法是对别人的极不尊重，他们心高气傲，往往把别人看得很低。这类人遭遇挫折之后就会一跌不起，因为消极和悲观的情绪必会占据他们整个内心世界。

2. 交谈时不断摸头发

FBI 的读心策略告诉我们，当与人交谈时，如果对方总是习惯时不时地摸一摸头发，好像在引起别人对他发型的兴趣。事实上不是这样的，要知道这种人即使独自一个人待在家看电视，也会隔上几分钟就"检查"一下自己的头发的。

这种人往往是爱憎分明的人，性格鲜明，个性也很突出，疾恶如仇。比如，一个小偷在公交车上行窃，碰巧乘客中很多人都属于这种人，那么小偷就要小心了，一旦被抓住不被当场打个半死才怪。这种人勤于思考，做事认真仔细，只不过在家庭的责任感方面有所欠缺。

这种人的重心是在事业中，即便是生活的喜悦也来源于追求事业的过程，这种人将努力和奋斗的过程看得很重，倒是对于事情的结局反而没有那么看重了。在面对失败的时候，他们会经常这样说："我问心无愧，因为我去干了。"

3. 说话时腿喜欢抖动

在我们的生活中，留心观察身边的人就会发现，总是有些人喜欢用腿或者脚尖使整个腿部颤动，有时候还用脚尖磕打脚尖或者以脚掌拍打地面。这种人在任何场合都是这样做的，无论是开会、独自坐在那儿工作、与别人交谈、看电影……这种行为举止并不能属于优雅的举动，只不过习惯者却不以为然。

这种人最主要的性格特征就是自私，根本不会顾虑别人的感受，任何事情的出发点也只是自己的利益，而且这种人经常会给爱人扣上无端的"醋海风波"，而且是经常这样做，甚至有点"神经质"。他们都像"守财奴"——欧也妮·葛朗台一样，对别人非常吝啬。

这种人还是有优点的，他们勤于思考问题，往往会想出一些意想不到的处理事情的意见和建议。

4. 说话时盯住别人

还有一种人，无论是在任何时候都喜欢盯着别人看，即便是在聚会上，他们也会目不转睛地盯住一个人不放，但这并不代表着他对对方有意思。

因为这种人在某些方面确实有些优势，所以他们会不错过机会及时表现自己。而且这种人有点像花花公子一样，但是一旦认准了目标就会努力去实现的。

这种人不愿意被人制约，喜欢我行我素，在处理人际关系中，他们也比较慷慨大方，所以在这种人的身边总会聚上一堆人。很显然这些人中，有真心的朋友，也有为"酒肉"而来的。

FBI 第五章
肢体语言，暗藏密码
——FBI 特工的肢体语言读心战术

FBI 特工经常说："人的身体语言中包含着很多的信息，这在实际办案过程中非常有用，尤其是对那些疑难案件显得非常有效，所以，对于新 FBI 特工的培训，如何通过身体语言来破解内在信息是一门重要的教程。"不仅如此，在实战中，FBI 特工同样是通过对对方身体语言的破解，达到了解对方的目的。而笑容、面部表情、握手动作、手臂、脚部信息等都逃不脱 FBI 特工的一双慧眼，他们可以通过这些身体语言很好地结合起来，全方位分析，从而通过这些身体信号破解出他内心的真实想法。

形体：蛛丝马迹看透人心

FBI 特工通过不同的身体动作语言，介绍了了解别人的内心世界的变化和情绪的状况。除此之外，FBI 特工还指出，其实形体语言同样是人们社交过程中的一种语言，通过观察形体语言，同样可以看透人心。往往在那些人们没有通过语言来表达出自身的想法的时候，形体语言就变得尤为重要，这个时候就可以通过对其形体的观察，做到对其内心的掌握，要知道这些形体所展示的内容往往是真实的、不可掩盖的信息。

既然对形体的观察如此重要，那么如何通过形体觉察背后反馈出来信息呢？

1. 体型中看透人的心理

体型是一个人整体轮廓的体现，是一个人给人的第一印象，同时也是最有效的与别人交往过程中让别人记住的方式。

常见的人的体型有以下几种：

(1) 整体偏大，身体圆圆胖胖。这种人是典型的乐天派，他们很开朗，喜欢与别人交往，对于陌生人他们也会主动去说话，他们为人温厚，也特别喜欢帮助别人，所以有很好的人缘。在别人眼中他们就是一个好人。这种人有着很强的忍耐力，哪怕是在遭受不公正待遇的时候，也会任劳任怨，继续踏踏实实地做好自己的本职工作。也正是因为这样，无论是同事还是老板，都对他们赞赏有加。

另外，体型偏大的人在走路的时候会昂首挺胸、充满自信。

(2) 体型纤瘦、身材苗条。这样的人性格非常刚烈，外表非常冷酷，虽然他们目光有神，但是脾气却很怪异，有点让人捉摸不定。在与人发生争执的时候，也会表现得相当激动，甚至歇斯底里地大喊大叫，直到对方被迫同意自己的观点为止。他们乐于追求物质和权力，看重金钱，对于别人的借钱请求总是想方设法拒绝。这种人生性多疑，总是因为一件小事而与别人发生争执，且争吵得很厉害，别人认为他们有点不讲理，所以没有人愿意和他们长久交往。

FBI特工曾经到一个收容美国各地涌来的被救助对象的救助站进行调查。在这些人里有一位身材瘦小的中年女士引起了调查者的注意。值得肯定的是，这是一个有故事的女士。在一番调查之后，调查者发现这名中年女士很有可能与一起拐卖儿童的案件有关。这时正好从总部传来消息称，一名拐卖儿童的罪犯，已经假扮成被救助的对象混入救助站，想要借此逃避法律的制裁。为解开这宗大案，FBI特工经过长达两个月的秘密跟踪，发现这名女子白天是可怜的被救助对象，一等到天黑，她就会悄悄溜出救助站，进行犯罪活动。她遭到了拘捕，一起震惊全美国的拐卖儿童案件也成功破获。

2. 身高中解读人们的内心

掌握好身高这一重要的信号，通过这个信号，同样是可以直观地了解到一个人的性格特征的。FBI特工根据多年的研究经验，总结出以下几种身高特征：

（1）高大魁梧。这种人性格刚强，而又具有进取心，做事情也总是快人一步不甘于人后，落后的时候也会激励自己去超越别人。这种人自信而又精力充沛，面对任何事情都会坚持到底。他们的反应很快，无论是思维还是行动总是表现得很敏捷，在紧急情况下可以当机立断，及时地处理危机。他们在工作上有着非常强的纪律性，会把工作做到一丝不苟，直到领导满意为止。他们不会出现被别人催促工作的情况，在他们看来，被别人催促工作会影响到他们工作的积极性。当然这种人对人的要求也会很高，总是希望其他人能和自己一样努力地工作和对工作认真负责。而当别人的想法和他们不同的时候，他们会牢骚满腹指责别人。

这种人有着很强的人格魅力，无论是同事还是朋友都对他有很高的评价，也愿意和他在一起共事或者做朋友。当然他们也有着很强的社会交际能力，同样在社交中，他们也可以使事情变得简单，易于让人接受。而且他们做事独立自主，面对一件事情的时候，总是先通过自己的努力去做，很少去求助别人。他们的观点是过分依赖别人，对自己成长会有不利影响。而且他们为了成功表现得不怕吃苦，一旦有了自己的目标，他们会努力实现，有种誓不放弃的决心。他们承受压力的能力也很强，不会轻易改变自己的做事方式，做事更不会半途而废，正是因为他们具有了这些品质，所以他们离成功往往很近。

（2）身材矮小。这种人最大的特征就是机敏，同时对事对人都有自己的看法和观点。他们是先天的聪明者，在别人那里很难完成的事情，在他那里就会很快地解决，关键时候总会有意想不到的行为。这种人比较讲究科学，同时对数字非常敏感，在语言方面也有非常高的造诣，他们要是精通好几个国家语言，也不足为奇。这种人对任何事情都有强烈的好奇心，也正是好奇心使得他们愿意向未知的世界开辟。

不过这种人在经济上会依赖于他人的帮助，没钱的时候总是愿意向别人借，很少通过自己的努力挣得，这一点也体现了他们的依赖心理很强。

这种人作为员工并不是很好的员工，这是因为他们更愿意去创业，这也是他们与生俱来的性格。在他们眼里，无拘无束的生活状态才是值得追求的，他们崇尚自由，即使在钱财方面并不是很富足，但还是过得很快乐。

（3）竹竿状。这种人由于身高过高，所以让人产生他们缺少力量的错觉，但其实不然，这种人往往是生活中的强者，面对困难他们可以从容面对，同时也会很自信地面对所遭遇到的一切，他们还会以成功来要求自己，并且为之而努力。在工作中，这些人身上总会有这样一个小细节，当领导指示工作的时候，他们会立即拿起手中的笔和纸认真地记录好领导下达的指令，并会按照指令迅速地去完成任务。

这种人的内心是强大的，往往会将生活以及工作中遇到的各种问题和困难作为自己前进的动力，以此不断勉励自己，以使自己充满斗志。只不过需要注意的是，这些人往往不愿意接受别人的批评，在别人的批评面前，他们会以捂上耳朵或者离开的方式选择逃避，当然，这种性格对于他们的发展有着制约性。

另外一点，这些人的口才很出众，但是也正是因为这个原因，往往说话过多而冷落了其他朋友，无形中拉开了和朋友之间的距离。

3. 站姿是识别内心世界的试金石

站姿像一面镜子一样折射了人们的性格特征，FBI 特工对于人们站姿中所蕴涵的信息的解读做得是非常透彻的，他们可以通过不同的站姿，清楚地深度剖析一个人。接下来，我们看看站姿的秘密到底有哪些：

（1）站立时喜欢靠在某些物体上。这种人被认为是缺少礼貌。这样的人具有双重性格，表面上看，他们常常表现出挥霍浪费的样子；可是在家里，他们总是很谨慎，会认真钻研生活的省钱小窍门，从来不买高级化妆品和衣服，也不会把过多的精力花费在旅行上面。他们会用拼命工作来充实自己。当别人看到他们紧绷着脸，没有一丝微笑的时候，都以为他们是非常冷酷的人。可是当你真正了解这样的人以后，你会发现在他们冰冷的外表下其实拥有一颗火热的心。外表的冷酷只不过是虚张声势而已，他们的内心却是十分火热的，他们会用自己一颗火热善良的心来帮助他人，并且在帮助他人的过程中是不会索取报酬的，这完全是他们真实意愿的表露。这种人拥有信仰，而且会将自己的信仰融入实际生活中去。

（2）站立时身体很端正。这些人天生就具有很强的观察能力，他们愿意投入很大的精力到观察事物中，甚至会牺牲自己的休息时间，用来搞清楚事物的本质。

这种人是善于交际的，他们也擅长于察言观色，在别人抱怨或者将不满情绪写在脸上的时候，他们会找借口离开，不希望别人的坏情绪影响到自己；而在别人心态积极或者非常高兴的时候，他们与对方的交流会很畅通，这是他们希望看到的，因为这样双方都可以很快乐。当然他们不愿意打断别人的讲话，总是等到别人说完后他们才说出自己的想法，他们明白这是对双方的尊重。与他们接触过的人，都会夸赞他们是最佳听众，因为在与别人的交谈中他们知道何时发表意见，也可以很好地拿捏说话的时机与分寸，甚至对于别人语言中的烦躁可以很好地容忍，所以人们大多喜欢和这些人进行交谈。

（3）站立时双手置于胸前或者藏在口袋中。这种人的生存能力很强，而且即使面对挫折，他们也会微笑着面对，在日常生活中总是一副乐天派的样子。同时，他们还会用自己的这种行为来感染身边的每一个人。

这种人比较感性，对别人的讽刺与精神上的打击无法容忍，不喜欢别人开一些没有意义的玩笑，当受到别人讽刺的时候会表现出不安的情绪。

食物、工作和爱情，在他们的生命中扮演着重要的角色，也是他们生活中最重要的组成部分，是他们一生的追求。他们乐于将朋友请到家中做客，也会在朋友生日的时候发自内心地送上自己的祝福。他们很幽默，同时他们有着灿烂的微笑，这种微笑也拉近了与同事之间的关系，很好地与他们相处。这种人可以带给人们快乐与放松，正是因为这些，他们的成功路上也多了些比别人更多的赞誉。

头姿：打开信息的大门

某 FBI 特工某场接受采访的时候说："对于一些棘手案件的调查，往往要借助到被调查者的言行举止和外在信息，通过这些找到我们认为有价值的信息。而在此之中，被调查者的头部信号同样包含着丰富的信息，要想抓住被调查人内心的变化情况，打开头部信息这扇大门是需要关注到的。"

头部的动作能够展示出人们的内心世界，通过头部，我们可以了解到对方蕴藏的丰富内涵与内心情感的变化。头抬起来与人交谈，表明对对方的足够重视，谈话的过程中对方也会仔细聆听，并且会持续下去。不过一旦头部抬得过高，反而会给人不好的印象，因为头部抬得过高，代表的是一种高傲与轻浮，自然与这样的人交谈，怎么可能给对方好的印象？

接下来，FBI 特工就头部的基本动作代表着怎样的含义，具体地给出了明确解释：

1. 把头低下

把头低下，这代表着有否定意见或者对某事不满。在与人交谈时，如果你发现你的听众并不是在注视你，而是把头低下来，那你就应该知道他对你的观点并不认同，或者对你的话题并不感兴趣，所以你就需要及时调整与这个人的谈话了。另外低头有时候还代表着缺少自信，尤其是在开会或者公共场所演说时，你要知道你低下了头就会给听众传递出你缺少自信的信号，自然就没有人相信你的演说是具有说服力的了，所以当你演讲的时候，一定要昂起头来，要不然一开始你就失败了。

2. 头歪向一旁

很多人都喜欢把头歪向一旁。把头歪向一旁就表明了这个人默认了服从。因为，人把头歪向一旁，表明了自己不会给别人带来威胁，更不会攻击他人，向别人传递了一种顺从的态度。这样就容易让别人认为，歪着头的人以一种轻松的状态出现，不会给自己带来危险，所以这样能放松对这个人的警惕。

FBI 的一份研究报告指出，女性和男性社会分工的不同，使他们在歪头的态度上表现得不同。那些能力强、趾高气扬的男性不会轻易歪头，在这些人看来，歪着头就意味着屈从。接受 FBI 调查的女性中，有超过半数以上的人会选择歪着头，因为这些人想获得其他人的帮助，这体现出一种顺从。

费舍尔是一名资深的 FBI 特工，他讲了这样一个案例：

在 1977 年的一天，他和同伴奉命调查一名俄罗斯女间谍。这名俄罗斯女间谍可非等闲之辈，在调查一开始的时候，他们就做好了与其长期"斗争"的准备。据 FBI 总部传来的消息，这名俄罗斯女间谍通过微型摄像机，拍摄到美国一个军事基地的秘密武器资料。为了能够从这名女间谍口中得到一些有用的信息，FBI 特工连夜对她进行了讯问。出乎意料的是，这名女间谍表现得非常冷静，声称微型摄像机不是她的，对军事基地的事情也矢口否认。

FBI 特工意识到遇到了难缠的对象，通过讯问不可能得到他们想要的有价值的情报。于是他们决定暂时中断对这名俄罗斯女间谍的审讯。接下来的时间里，他们对摄像机和军事资料中残留下来的指纹信息进行了解析和对比，对比的结果令他们非常兴奋，这个微型摄像机就是出于俄罗斯女间谍之手。于是他们对这名俄罗斯女间谍再次进行了讯问。虽然这名俄罗斯女间谍还想狡辩，但是当她看到 FBI 特工把微型摄像机中遗留的指纹信息呈现在她面前的时候，她把头歪向了一旁。

据此，FBI 特工判断，这名不可一世的俄罗斯女间谍的心理防线彻底被瓦解了。事实上的确如此，在后来的审讯中，她表现得很积极，一副顺从的态度，对于自己做的事情毫不狡辩，和盘托出了窃取美国军事基地的全部计划和作案过程。

3. 点头

点头也是一种很常见的头部肢体语言，它代表着对某个人或某件事情的赞同。点头在世界范围内都通用，是一种跨国界、跨文化的通用肢体语言。为此 FBI 特地到全世界不同的国家和地区做过实验，发现陌生人之间相处，点头是一种有效的增进关系的做法。

点头能够很好地拉近人们之间的距离，增进人们之间的交往。当某人在谈到某个话题时，有人会不由自主配合。点头，这就说明两个人已经产生了共鸣，有了共同的认识和话题。可见适当的时候点头以对对方的话表示赞同和认可，可能达到和谈话者的有效沟通，并能激发出谈话者的谈话欲望。不过，需要指出的是，点头要掌握好频率：当倾听的时候，缓慢地点头是在告诉谈话者，对他的话题和讲话很感兴趣，也愿意继续倾听下去；假如迅速地点头，那传递出来的就是对谈话者谈话内容的不耐烦，希望谈话者的讲话可以尽快结束。

点头是人们沟通和交往过程中的润滑剂，能让人有个很好的沟通环境，能够很好地改善人际关系。FBI 特工通过实际的办案发现，并不是所有的人都可以很好地配合他们的工作，总是有一些人对他们存在抵触情绪，无论是什么原因致使他们有了抵触情绪，但是这毕竟影响到了他们的正常工作。为了能很好地开展工作，他们也会在和这些人交谈的过程中，认真倾听并适时地配有点头动作，这个简单的动作反而会改变对方的看法，因为那些人总认为 FBI 特工是一些不懂得倾听别人讲话的人，一旦突然看到了 FBI 特工在认真倾听并且对他们的话作出了肯定，他们就开始重新认识 FBI 特工，这为彼此的信任打下了良好的基础，以后的工作就可以很好地开展了。

4. 摇头

与点头相对，摇头是人们表达否定信号最直观的头部动作。当人们面对不喜欢的人或者不喜欢的事情时，总是喜欢将头快速地从左面转到右面，再从右面转回来，这样做为的就是表现出对某人或某事的不满情绪，伴随这种摇头的往往是"不要这样"、"我并不希望这样"等话语。当然这在全世界范围内也是通用的。

其实，摇头这个动作是人们与生俱来的，人们最早的摇头是婴儿时期拒绝妈妈的奶头。人们总会在需要的时候拿"婴儿在饥饿的时候会叼住妈妈的奶头"这件事情来举例，但是很少有人意识到，其实当孩子吃饱后，妈妈想要继续把奶头放到他们嘴里，婴儿就会做出摇头的动作，表示自己的拒绝。

一位 FBI 老特工曾经讲过这样一个真实的"摇头"的故事，他们通过犯罪嫌疑人摇头这一动作，找到了很有价值的线索，一举破获了美国加州的走私军火案。

在一次行动中，FBI 特工抓获了一名扮成普通商人的走私军火的意大利人，通过对他资料的调查，发现他与一个国际性的走私团伙有着非常密切的关系。为了端掉这个团伙，FBI 特工将这名意大利人带到了审讯室。

很显然，对于其他的同伙，这个走私商人矢口否认。FBI特工并没有放弃，他们想到了一条妙计，他们将几名走私嫌疑人的照片一一放到走私商人的面前。当然，对于这些照片走私商人只是摇头，很确定地说他们不是同犯。FBI特工根本不在乎他的语言，因为他不正常的摇头动作里早已出卖了他的同伙。就这样，一个虚假的摇头动作将走私分子的所有心理过程展现了出来，FBI特工据此分析，并抓捕了其他走私分子，成功端掉了这个国际性走私集团。

只要仔细观察，就会发现人们的身体语言是有一定规律的，尤其表现在头部的动作，即使外界的环境再复杂也是一样的。即使再狡猾的犯罪嫌疑人，只要认准了他的头部动作，同样是可以做到了解他，并分析得出破案的线索的。在我们的日常生活和工作中也是一样的，只要了解了头部动作的含义，那么掌握对方的心理变化就变得很简单了。

手部动作与手势：和内心一起变化

手是人身体中最灵巧的器官，是人作为自然产物的一个缩影。手在我们生活中的作用是非常大的，我们做的几乎所有事情都离不开手，一双灵巧的双手可以协助我们把事情做得完美。手的作用还不仅于此，通过观察手，还可以了解别人的许多性格特征。FBI特工之所以能够在接触一个人之后不久，就可以快速地判断出一个人的性格特征，这和他们仔细观察对方的手是不无关系的。

FBI的心理研究专家根据人使用左右手的习惯，对人们的性格作出了如下的分析：

习惯于用右手做事的人，左半脑多比较发达，这种人做事情更为理性一些，有条理、逻辑性强是他们的优点。而对于习惯于左手做事的人，他们右半脑多比较发达，往往感性成分占了主导地位。他们想象力和创造力都很强，感觉比较准确和灵敏。这样的人在很多时候不能与社会有同样的节奏，所以容易精神崩溃的人往往习惯于用左手做事。

手是人身体上最灵巧的器官，那么手的每一个动作又代表着怎样的含义呢？FBI心理专家也给出了详细的介绍。

（1）总是紧握着拳头者。是典型的缺乏安全感的人，他们总是做着防御的动作，即便不会攻击别人，但是永远不会停止防御。他们信奉"人不犯我，我不犯人；人若犯我，我必犯人"的原则，但是这种人往往也特别善于关心体贴他人、富有同情心而又善解人意。

（2）老是把手指合在一起的人。这种人往往陷于自我矛盾当中，理智和情感在这种人的脑海中不停交战，这种人大多能很好地掩饰自我。

（3）经常把指关节弄得嘎嘎响的人。这种人脾气暴躁、易怒，做事不冷静，很容易坐立不安，给人感觉不成熟。但是他们表现欲望很强，希望得到别人的关注。他们喜欢把指关节弄得嘎嘎地响，可能也有这一方面的原因。但用这种方法吸引他人的注意，到最后往往见不到什么效果，可能还会让他人觉得厌烦。

（4）喜欢留长指甲的人。他们占有欲很强，几乎是随时做好争取的准备，无论任何东西都是他们争取的对象，只要时机一到，他们就会立即采取行动。这是一种很能招惹是非的危险性人物，他们总是能够随心所欲地施加他人痛苦或是欢乐。

（5）经常将一只手放在另外一只手上面的人。这需要看哪只手在上面，而对其作出判断。如果是左手在上而右手在下，这种人做事比较感性，他们一般会依照自己的直觉和抽象的推论来完成某件事情。相反，如果是右手在上而左手在下，则代表这种人比较理性，做事也往往是依据着客观的实际。

（6）习惯用一根手指轻轻摩擦另一只手手掌的人。他们做这种动作表示对某事的怀疑，而且这个姿势会保持下去，一旦事件转变或者变得更加严峻，他们的这个手指动作会很频繁，双手不停地交叉摩擦。其实这很好理解，双手交叉本来就是内心挣扎的一种表现。

（7）喜欢把双手放在背后的人。这种动作是沉稳和老练的表现，这种人为人和做事特别谨慎和小心，自我防卫意识比较强，时刻做好了准备，以防他人的偷袭。

通过观察手的动作，我们可以了解到人的性格特征。FBI 特工还指出，对于观察手本身，同样是可以了解人的性格的：

1. 手掌表示的坦诚

FBI 特工告诉人们，人类的身体语言中，摊开的手掌是真诚、坦率、真实联系的表现，两者是联系在一起的。因此，在很多欧美国家，当一个人宣誓的时候，他会用自己的右手掌贴在心口上以示自己的忠诚；而当一个人在法庭上作证的时候，他还必须左手拿《圣经》，同时将右手掌举在空中，面向法官，以示自己在法庭上陈述的一切都是真实的。

FBI 还指出，人们最常用的两个手掌姿势是手掌掌心向上和手掌掌心向下。前者多用于向别人表示自己的诚意或是向别人乞讨，后者则表示克制。

在与人交往中，我们总会担心别人不会以诚相待。有了 FBI 的这一经验，我们就不必这样费心了。判断一个人是否真诚、坦率，最有效、最直接的方法就是观察其手掌是否向你摊开。毫无疑问，当一个人向你摊开一只手掌或是两只手掌时，就好像在向你说："我对你没有什么值得隐瞒的，我是真诚的。"在 FBI 的成功案例中，会经常出现这样的一幕，当他们的疑犯可以给他们摊开双掌的时候，基本上是可以断定他讲的话多半是真实可信的。

FBI 告诉我们，向对方摊开手掌这一姿势，同其他很多身体语言一样，完全是一种无意识的动作。更为神奇的一点是，当一个人摊开双掌时不仅不容易向别人撒谎，还有助于制止对方说谎并鼓励对方以诚相待。

2. 利用手掌去撒谎

FBI 特工认为，当一个人企图撒谎时，他就会故意把自己的双掌隐藏起来，要么放进自己的衣袋或裤袋中，要么就是背在身后，以免它和自己的有声语言出现自相矛盾的情况。

你心里可能会产生这样的疑问："如果我不是像上面讲的那样将手藏起来，而是摊开双掌，再讲谎言，是不是很容易欺骗对方？"FBI 特工指出，情况并非如此。一个人摊开双掌向别人撒谎，仍然会让对方觉得他不是真诚的，因为在讲真话时自然产生的动作，诸如身体前倾、眼睛盯着对方、眉毛舒展等，在此时全都了无踪影；与之相反，说谎时的一些特有动作，如瞳孔收缩、嘴角歪斜、眉毛竖起、眼神游离不定等，则在无声无息中显露了出来。这样一来，别人就会下意识地觉得你没有说真话。

FBI 特别指出，一些特殊人群，比如职业骗子、经常撒谎的人，以及一些政客、演员等，他们往往会借助手掌去撒谎，欺骗别人。他们出于某些特定目的和需要，必须经常撒谎，时间久了，他们就会不露痕迹地运用某些非语言信号来补充其谎言，甚至会达到天衣无缝的地步。

也是在这个原因的影响下，西方很多国家诞生了一门新的学科——撒谎学。这门学科会系统地教别人如何成功地"撒谎"，其中利用手掌去撒谎是这门新兴学科的主要内容之一。因为人们通过了解得知，当一个人摊开双掌与人讲话时，他讲话的内容是可信的。所以，那些撒谎专家们就利用这一点来达到撒谎的目的。

手臂：发出内心的信号

我们来看看下面这段 FBI 资深特工对新成员的讲话："在实际调查过程中，我们面对的犯罪嫌疑人的类型不同，外在环境也会不断变化，所以，我们一方面要拥有过硬的本领，一方面也重视心理学的分析，及时准确地对犯罪嫌疑人的内心世界作出判断，当然这些都是要不断地学习与实践的。"FBI 特工还会作出指示，迅速掌握从犯罪嫌疑人手臂的基本变化情况来识别他们真实想法的技能，是一个优秀 FBI 特工必须掌握的技能。

人的手臂动作往往是结合着手部动作一起展示他们的内心变化的。有这样一个活生生的案例：

由于没有得到美国政府的工作安排，一名前美国三角洲特种部队的退伍战士产生了报复政府的心理。他的退伍士兵身份，使得他不仅具有过人的格斗技能，而且还使他掌握了超凡的反侦察能力，这使得他屡屡逃脱追捕。他深知手臂动作的重要性，但是尽管他不停练习手臂说谎的能力，但最终还是在手臂上栽了跟头，FBI 特工正是凭借他的一个不起眼的手臂动作，发现了他抢劫银行之后的躲藏地，最后成功地将他抓捕。

要知道，在对 FBI 新特工培训过程中，对于手臂的练习是很看重的。来看看这个有趣的小测试。FBI 老特工会让几个新特工将眼睛蒙起来做沟通，要求一些 FBI 男性将手放在桌子下面，而另一些 FBI 女性将手放在桌子的上面。半小时过后，有些男性将放在桌子下面的手挪了上来，而这种动作则代表着对女性的不尊重，有点鬼鬼祟祟，甚至有一些不轨的企图，而事实证明往往那些手臂不移动的人在后来的工作中表现得更为出色一些。虽然这只是一个日常的小测试，但是能够从一个侧面反映出人的内心想法和感受。

通过手臂的动作，FBI 断案的实战举不胜举。接下来让我们看看这个发生在美国的案件。

因为一件别墅群的盗窃案迟迟不能破获，一群情绪激动的美国民众纷纷抗议。这件案件的确比较棘手，警察们苦苦追寻半年却仍旧无法找到任何线索，无奈中他们只好找到 FBI 特工帮忙。

FBI 特工找到被盗的户主了解到，这些户主平常都在外地出差，周末的时候才会出现在家里。他们派人 24 小时对这个别墅区进行监视，尤其是对于工作日的监视。在很多天后，监控的工作终于有了一丝进展。那时已经是夜晚了，正当监控人员准备去吃饭的时候，他们发现了一个黑影闪进了这个别墅区，监控人员大胆判断这个黑影很可能就是疑犯，于是他们加强了对这个黑影的监视。

事情就是这样，黑影在走到一户人家门口的时候，掏出了早已准备好的工具撬开了门锁，实行偷盗。FBI 特工当场抓住了罪犯。在审讯的过程中，又遇到了难题，这名疑犯坚称自己只是在修理房门，而非盗窃。但是细心的 FBI 特工发现他的手臂一直在轻微地抖动，很显然这是撒谎的表现，在追问下嫌犯终于交代了罪行。

手臂的语言是丰富多彩的，同样手臂的动作中也包含着人的心理变化，对于手臂的观察做到仔细、认真，就可以像 FBI 特工一样，破解手臂的秘密，接收到对方手臂发出的信号，进而读懂对方的内心。

脚部：内心活动的弦外音

人们在日常交往中一般会对对方上半身观察得比较仔细，而忽视了下半身，要知道脚部也展示着人心重要的信息，它背后蕴藏的信息也不容小视。在 FBI 特工的读心策略中，脚部信息能够从一个侧面反映出一个人的内心世界。其实这很好理解，撒谎的人往往会注意自己的脸、鼻子、耳朵等的动作，但很容易忽视掉脚部。而有经验的 FBI 特工往往通过及时捕捉脚部信息的细微变化，从而识透对方的动机。

很多人认为，脚部离人的大脑最远，那么自然地就会与人的想法离得越远。抱有这种想法的人就太单纯了，脚部向人们反馈出来信息的可信度丝毫不比身体其他部位差，甚至在某些时候还要优于身体其他部位。

聪明的说谎者都会在说谎的时候，用一些小动作来掩饰自己的谎话，这些小动作最大的特征就是频繁而又隐蔽，很难让人察觉。而一旦被人察觉，他们又会迅速地做出其他的动作，以迷惑对方的判断。只不过说谎者再怎么聪明也不能掩盖他们说谎的本质，无论他们怎么掩饰，都无法将脚部信息掩饰住。所以，有实战经验的 FBI 特工就可以通过脚部动作，进而判断对方是否在撒谎。

FBI 特工曾经做过一个测谎实验，他们将两个人分别置于不同的环境中，然后问相同的问题。第一个接受测试的人，回答问题的时候很平静，答案也是比较符合常理的，回答问题的过程中无论是脚部还是上半身的动作配合得很自然，非常协调。第二个就不一样了，他的答案听起来也是比较符合逻辑的，但是他本人在回答问题的过程中，总是用一些小动作来掩饰内心的焦虑与不安，而且他脚部的动作很明显和上半身的动作一点都不协调。测试结束以后，测试者指出了第二位在撒谎。测试者给出的解释是这样的：一些小动作的确是掩盖住了你的谎言，但是脚部与你身体其他部位表现得非常不协调，与表情也不能吻合，我们是据此判断你在说谎的。

当然，脚部的动作并不是只能帮助我们判断对方是不是在撒谎，识透脚部动作还有着其他重要作用。在我们日常生活和工作中，一旦有让人生气的事情发生时我们就会气得跺脚；而高兴的时候，又会双脚向上跳起以表达自己内心的喜悦。其实这些动作都在展示着你的内心情绪变化。同样，人们还可以通过仔细观察脚步动作进而判断对方的性格特征，比如走路慢、抬脚慢的人是属于性格内向、不善言辞的人，他们生活或工作的节拍也是缓慢的；而走路快、脚步快的人则生活节奏非常快，对成功有着强烈的欲望，是属于有进取心的人。

脚部反映出来的信息是很有参考价值的。据此，FBI 特工结合自身的经验与多年的观察，总结出以下一些具体的脚部特征：

1. 一只脚在前一只脚在后站立

这种前后脚分开站立的人，是内心缺乏安全感的人，他们只不过是通过这样的动作来舒缓自己的神经。这种人的内心世界封闭，缺乏与人沟通，总是把自己的心声埋在心底，很显然，这种人对于别人是抱着一定的戒备心理的。他们的这种特性与从小在封闭的环境中成长有很大关系。当他们步入社会的时候，会非常谨慎地与别人交往，交往过程中的站姿是把脚一前一后放置，这样他们感觉在空间上处于优势地位，从而增强了内心的安全感。发生在美国加利福尼亚州的一起案件，充分说明了从脚的站立姿势可以判断出一个人内心世界的变化。

一位涉嫌拐卖儿童的女士被 FBI 调查，但是审问的过程中 FBI 却得不到任何有价值的信息。这名女士总是百般推脱，声称自己不清楚事情的真相，对调查也表现出很强的抵触心理。FBI 特工怀疑这名女士有心理方面的问题，于是找来了心理医生对她进行测试，而测试的结果表明这名女士不存在心理方面的问题。于是 FBI 特工改变了审问的方法，认真观察这名女士在说话时候的身体信号。当再次审问这名女士的时候，她突然非常配合，有问必答，而且回答每个问题的时候都没有经过思考便脱口而出，这引起了 FBI 特工的注意。这名女士的话好像事先编造好的一样，带着这样的怀疑，FBI 特工继续对她进行了审问。FBI 特工向这名女士出示了被拐卖儿童的照片，这名女士面不改色，好像自己真的不知情，但是这名女士把两只脚一前一后地放置。通过这点，FBI 特工判断出这名女士之前都是在说谎，她一定与这起案件有关系。

2. 双脚在一条水平线上叉开站立

如果你仔细观察就不难发现，处于优势地位的公司领导或者上级都会愿意做出这种动作，尤其是在和下属谈话的时候。因为这个姿势可以表现出他们的自信，有时候还会传达出一种盛气凌人的气势。其实这种人内心比较自私，对下属在工作中遇到的困难和问题也不会听取。这种姿势在男性身上比较常见，男性之所以做出这个姿势也是为了展现自己强者的一面。

3. 把脚放到另外一只腿上坐着

这种姿势有个很好玩儿的名字，叫"4 字形"。这种"4 字形"的坐姿也是常见于男性身上，这样坐的目的就是为了显示自己男子汉的一面和自己处于权势地位。这种人一般都非常自信且做事独断，遇到问题不愿意与其他人商议，而是凭借个人主观意愿去做事。这种人一般都非常有主见，不会轻易改变自己的看法，总是希望别人按照自己的意愿去办事。那些试图用自己的想法说服这种人的人，可能会出现一种挫败感，因为在这种人潜意识里，就一直认为自己才是主导事情发展的关键人物，别人要服从自己的观点才是他们最终的目标。做这种动作一定要从自身实际情况出发，要有一定的尺度。如果在领导或者面试官的面前做出这个动作的话，会给领导或者面试官一个非常不好的印象，在他们眼中你是个不懂得尊重别人、自高自大的人，这样的话对自己的前途是没有任何好处的。

仔细观察坐姿还是非常有用的，我们来看看一位 FBI 特工讲的这样一个故事：

一位前美国海军少校经过层层选拔被 FBI 录取了，不久后他便接到了面试通知。这个美国海军少校成长在美国军事世家中，很早就受父亲的影响而从军。在军队中他取得了很好的成绩，他最出众的地方就是射击技能非常强，能够用手枪击中 300 米以外的一个核桃。可以说他的军事素质非常强。但是这个海军少校却不受其他人的欢迎，因为和他相处过的人对他的印象都不是太好，他们认为海军少校是个狂妄自大、不懂得尊重别人的人。这位海军少校也很不明白为什么大家会对他有这样的认识。

面试那天，海军少校很早来到面试地方。面试官是局长和其他一些美国政界的高层，他们从这名海军少校的简历中得知他是个军事技能过硬的军官，而他们正需要这样的人才。这名海军少校在众多面试官面前，没有表现出拘谨而是显得非常放松，在面对面试官提问的时候，他甚至把脚放到了另外一只腿上，并不停地晃动着自己的身体。面试官们感到非常吃惊，没想到军事技能如此强的海军少校却这么没有礼貌。

局长不满地同其他面试官说道："在众多面试的人员中，这个人表现得非常特别。别人都是毕恭毕敬地端坐在一旁，可这个海军少校却没有这样做，他把脚放到了另外一只腿上，这样给人很不好的印象。从这一个动作中就可以看出他是个傲慢无礼、不懂得尊重别人的军官，虽然他的军事技能有一定的优势，但是还需要考虑他的综合能力。在这里，不管你的军事技能如何，最看重的却是团队协调能力与个人的行为素质。这名海军少校军事技能虽然过了关，但是他的个人素质与团队协调能力却不符合 FBI 的要求，所以我们不会录用他。"

脚部动作能真实地反映出一个人的性格特征，就算这个海军少校军事技能过硬，FBI 也不会录用他。

4. 把手放在膝盖上，把身体重心放到一只脚上坐着

一旦出现这个姿势，那你就应该明白，所进行着的交谈是时候要结束了。能够做出这样姿势的人，也是有着较高权力和地位的人。企业中的管理者就经常做出这样的动作。当然他们这样做的一个主要原因是他们讲究办事效率，他们不愿意在没有意义的事情上浪费时间，他们珍惜自己的时间，也不会让别人浪费他的时间。这种人做事干脆果断，不拖泥带水。

企业管理者尤其是在和下属交谈的过程中会做出这一动作。当下属因为失职来到领导办公室向领导解释时，如果是非可抗拒因素造成的损失，领导一般会原谅他们。可要是知道的确是因为下属工作的失误而造成的问题，领导面对解释，通常会做出把手放在膝盖上，把身体重心放到一只脚上这样的动作，这表明着他们已经没有和下属继续谈下去的时间与耐心了，他们可能很快就要起身离开。

5. 双脚不断来回抖动

有些人在高兴的时候，就会做出双脚来回地抖动的动作，好像在庆祝自己的成功，这种人的主要特征是内心细致，同时情绪易受外界影响。他们来回抖动的动作往往还伴随着节拍，好像是在跳着一场有节拍的舞蹈，这个动作是他们发自内心的，没有掺杂丝毫别的因素，是他们内心真实满足感的一种体现。

根据有经验的 FBI 特工介绍，人们要想掌握从脚部动作听懂内心世界的弦外之音的方法，还是有一定的难度的，但是一旦掌握就可以很好地判断对方的内心世界，因为脚步动作所传达出来的信号可信度最高。当然不得不指出的是，想要通过脚部信息解读某个人内心变化，还要结

合当时的环境，并且要认真观察，只有这样才能准确读懂来自于人们内心世界的信号。

从坐姿看他的性情

FBI 心理专家指出：当一个人坐着的时候，他双脚的摆放位置会泄露他的性格的某些特征。这其实就是提醒我们：一方面，我们要注意不要让别人轻易从坐姿识透我们的内心世界；另一方面，我们也可以在认识陌生人短暂的三五分钟内，简单地对对方的性情有个大致了解。

在这里 FBI 特工教会我们如何从坐姿判断一个人：

喜欢正襟危坐，并且两脚并拢微微向前，整个脚掌着地，这种人为人真挚诚恳，襟怀坦荡，只不过他们做事过于直爽，有时候会让别人误解。这种人天生喜欢整齐有序，做事情总是有条不紊，甚至有点较真，总是希望事情可以做到完美，有时甚至有洁癖倾向。从他们的外表看来，他们性格比较冷漠，但实际上他们古道热肠。另外他们做事不愿意冒险，只会盯着有把握的事，所以做事的时候创新性与灵活性显得有所不足。

喜欢"跷着二郎腿"，而且无论哪条腿放在上面都会显得很自然，这种人很自信，他们了解生活的真谛，人际关系也处理得非常好。

喜欢"跷着二郎腿"坐着，并且一条腿勾着另一条腿，这种人比较谨慎和矜持，缺乏自信，在事情面前往往表现得犹豫不决。但是这种人自身的吸引力和对事情分寸的把握度还不错，因此并不会失去很多朋友，而朋友们对这种人的评价还都不错。

习惯于把双脚伸向前，脚踝部交叉，这种人总是喜欢在各方面拔尖、支配、控制他人。所以他可能是个很难相处的人。至于说到风格，特别是个人生活中，他会表现出犹豫不决的做事风格。研究表明，这还是一种控制感情、控制紧张情绪和恐惧心理，一种很有防御意识的典型坐姿。

喜欢两脚并拢，脚尖抬起，脚跟着地坐着，那说明他是个谨慎持重、孤僻闭塞、经常持观望态度并处于防卫状态的人。但他天性超级敏感，不能够承受哪怕是最轻微的指责。为避免引起这种人不适当的过敏反应，周围的人不会与他谈论一些棘手而复杂的问题，因此这种人会产生一种被隔离的孤独感。

习惯于脚尖并拢，脚跟分开地坐着，这种人做事一丝不苟，但是往往缺乏变通，自己深知自己做事倔犟，但并不能改变。他们的最大特点是习惯独处，只愿意和自己感觉亲近的人交往。这种人洞察力很强，对于他人或者对于事情的判断总是很准确，不过对于自己的评价会过高。

习惯敞开手脚而坐的人，他们喜欢主管一切，有指挥者的气质或支配性的性格，这种人性格外向，但是有些不知天高地厚。

另外根据 FBI 特工对生活的观察，还总结出以下一些观察和判断别人的方法：

重重地坐下去代表此人的心情很烦躁；轻轻地坐下去则说明此人的心情是平和的。

侧身坐的人，比较随性，不会过多注重别人对自己的评价；猛然坐下的人，内心充满着不安，或有心事不愿告诉你。

喜欢与你对着坐的人，是由于他希望能够被你理解；喜欢与你并排坐着的人，是由于他认为与你有共同感。

有意识从并排坐改为对着坐的人，这种人要么对同座的人感兴趣，要么疑惑重重。

有意识挪动身体是为了保持心理上与别人一致；双腿不断相互碰撞或不断地拍打地板的人，此时一定有什么事使他紧张和焦躁。

把身体尽力蜷缩成一堆，双手夹在大腿中的人，体现了自己内心的劣势感。

正襟危坐、目不斜视的人，或对你恭敬并力图留下个好印象，或此刻其内心有什么不安。

斜成一个半躺姿势或深深坐入椅内，腰板挺直、头高昂的人，是由于他在心理上对你有优越感。

把椅子掉个个儿，跨骑在椅子上的人，他们是在显示着对正在发生的一切都不感兴趣。

总之，坐姿同样是我们认识对方心理，判断对方内心变化的武器，FBI 特工提醒我们一方面要掌握这些技巧，另外要在日常生活中，多观察多分析。FBI 特工之所以能够准确判断别人的性格特征并非只是靠着理论知识，生活的实践也很重要。

看他的走姿了解他

每个人走路的姿态都有所不同，就像每个人的性格都有其唯一性一样。或许两个人的体型很相似，但是体型再相似的两个人走起路来姿态也会有差别。每个人都有自己的走路姿态，这关乎各人的肌肉强度、骨胳密度、视觉敏锐度、身体密度、重力中心、肌肉或骨胳损耗程度，以及个人走路形态等。

FBI特工经过多年的研究，发现一个有趣的现象，那就是人体中越是远离大脑部位的动作，越是可能表达出一个人内心的真实情感。从脸部往下，手位于人体的中央，相应的手部可以称得上人体中诚实度最中庸的部位。经研究发现，很多人都很善于通过手部特征来撒谎。相反脚部可以说是人体中离大脑最远的部位，所以脚部的忠诚度就相对要高很多，而一个人的脚部动作最多的就是表现在走路上。虽然人们在走路时腿部也随着运动，但是人们走路时最初的原始动力发自脚部。

FBI特工指出，对一个人来说，要伪装走路姿势非常困难，不管罪犯是自然地走向银行出纳员还是从犯罪现场逃跑，他们仍然可以被识别出来。

由此可以看出，人的走路姿态可以泄露出许多人们真实的性格信息和心理活动。那么，如何通过一个人的走姿来辨识其性格特征和心理倾向呢？FBI总结出以下几点规律：

1. 走路沉稳的人务实，走路矫健的人正派

走路沉稳的人，在他的潜意识里，稳定压倒一切，他们无论做什么事都讲究脚踏实地、安安稳稳，他们工作起来一般效率都比较高。他们很少会因为方向错误或是冒进而去做一些无用功，因此他们很适合搞实业，而且这种人也很容易成为某一领域里的佼佼者。

走路矫健的人，看上去给人一种精力充沛、年轻、健康、充满活力的感觉，这种人通常属于特别正派的一类人。他们大多个性洒脱，崇尚自由，喜欢无拘无束，在与人相处时懂得尊重别人，从不试图干涉或是强迫别人，而且他们也不太喜欢管闲事，所以他们周围的人比较喜欢他

们。这种人平时心态平和、坦荡，做起事来能够全心全意、全力以赴而不容易受到外界的影响，他们无论做什么工作，或是从事什么职业，都能开创出自己的一片小天地来。

2. 走路身子前倾的人谦逊，走路高抬下巴的人傲慢

走路身子前倾的人，是一种性情温和、态度谦虚的人。这种人一般比较自律，他们常常对自己提出严格的要求，也是一类不爱张扬的人。因为他们不张扬，因此他们的很多个性就不太容易表现出来，所以和他们相处时要尽可能多地打开他们的话匣子，通过语言和言谈举止来进一步了解他们。在工作上，这种人更适合做领导或是做间谍。因为谦虚，所以有很多员工愿意为他们所用，愿意帮他们出谋划策，如果能遇到一些执行力较强的员工，他们成功的概率就会大增。

走路喜欢高抬下巴的人总会给人一种高傲的感觉，这种人在生活中总是喜欢以一种更优越于别人的姿态出现，无论在任何方面他们都不甘愿服输。在工作上，这种人不太喜欢脚踏实地、按部就班地工作，他们更喜欢做一些更张扬、技巧性更强的工作。

3. 走路匆忙的人性格开朗，喜欢漫步的人注重自我

走路匆忙的人性格比较开朗、外向、爽快，他们无论做什么事、说什么话都很爽快。他们通常没有什么心机，一般对人真诚，不懂得掩饰自己，和这种人相处不要怀有什么戒心。在工作上，他们做事很尽心，不会投机取巧，但是他们由于性子急，什么事都想提早完成，过于强调速度，因此他们也会疏忽一些细节问题。

走路慢慢腾腾的人，是一种很注重自我的人，一般不太容易受外界影响。他们是典型的持有"只管自家门前雪，不管他人瓦上霜"观点的人，给人一种冷酷、自私的印象，其实这并不是他们的本意。但他们并不算自私，只是在他们的意识里，各人有各人的生活和经历，自己不应该去干涉别人，相反自己应该尊重别人的选择和做法，但他们并不喜欢对他人的观点加以评价。在工作中，他们的注意力更多地放在自己所负责的一部分工作上，所以他们与人合作的能力并不算太强。

4. 走路低头的人心理沮丧，走路双手叉腰的人性情急躁

走路时习惯低头的人，在精神上是沮丧的，在性格上是内向的，

在生活态度上是悲观的。这种人无论是做事还是与人相处时都有太多的顾虑，总是很难放开自己，总是担心一旦把心情放松，就会发生一些不好的事情把自己原有的生活搅乱，因此这类人对任何事情都不愿动真情，他们的心情一般都是平静的。在工作上，他们比较适合做一些相对保守、不需要有太多创新的工作，比如医生、心理咨询师、会计等，在这些工作中他们可以充分发挥自己谨慎的优点。在与人交往中，他们是被动的，他们不喜欢主动走出自己的生活圈，也不喜欢接受新鲜的人和事，不过他们对待朋友是真诚的，所以一般他们都会有几个固定的好朋友。

走路喜欢叉腰的人，性格比较急躁，他们和那骂街的妇女没有太多的相同，他们无论做什么事情都希望能在最短的时间内完成。这种人无论男女都有很强的爆发力，能在短时间内完成高难度的工作，所以在工作上，他们总能给人惊喜，让人们对他们刮目相看。

笑容：蕴涵丰富的内心世界

人们的面部拥有着丰富多彩的表情，笑容则是最常见的一种表情，同时也是人类情感和内心变化最直接的表现方式。人从出生的那一天开始，就拥有了笑的能力，而笑容也就伴随着每个人的出生，成为了人们最常用的非语言行为。

日常生活中的琐碎小事，常常能令人们发笑，而需要注意的是，这些笑容往往蕴涵着丰富的内心世界。所以笑也是一种解读人类内心世界的工具。

到底为什么要笑呢？笑，源于出现了令人高兴的事情。比如说，每个人在孩童时期，无忧无虑，这样他们就经常发出笑声，而这种笑容也是最纯真的，由内心发出的；随着年龄的增长，升学、就业、结婚、买房等问题接踵而来，压力压得他们喘不过气来，笑声自然就比起孩童时代少多了。像生意遇挫后向客户牵强地笑；在竞争对手面前挑战地笑等，即便是努力从嘴角挤出来了，也夹杂着虚伪，毫无美感可言了。

一次，FBI 特工调查了一名想要在闹市区纵火的疑犯，正是因为 FBI 特工处理及时才使得市区免遭火灾。而这名疑犯却只是一个 12 岁的小男孩，这个小男孩纵火的理由也是很让人跌破眼镜的，他说："我父母经常不在我身边，我希望他们能够来看看我。"

"难道你的父母从来不关心你？"

"小时候，他们经常带我玩儿，那时候几乎每周都会去游乐园玩。"小男孩说到这里不由得笑了，仿佛他是天底下最幸福的孩子。FBI也是通过这个笑容，确定这个孩子的纵火企图只是一次恶作剧。

"后来呢？"

"后来就变了，他们的工作越来越忙，就很少回家了，即使回来了也是匆匆忙忙的。我不想整天看到他们给我钱给我买一大堆吃的用的，我只想要他们来陪我，可是他们总是没有时间。同学们的父母都会去接他们，他们一次也没有接过我，我只想让他们回到我的身边。"

根据人们的不同个性以及不同的生活环境，人们所表现出来的笑也是不尽相同的。比如，应酬中的笑就比较虚伪，这种笑容只为某种目的而服务；老友聚会中的笑则真挚很多，这种笑容是为了展现真诚给朋友。其实这些笑容从外都是可以觉察的，就比如说虚伪的笑容往往嘴角不会放开，双唇也是紧闭着的，笑是他们勉强装出来的；而真挚的微笑则要自然很多，而且在特别开心的时候，嘴巴会像裂开一样。

当然这些都是最简单的认识，FBI特工通过多年的经验总结出很多种微笑，以及这些微笑所包含的含义。这些常见的笑容中，有会心一笑，有挚友间的微笑，有对手的奸笑，也有阿谀奉承的笑等。这些笑所包含着的含义自然也就不一样。

通过大量的实战经验，FBI特工总结出一套由笑识人的方法。这些方法在我们的生活中是很有指导意义的。

就拿那些不苟言笑、笑容比较淡的人来说，这种人属于行为谨慎、思想成熟、同时在生活中被人们尊重的人。这在上司与下属之间表现得很明显，凡是能被下属认可和尊重的上司都是不苟言笑的人，这种人能够控制住自己的表情，虽然有时候事情本身可能会令人发笑，但是他们还是会刻意保持自己严肃的一面，并控制自己内心的情绪，为的就是要维护在下属面前的威严。

在最初与人交往的过程中，很多人的笑都不是很肆意的，往往表现出一种典雅的微笑来，但是随着交谈的深入，一旦找到了感兴趣的话题，共同语言也就增多了，而此时笑容也不断增加。在话题不断深入的过程中，开怀大笑也就不可避免了，而此时，无论是怎样的笑都是最真实的内心表达，毫无虚假。很明显，如上所述，人们从典雅的笑再到最后的开怀大笑，经历了一个心与心的沟通过程，并产生了共鸣。笑和人们的情感是不可分割的，开怀大笑就是内心情感高度集中与高度兴奋的表现形式。由此可以看出，笑传递出了人们心情不断变化的过程。

有一位 FBI 特工列举了这样一个案例：

短短一个月，美国的某知名投资银行屡屡无端丢失财产，损失近 100 万美元。但从银行间业务的往来来看，工作人员并没有发现异常，FBI 特工介入调查业务交易清单也没有发现问题，于是他们一致怀疑是银行的业务数据遭到了篡改。

但是对负责资产管理的人进行了询问，结果仍毫无进展。正当 FBI 特工一筹莫展之时，该行行长提供了一条信息：大约半个月前，该行的数据系统进行了全面的升级与维护，当时负责这次工作的是一名叫布鲁斯尔斯的数据库工程师。

FBI 特工对布鲁斯尔斯讯问后，发现了诸多疑点：首先，这位数据库工程师是唯一掌握银行数据库信息的人，事发当天却总是联系不到他；另外，布鲁斯尔斯在接受调查时的表情很让 FBI 特工怀疑。

在整个讯问过程中，布鲁斯尔斯总是一副不耐烦的表情，而且非常烦躁，不时对 FBI 特工报以虚伪的笑。在深入的调查和观察之后，FBI 特工更加坚定了自己的看法。果然，经过一番劝说和审问，布鲁斯尔斯交代了所有的作案过程，窃取近 100 万美元的人正是这个工程师布鲁斯尔斯。

让布鲁斯尔斯落网难道不是 FBI 特工通过他的笑所判断的结果吗？

识透了各种笑，想要了解一个人就变得很容易了。FBI 通过多年的观察与研究，给出了以下一些具体的通过笑来识别人心的方法和类型：

1. 抿嘴笑

抿嘴笑是生活中出现频率最多的笑，它最典型的样子就是向后伸展的嘴唇紧紧闭在一起。不要小看这种笑，它其实代表着拒绝。人们很难理解这种笑，一旦主动发问，就使自己陷入了被动之中。女性是这种笑的常用人群，比如当她们称赞某一个人或某一件事情之后，就报以这种笑容，其实她们真实想法是和刚才的语言是有一定的出入的，只不过她们隐藏了而已。FBI 的精英们在遭遇这种笑容的时候，通常会提高警惕，并再次观察她们的言行举止以作出准确的判断，以免被蒙蔽。

2. 简单的没有任何声响的笑

这种人的性格保守而又谨慎，他们内心的性格中夹杂着感性，而且这种特性是无处不在的，不过这种人的情感很容易受到其他事情的影响。这些人的想法都比较理想化，有点像童话故事，会朝着自己的理想不断奋斗。但是这种人的胆量非常小，外界环境的变化都会成为他们改变主意的原因。

3. 阴阳笑

这种笑一半脸展现微笑，而且笑得非常灿烂；一半脸紧皱眉头，好比阴冷的冬天。可以肯定，这种人阿谀奉承、唯利是图，尤其是在与比自己级别高或者比自己地位高的人相处时，这种笑就不由自主地出现了。这样的人在与人处事的时候，会表现得非常老到与狡猾，对于别人一丁点儿的举动都可以做到了如指掌，同时还会对别人的行为进行揣摩，从而了解别人的内心世界的变化情况。

4. 断断续续的笑

这是一种不够自然的笑，很显然，笑声中掺杂着别的因素。这种人是不真诚的，他们在人际交往中表现得很势利。他们总是喜欢从别人身上窃取利益，自己却懒得动手去做，一旦窃取失败，就会报以冷冷的笑。恰恰是这种笑，让人们觉察到了他们的内心世界，就是因为这个原因，他们的真心朋友很少，也没有人愿意真心帮助他们。

FBI 第六章

你来我往，各怀"鬼"胎
——FBI 特工的人际交往读心战术

其实，人际交往的场所是最复杂的场所，在这里，你是要谨言慎行的，因为也许你的一个细微动作，在别人眼里就是识透你内心的钥匙。当然，别人的一个细微动作，同样可以成为你掌握别人内心变化的好方法。所以 FBI 特工建议我们，在人际交往中一定要善于观察人们的一言一行。

从交际习惯看为人处世

所谓的交际习惯，实际上就是一些打招呼、握手等基本的礼仪。其实，这些简单的问候和手势之间是包含着不同的信息的，从此之中，同样是可以了解一个人如何为人，以及他们是如何处事的。

日常生活中，打招呼是必不可少的，一句问候，一声招呼，是联络感情的手段和增进友谊的纽带。不管是朋友、同事还是同学，在见面和分别的时候打一声招呼，是很有必要的。打招呼可以体现两个人的关系，同时还能够体现出打招呼的人内在修养的高低、精神状态的好坏，以及为人做事的风格。

对于用不同方式打招呼的观察，是可以猜透对方的心思，看清对方的为人的。

第一种方式：打招呼时，眼睛直视对方。

在打招呼的时候，眼睛一刻也不离开对方的人，这种人具有强烈的自我意识，他们考虑问题的角度只是自己，不会去在意他人的想法的，而且不愿意站在对方的立场和角度去考虑问题。这种方式是非常强势的，这种感觉会很快地传递给对方，对于这种打招呼的方式，一般人是不会喜欢的，因为直视会给人一种咄咄逼人的感觉，而一些性格较为内向的人，也会被对方的这种方式所吓到，从而开始躲避这种人。

当然，说他们的打招呼的方式是强势的，并不意味这些人无法成为别人的朋友。他们的内心对外界充满着戒备，他们只是在采用这种强势的方式来保护自己，和他们成为朋友，是需要时间的，一旦和他们成为朋友，那将会是天长地久型的。

其实，在我们的生活中，如果遇到了这种目光，我们可以用柔和的目光和轻松的谈吐来"对抗"对方的攻势，以柔克刚。假如用以刚克刚的方法，那么会造成两个人的尴尬和紧张，这样两人关系就会僵持了。而假如对他的眼神表现出害怕，躲躲闪闪的，这样会让他看不起你。

第二种方式：打招呼时，不看对方的眼睛。

人们在小时候总会有这样的体会，那就是当做错一件事情的时候，就不敢和自己的父母目光接触。其实长大了以后也是一样的，如果一个人在打招呼的时候不看对方的眼睛，那是代表着在他的心里是充满了恐惧和不自信。由于不自信，甚至恐惧，使得他们拒绝和陌生人交往，因此在社会交往中，有点刻意封闭自己，这就让他们变得更加缺乏自信，更加犹豫多疑。

第三种方式：打招呼时，会故意退后几步，和人保持一定的距离。

打招呼的目的是为了交流，是为了和对方亲近，但是如果对方故意退后几步，那这个动作潜在的意识就是在告诉你，他不愿跟你交流。这种人的这种打招呼的方式，总是会让人感觉到不舒服，往往让人感觉到不被尊重。其实这样的人还是有着封闭自己的想法的，他们是通过距离，给自己设置一个范围，从而来保护自己，在他们的适用范围内，你可以和他们进行交流和沟通，一旦突破了这个范围，他们就会感觉到恐慌和担忧。既然他们喜欢这种交流的方式，那么我们不妨和他们打交道时，给他们空间，给他们这种交流的适用范围，这样他们会感觉到舒服，交流也就可以顺利进行下去了。

第四种方式：打招呼时，动作过于强烈。

在我们的身边总是会有这样的人，他们和别人打招呼的时候，总喜欢拥抱、拍打肩膀，他们的动作幅度都很大。他们的举动实际上是在告诉别人，两人直接的关系非常亲密，是非常要好的朋友，不分彼此，没有隔阂；有时候也代表着对方是一个强劲的对手，通过这样的方式给对方一个下马威。

第五种方式：不回应别人的打招呼。

面对别人的招呼，有些人是不回应的，而且还是有意识地不去回应。这样的人通常傲慢无礼，他们会错误地以为别人给他打招呼是有求于他，想巴结他才给他打招呼的，所以对此不屑，认为别人会给他带来麻烦。这种人很明显是不值得交往的。

此外，还有一些人很少或者从来不跟别人打招呼，这个原因和礼貌没有任何关系，他们其实是有着更深层次的原因的。这种人，其实本身就是缺乏朋友的，在他们的心里还可能藏着一些歉意和愧疚，他们有点自卑，认为自己的价值不大，朋友不愿跟自己交往，缺乏基本的自信。

打招呼是我们生活中非常简单的一件事情，但其实这可以折射出一个人的基本素质和礼貌，对他人的尊敬和重视。走着路的时候，不妨停下来，给熟悉的人打个招呼，如果骑着车子不方便，你最起码也要放慢速度，给对方一个微笑或者点一点头，这些都是在打招呼。

握手是一门识人大学问

握手对于每个人来说是最经常做的事情，但是就是这样一个经常做的动作，却很少会有人细心观察。FBI 特工不会闲着，他们不会放过任何可以识透别人的信息，从握手的力度、握手时的态度、握手时的其他行为举止等信息，都可以折射出人们的内心世界。不要看握手只是一个微小的动作，但是握手的背后同样包含着对方复杂的性格特征与内心世界。

握手发源于中世纪，当时之所以会产生，是因为战乱频繁导致人们需要全副武装，而在与人交往中，为了体现出自己的诚意，就会卸下装备和对方握手，告诉对方他的手中没有武器，不会对别人造成伤害的信息。之后，握手经过时间的洗礼逐渐演变，最终延续和继承了下来。

当然，对于握手，还是要讲究一些礼节，遵循一定规则的。在握手之前，一定要了解到对方的角色与地位，如果是与领导、女士或者长辈们握手，那么一定要注意先等对方伸出手，这是一种良好修养的体现。再一点就是注意握手的时候一般使用右手。

握手并非人们想象的那样只是个简单的动作，握手的同时可以从中发现很多潜在的信息，从握手时细微动作的变化中，能够有效了解一个人内心世界的变化情况。FBI特工经常会说："在握手的一瞬间可以从对方的手上感觉到一些信息，此时虽然无声，但却能够表现出很多信息。当柔软的手触碰在一起的时候，你能感觉到一丝温暖。而和那些僵硬的手握在一起的时候，你不仅会感到一丝的阴冷，还可以通过握手的姿势与力度，感觉到隐藏在这个人背后的故事。通过握手这个简单的动作，可以洞察出世界万物的变化情况，也可以折射出人的内心世界的变化情况。"

握手究竟是如何折射出人们的内心变化的呢？FBI特工通过多年的观察与分析，总结出以下几种握手方式：

1. 握手力气非常小

这种人的主要性格特征是爱憎分明而且性情平和，他们会以最含蓄的形式表现自己的喜怒哀乐。这种人在一定因素下也会变现得很敏感，但他们能隐忍，不把真实感情轻易表露出来，对自己厌恶的人也能和平相处。这样的人与别人相处得很融洽，能很好地处理各种人际关系。他们性情比较温和，不喜欢争强好胜，也不爱出风头。这样的人在心理上总与人保持一定的距离，不让别人走进他们的内心，对最亲近的人也是如此，这会让人感觉他们感情淡泊。这种人的个性往往很脆弱，也是性格内向的人。他们在与人交往的过程中会表现出没有自信，在处理问题的时候，他们往往会缺少主动性，没有主见，完全依赖别人。而他们这样的性格与其成长经历有关。他们往往生活在那些受家庭束缚比较大的环境中。这种人尤其是在与陌生人交往的时候，握手的力气会非常小，甚至不敢去碰对方的手。在他们的内心深处，他们处于劣势地位，遇事总是要退让三分。所以这样的人给别人的印象一般都不太好。

2. 用很大力气来握手的人

这种人之所以喜欢用力和别人握手，是为了展示自己的真诚。和这种人握手的时候，虽然能感觉到他们的真诚，但是他们只从自己的主观意愿出发，不会考虑对方的感受。因此，当其他人和这些人握手的时候，很容易出现一些尴尬的情形，由于他们的力气非常大，而使被握手的人感到疼痛，这样的话就失去了握手的效果。这些人性格开朗，非常自信。这种人是善于交际的，但是往往在交际中会显得有点以自我为中心，总是愿意将自身的欲望展现出来，并且发挥得淋漓尽致。

3. 主动去握对方手的人

很显然这是一种性格比较直爽的人。无论对方是怎样的身份，他们都会抢先把手递过去，这样做看起来很热情，但事实上是缺少商务礼仪的一种表现。无论在哪个国家，不管对方是什么身份就抢着握手，是一种冒失的行为，而且一旦这个印象被印上，就不容易消除。

4. 握手以后紧紧不放

这种人个性忠厚而又富有感情，而且爱憎分明，对于别人的诉说会显得很认真，并发表有建设性的建议或意见，在别人需要帮助的时候，也会尽自己的所有力量去帮助别人，他们认为帮助别人其实就是帮助自己。这种人比较敏感，很容易受到外界环境的影响。这种人自然是给人印象不错的一种人，只不过握手一定要把握度，尤其是和异性抓得太紧反而会让人很尴尬。

5. 握手持续时间短且握手力度大

这种人在与别人握手的时候，不仅会用很大力气，把对方的手握得生疼，而且握手时间非常短暂，还没有等对方把手握住，他们的手便离开了，很多人对这样的握手行为都非常反感。这种人在任何社交场合都不会受到欢迎，因为他们不愿意过多考虑对方的感受，做任何事情都像握手一样，只凭自己的主观意识去做。这种人自私而又傲慢。

除了以上一些分类，其实握手还有很多种，诸如握手的时候，如果掌心向上，表现出的是恭维的态度；双方掌心垂直，表明双方无论在内心还是在实际生活中所处的地位是平等的；那些趾高气扬的人在与其他人握手的时候，手掌往往会向下，在他们眼中自己就代表了强势的一方，这些握手中的细节同样是要注意到的。

FBI 特工通过调查指出，当人们遭遇一些困境或者本身地位低下的时候，往往在握手时会采用更为谦恭的将手掌向上的握手方式，这样做意在告诉对方他不会产生威胁。虽然这种方法在一定程度上降低了握手人的身份，但至少带给了他们安全感，同时也能赢得别人的好感，别人也愿意帮助你。

FBI 的实战案例中，就有些罪犯是采用这样的方式给 FBI 特工示好以掩饰自己的身份的。当然在世界政治局势中，这种动作能够化解一场误会，甚至避免一场战争。来看这样一个案例。

1984 年，土耳其的一艘商业运输船遭到了伊拉克军队的拦截，并被扣押，理由很简单，伊拉克方面认为该船有藏匿反伊拉克政府武装分子的可能。土耳其军方知道后，连夜对此事作出了分析与判断，并制订出对伊拉克反击的计划。但是这艘商业运输船被检查后，伊拉克方面并没有发现所谓的反政府武装分子，伊拉克方面这才意识到事态的严重，连夜会晤了土耳其国防部长。

在伊拉克国防部长与土耳其国防部长会晤的时候，伊拉克国防部长表现得非常抱歉，并且和对方握手时，将右手手掌向上放置，希望得到土耳其方面的原谅，土耳其国防部长同时也接受了对方的歉意，最后伊拉克只是赔偿了土耳其一些经济损失，避免了一场不必要的冲突。

两个地位差不多的人在握手的时候，他们通常采用两个人垂直于地面的角度进行握手。不过需要注意的是，这种方式很有可能产生双方对峙的现象，想要避免这种双方对峙情况的出现，就一定先从思想上注意到，双方要在一种轻松友好的沟通环境下沟通。FBI 特工建议：首先，在握手的时候，一定要平视对方，不要仰起头，这样会让对方产生被轻视的感觉；其次，双方握手的力度一定要掌握好，过于僵硬的话会使对方感觉到压力的存在，也不宜过于柔软，这样显得不够诚意；最后，握手的时候最好有合适的语言出现，好的语言可以成为双方交往与沟通的润滑剂。

当一个人的地位优于对方的时候，就很喜欢将手掌向下同别人握手，在他们的世界中，他们是绝对的领导者与支配者。超过八成的领导者在与人握手时的动作是手掌朝下，很显然这些人的占有欲望很强，能够很快接受新事物，生活中更容易看到他们强权的一面。大多数人在与这些人握手时，往往在气势上不能战胜对方，有些人为了在气势上战胜对方，反而使自己陷入了进退两难的地步。不过这种气势的压制并不是不能摆脱，想要摆脱这种被动的局面，首先要让自己坚信，世界上任何事情都是可以战胜的，再大的困难在自己面前也会表现得非常渺小。

FBI 特工还通过实战中得出的经验，给出了人们一些小方法：在遇到强权的人与你握手时，首先要伸出左脚，然后紧接着跨出右脚，这样做的目的是进入对方的空间，给对方一种心理暗示——你强，我更强，这样对方在握手的时候是有所收敛的。当然这样做还控制了对方握手时的手臂动作，使得他们的手臂没有足够的距离伸直，这样他们也就无法做出手掌向下的动作了，从而扭转自己的被动局面。

同时 FBI 特工结合多年的经验认为，握手的时候双方表现出来的面部表情信息和身体的变化情况都可以探知对方的内心，这就需要我们在以后的生活中多加观察，才能很好地掌握握手中的信息。

选择座位就是选择一种交际心理

FBI 特工对于人们对座位的选择同样有研究，要知道不同的选座位的偏好，同样是在某种程度上反映着人们的性格和心理。如果借助人们对座位的选择，再配合其肢体语言，就可以做到对对方有一个大致的了解。诸如对方喜不喜欢和别人接触，个性是内向还是外向，对朋友的信赖感强不强，对私有空间的需求是大或是小等，这些方面都能在选座位的过程中体现和分析出来，当掌握了这些，我们在与人们交往的时候就不会触犯到对方的禁忌，从而使得我们的相处变得更为和谐。

我们来看看 FBI 特工给我们总结出的最常见的两种选择座位的方式，分别代表着怎样的含义：

1. 选择角落的座位

有些人在任何场所总是习惯坐在角落，这其实也是在告诉别人，他们不喜欢和别人有太过密切、频繁的接触，这种人最讨厌的事情莫过于，别人擅自触碰他们的东西，侵占他们的空间。

所以，当我们在生活中碰到这种人时，一定要注意，当你想进入他们的"势力范围"的时候，一定要先跟他们打声招呼；同时，和他们相处不妨稍微保持一点距离，不要急切地想要成为朋友，这会让对方比较有安全感。

2. 选择靠窗座位

喜欢选择靠窗位子的人，性格比较多样化。或是崇尚自由的梦想家，最大的乐趣便是找个视野良好的座位，欣赏真实上演的人生百戏。对他们来说，理想的人际关系，就好像看戏一样，过程丰富精彩，却不会带来任何麻烦与压力。

也可能是个性理智的实业家，他们喜欢综观全局，按部就班地创造自己的未来。这种人非常善于社交，非常清楚和谁交往会对自己有帮助，因此他们会用投资事业的态度来经营人际关系。

另外，座位的物理距离也表示着跟对方的心理距离。

距离的大小其实可以反应出双方在主观上想侵犯对方身体领域的程度，据此是可以判断双方的意图的。例如一对以身相许、卿卿我我的情侣，即使在很宽阔的沙发里，他们必然也会靠近对方的身边坐下。这当然并不是没有足够的空间，而是反映了他们如胶似膝的心态。

又如，在校园教室里，如果有人想积极参与讨论，这些学生大多数会坐在教室前面的位置上；反之，有些学生不常来上课，经常占用上课的时间出去打工，他们一定会坐在后头的；对于本科目不感兴趣的人，也会选择坐在后面。

在两个人相处的时候，座位的方向以及距离的选择意味深长，不同的选择方式，可以看出选择的两个人的关系以及他们的内心变化。那么，FBI特工给了我们最常见座位的方向和物理距离的选择：一种是坐在对方的正对面，另一种是坐在对方的旁边。

坐在正对面或旁边，其表现的心理状态就不同：面对面坐着有一种距离感，这时，两人之间有一张桌子或什么东西之类的障碍物会感觉比较舒服，但是面对面的坐姿，双方都处于可以观察对方的最佳位置上，很容易产生视线冲突，产生对峙的感觉；而坐在侧旁的时候就没有这样的限制，大多数人采用亲密的距离并肩而坐，彼此朝着同一个方向，注视相同的对象，在这种情况下很容易产生某种连带感。

面对面而坐更多地出现在一对男女的相处过程中，中间放着一张桌子，两人面对面地坐着谈话，这也许是相当亲热的镜头了。不过，这种坐式说明他们彼此间的深度还不够，表现出他们在心理上存在着一种相互理解的意愿；反之，并肩而坐的两个人，在一般情况下，他们会比面对面而坐的男女少说些话，因为他们彼此早已相互了解，甚至在某种情况下早已以身相许也是很可能的事。

所以，我们可以通过他们坐的方向来推测别人的心理活动和与之相关的信息，这样在采取行动之前就会有相应的对策。

判断对方是否采取防卫性的姿态

FBI 特工提醒我们，只有当对方对我们有认同心理和好感的时候，以后的配合和合作才有可能顺畅，要不然困难重重的沟通是难免的。因此，认清对方是否有防御心理对于 FBI 特工办案是至关重要的。

在我们的日常生活中，总有些人会不由自主地将自己封闭起来，隐藏自己的情绪以表示对他人的抵触和对抗。一旦有人在这个时候去说服他们，往往容易碰壁。

为了更好地了解人们防卫性的姿态，FBI 特工总结出了人们几种常见的防卫性姿态：

1. 双手交叉在胸前

这种姿势在我们的生活中是极为普遍的。无论在世界任何地方，这种姿势都代表着防御。细心观察就会发现，老师之间常会用到这种姿势，医生之间也喜欢在讨论问题的时候用这个姿势，孩童们为了维护自己的尊严也会叉起双臂，这种姿势会让人感觉到稳如泰山，扛得起任何攻击。

人与人的交往中，一旦出现这个姿势，就说明此人已经转为防卫地位了。如果你对对方的反对、抗议、不满等信号浑然不觉，而只顾着自己的利益高谈阔论，那么你们的关系将会越来越疏远。

2. 标准的腿交叉姿势

一只腿搭在另一只腿上，小腿自然下垂，这种姿势同样常见，而这种姿势的潜台词不仅有了防卫，甚至有了敌对的心理。比如在开会时，如果有人不怎么认真听会议内容，而是做出了这种姿势，那么很显然，等主持人的话一落，他便可能立即站起来，提出几点不同的意见，会议也就会顺着他的思路而展开争论了。在上课时，老师如果发现下面的学生有人这样坐着的话，那么他一定是对老师讲授的内容产生了怀疑；恋爱中的男女，更要注意，一旦有一方摆出了这种姿势，那么很有可能是说明他们的爱情已经亮起了红灯，这个时候另一方应设法转移对方的情绪，使对方改变原来的姿势。

3. 坐在椅子上，跷起一只脚来跨在椅背上

这种人做出这种姿势的时候，往往还会在嘴角带着一丝微笑，给人感觉很合作的样子，其实不然。这种人不会重视别人的感觉，有时候还会表现出敌意。来看看在我们的生活中，有哪些人会摆出这种姿势：飞机上，会有一些男性旅客喜欢采用这种坐姿；推销员面对的买主，有时候也会摆出这种坐姿，以表现他优越的主宰地位；上司到下属的办公室坐的时候，往往也会摆出这种显示自己权威的坐姿。

4. "4"字形腿交叉姿势

将一只腿的小腿搭在另一只腿的大腿上，这种姿势是具有竞争性的一种坐姿。摆出这种姿势的人，大多是喜欢进攻的外向男子，他们在摆出这种姿势的同时，还会不停地抖动脚，从这个动作显出着自己对别人的不服气。

喜欢做出这种姿势的人，往往非常固执，甚至是顽固不化的。比如说，一家公司的领导如果对某位员工免职后，摆出这种姿势，那么就说明事情已经到了无法挽回的地步，无论下属怎样恳求都不会打动上司的心的。这种人往往很难和其他人合作，当与这种人打交道的时候，一定

要先改变他的姿势。

当然有些人摆出如上的坐姿，也未必是因为有其他含义，只不过是长久以来养成的习惯而已，所以在我们的观察中，不要只看人的坐姿，需要通过整体的状况去把握对方的心理变化。

准确接收对方传递的信息

其实在我们的日常生活中，经常会遇到这样的情况：本来合作很顺利的人，突然在某一天不愿意和你合作了，以前他会亲切地叫你的小名，这时就会连名带姓称呼你，他的微笑也不再有了，眉毛也紧蹙起来。这往往会让你手足无措，不知如何是好。

为了预防这种合作方突然转变的情况发生，FBI 特工通过大量的调查和研究发现，我们可以借由观察对方的动作来推敲他的反应，在对方发出不同意的讯号之前，重新评估自己的言行。

1. 表现坦白和真诚的开放性姿态

（1）解开外衣纽扣。人们只有在面对可以信任的人时，才会愿意当面解开外衣的纽扣，甚至脱掉外衣。在一些会议中，一旦双方愿意脱掉外衣，那么成功的可能性就很大了。要知道，即便是气温非常高，如果他们不愿意合作，或者问题还没有一个实质性进展的话，他们是不愿意脱掉外套的。

（2）摊开双手。这是种人们用得最多的表现真诚与公开的姿态。在西方世界，我们经常会看到人们在挫折面前会喜欢用这个姿势，伴随于此的还会耸耸肩膀。一些小孩子在不安的时候也会将手显露出来，一旦他们做错事情的时候，总喜欢将手藏在口袋中或背后。

2. 表示合作的姿态

我们再来看几种 FBI 特工从实战中总结出来的表示愿意合作的姿势：

（1）手放在脸颊边。这是个较为复杂的姿势，它一般表示无聊或者评估对方。一般情况下，如果是评估，那么当结束之后，摆出这种姿势的人就会对对方产生好感，所以这种姿势还是代表着有合作的意愿的。

（2）坐在椅子边上。通过这个动作基本上就可以判断对方是有合作意愿的，比如说，在推销员成功推销之后签单的时候，就特别喜欢大半个身子都不在椅子中间，而只是将重量放在椅子的前端，显出极为热切的样子。

（3）外套不扣扣子。这样做最主要显出的是敞开胸怀，愿意接纳，对于对方的陈述在很认真地倾听。

（4）以官衔称呼。这种习惯同样是在表示对对方很感兴趣，合作的可能性很大。

3. 表示接受的姿态

人们的潜意识里，都是希望对方愿意接受自己的想法及自己大部分的所作所为的。但是对方的态度总是会变化的，往往刚开始很投入的人，会突然摆出有点敌对的姿态让你不知所措。这就需要我们随时留意对方的姿态。接下来，FBI 特工给我们列举了几种人们常见的表示接受的姿态：

（1）触摸的姿势。当然这个姿势所包含的含义很多，可能是对正在进行着的事情一个打岔的讯号；也有可能是在安抚过于激动的心情，但大多数时候这种姿势都是在表明一种赞同，对正在进行着的事情的一种赞同。

（2）手放在胸前。在过去，这种姿势往往代表着忠贞、诚实与效忠。甚至在戏剧表演中，这种姿势都被认为只有真挚及诚实的人才可以使用。

（3）接近他人。当人们对于对方的话题很感兴趣的时候，就会主动去接近别人，这其实就是接受的一种表示。

4. 表示期待的姿态

一般，当我们对某项事物充满着盼望的时候，就不会不由自主地做出以下这些姿势：

（1）擦掌。小时候，我们看到母亲从外边回来的时候，就会高兴地摩拳擦掌，这是因为他们很期待母亲会带给他们好吃的东西。通常人们如果在参加某种活动之前，会犹如洗手一般，不停揉搓双手，那就代表着，他们对即将进行的活动很感兴趣。当然这种动作有时候还是人们双手冰冷时取暖的一种姿势，这个也要注意到。

（2）手指交叉。在一些比较正式的场合较多出现这种动作，尤其是在某人有要求的时候，他们往往不动声色地把手指交叉起来，期望他们的要求可以实现。FBI 特工之所以能够在办案的过程中屡屡得胜，这和他们善于把握别人的姿态，判断对方是否愿意合作不无关系。所以在我们的生活中，要想让"煮熟的鸭子"不再飞走，我们就要仔细观察对方的姿势，判断对方是拒绝还是接受，然后再根据情况处理。

有距离才有安全感

在与人交往中，一些人总是喜欢与陌生人保持一定的距离，借此给自己留出一定的个人空间。这其实就是人们希望获得一定的安全感的表现，因为人们总是通过这种方式，才能在心理上感到安全一点。

来看一个生活中的实例：当人们去一家餐厅就餐的时候，假如没有空桌子，必须和一个陌生人共坐一张桌子的话，双方都会感到非常不自在，甚至会非常懊恼。在乘坐电梯时，很多人都喜欢站在角落里，因为他们不希望被别人挤到，那样会使他们感觉不舒服，而一旦被人挤到，他们的内心就会焦虑，感到他们的私人领域被人闯入，所以非常希望赶紧离开电梯。

其实，社会中的每个人都希望拥有自己的空间，这种对个人空间的渴望是不受年龄、性格、收入、社会地位等的影响的。性格内向的人往往要比外向的人更需要个人空间。尤其是在与陌生人交往中，人们都愿意给自己保留个人空间，双方在不了解的时候，他们会习惯性给自己留出足够的空间距离，确保自己的利益不受损害。而在与相识的好朋友或者亲人在一起的时候，对于空间距离的要求就会小很多，当然他们之所以这样是因为彼此间的信任所致。

FBI 特工将这些研究的结果用在调查犯罪者上。当一些犯罪嫌疑人企图作案的时候，他们就对自我的空间要求非常强烈，一旦有人贸然闯入他们的私密空间，他们必然会采取一定的措施。刚开始可能还比较温和，可是如果温和换不来别人退出他们的私密空间的话，那么他们就很有可能采取极端手段，他们是绝对不会一直对别人的侵犯忍耐下去的。

来看一个 FBI 给出的有关于此的实例。在美国的乔治亚州发生过这样一个案子：

一个深受领导和学生爱戴的，在学校表现良好的大学教授却成为了一起凶杀案的犯罪嫌疑人，这是怎么回事呢？这名教授虽然受别人的爱戴，可是本身性格比较自闭，生活中是个压抑的人。教授的家庭也并不和谐美满，他的妻子是个蛮横无理的人，经常对他乱发脾气。不仅如此，她甚至会干扰到教授的工作，曾经将教授辛辛苦苦写成的正准备发表的科研论文撕毁。最初，教授总是忍让妻子，并且想办法去改变妻子的做事方法，可妻子不仅不改正，反而有点变本加厉。当矛盾无法化解的时候，教授也失去了耐心，在一天夜里教授采取了极端的手段。

FBI 在审讯教授时有这样一段对话：

"你为什么要对你的妻子下此毒手？"

"她不懂得尊重我。"

"这并不是根本原因。"

"我和她多次沟通，希望改变她的行为方式，可是她一再冒犯我，一再触碰我的心理底线……"教授说到这里放声大哭了起来。

很显然，教授之所以将他的妻子杀害，很大程度上是因为妻子不懂得尊重教授，一再侵犯教授的个人空间，教授压抑与怨恨，于是悲剧发生了。

根据这个案件，可以看出，与人交往保持一定的距离是很有必要的，给对方留出足够的空间，不要让对方感觉到压抑，如果不这样做，只能让对方感觉到厌烦。

为了更好地帮助人们，FBI 特工根据自己的实战经验，总结出在空间距离上持不同态度的两种人：

1. 留出私人空间距离

这种人做任何事情都显得很冷静，即便是面对自己喜欢的人同样表现得很冷淡，不会将自己的感情轻易流露出来，当然更不会冲动表白，一见钟情的事很少发生在他们身上。在处理和恋人的关系的时候，他们很谨慎，他们是不会让恋人完全融入自己的世界里的，只是和对方保持一定的安全距离，在这个距离之外观察对方。这样的人是属于多疑性格的人。他们与任何人交往的时候都会留出很大的空间距离。在他们看来，任何人都是不可信的，只有留出足够的空间距离，才能保证他们的安全。这种人性格孤僻、生性多疑，不会对任何人抱有信任的态度，这与他们的成长经历有着非常紧密的关系。拥有这种性格的人其家庭生活往往是不幸的，可能在他们很小的时候就遭遇了父母离异，他们在这种缺少关爱、缺少亲情的环境中长大，内心深处不会对任何人、任何事抱有希望。在他们看来，只有自己才是值得相信的人。从他们的成长经历和性格表现看，这些人虽然性格孤僻，但是内心深处还是希望与别人沟通的。

2. 保持亲密空间

这一类人的亲密空间很小，他们不希望被人触碰到他们的亲密空间，当然对自己的家人、情侣、密友会例外，和自己的感情近、关系亲近的人他们是可以容纳和接受的。对于其他人如果抱有侥幸心理想要贸然闯入他们的领地，结果必然是比较糟糕的。这种人的性格有点变化无常，很会受到周围的环境影响，在他们的处事原则里面永远是有一条"人不犯我，我不犯人"的。

他们为人处世比较讲究原则，同时缺少对人的宽容。这种人对于其他事情还有可能迁就，但是对于任何想贸然侵入自己私密空间的人是没有任何原谅的余地的，他们不会听别人的借口。

FBI 第七章

火眼金睛，看谁说谎
——FBI 特工的破解谎言读心战术

从某种意义上来说，谎言不是用嘴巴"说"出来的，而是用心"造"出来的。造谎的方式也是五花八门，但是谎言总是具有相同的特点。在接下来的章节中，我们通过一些经典的谎言以及其产生的原因来为大家揭开谎言的神秘面纱。

人类的天性之一——说谎

谎言在我们的生活中，简直可以说是随时随地都有可能出现，我们经常与谎言共处。著名的 FBI 心理专家道格里斯曾经说过："每个人出生的时候都无比纯真，可是死去时每个人都是说谎者。"

道格里斯的这句话是在告诉我们谎言无处无时不在，而且每个人都是谎言的缔造者。虽然谎言一直伴随着我们，但是我们足够了解谎言吗？谎言是如何产生的？谎言会以何种面孔与我们相遇？我们又该采取怎样的姿态面对它？

某 FBI 精英也曾经说："谎言是为了达到自己的目的而对别人的欺骗，它是一种虚假性发言，且这种虚假性是有意识为之。"通过他的话，我们可以知道谎言具有虚假欺骗性。说谎者在说谎的过程中，一般都要将事情真相进行一定程度的扭曲和隐瞒，为的就是通过此而左右别人的判断。成语"三人成虎"就是对说谎的最佳注解。一个人说集市上有老虎没有人相信他，都认为他是傻子；两个人说了就会有一部分人相信；等到第三个人说集市上有老虎，人们就会完全相信了。其实他们的这种说法就是在误导人们，以满足他们的需求。很显然"集市有老虎"就是事实的一种扭曲。当然这个故事也是在告诉人们，谎言只要被传播的次数多了就会很容易被人相信。

谎言传递的信息与真相不符，具有明显欺骗性，而且谎言一般都是说谎者有意识的行为，也就是说他们会在有心理准备的情况下说出谎言。比如"二战"时期，希特勒手下臭名昭著的"传声筒"戈培尔就曾经说过这样一句话，"谎言重复一千遍就是真理！"于是他长期鼓吹雅利安人是世界上最优秀的人种，还说犹太人有个惊天的秘密那就是毁灭德国，时间久了德国人就相信了他的话，"二战"的悲剧也是在这些谎言下逐渐酿成的。

在我们的生活中，谎言的发出者也许会是我们的爱人、朋友、同事，也有可能是素不相识的人，但是谎言总是会有意无意地"陪伴"着我们。

"世界上的每个人都会说谎"，这一观点一点也不奇怪，也许只有圣人、白痴和婴儿这三种人不会说谎。甚至有时候可以认为说谎是人类天性的一种表露。

一个刚刚开始说话的孩童，也许会为了母亲的一个亲吻或者一点小奖励，而选择说谎。

一个每年都拿"优等生"回家的小学生，也许会为了一次偶然的考试失误，担心父母的责罚而说谎。

一个品学兼优的女中学生，为了周末的时候可以和同学一起去影院看《盗梦空间》，而红着脸撒谎说：自己和同学周末一起去书店买书。

一个刚刚走入社会的大学生进入了一家上市企业，面对羡慕不已的同学，他可能会炫耀他自己的月薪是多少多少，而其实只有他说的一半多，在面子和虚荣心面前他也选择了说谎。

我们的生活中总是充斥着谎言，曾经有个西方的哲人说过，人类社会就是由谎言组成的，人与人之间的关系就是欺骗。

这句话有点偏激，但是说谎的人在我们生活中的确是极其常见，而且稍不留神就会发现谎言就犹如秋天的树叶落得满地都是。

《创世记》中记载着人类起源的故事，但是书中也记载了自打有了人类，就有了谎言，人类在童年的时候就无师自通地学会了说谎。

说谎是人的一种天性。就比如，当你看到一个小孩子在吃水果，你假装向他要，他会将水果藏在身后，然后告诉你已经没有了。"没有了！"这句话就是一种最天性、最原始的谎言。

FBI儿童心理研究专家通过实践调查研究了谎言的产生过程。他们认为，说谎其实是人性的一种趋利避害的本能。假如人们的真心话带来了不可挽回的利益损失或者精神创伤，人类就会很自然地利用谎言来保护自己。就比如说，一个孩子不小心打碎了几只碗，当他想到自己的这一行为会引起母亲的震怒，继而会受到很严厉的惩罚的时候，他就会很自然地考虑将打碎碗的责任推到小花猫身上，这是谎言中天性的一种。还有一种谎言产生于教育失当中，一般将4岁以下的儿童认为是低龄儿童，他们的自我意识没有形成，对于他们来说根本无法严格区分事实和想象，所以他们在描述一件事情的时候会加入自己的想象。假如这种事实和想象混合的表达方式没有产生有利的结果，也没有被别人及时纠正，儿童的这种表达方式就会被加强，这种表达方式实际上就是谎言。

任何一个社会环境，社会的主流价值观永远是诚信，谎言的出现被很多人认为是品质低劣、道德败坏的表现，而那些说谎者同样是在遭受着良心的谴责和社会舆论的考问。曾经有一位知名的FBI特工说过："说谎这种行为是人们生活中不可或缺的，甚至可以说'说谎'是人类与其他动物的重要区别之处。"他们曾做过一个调查，发现大多数人会在一天内撒谎两次以上，而且人类的日常交流中有1/3的内容某种意义上存在虚假嫌疑，而且大部分的谎话不被别人发现，这也无形中助长了人们将谎言进行下去。

其实，谎言自打人类产生的那天就有了，谎言的历史和人类的历史一样长。谎言的运用范围之广、使用频率之高，更是让人惊讶。

社会学家同样将谎言作为了一项重要研究内容，他们曾经通过研究指出，人们所说的某些谎言是出于不得已，这些说谎者的本性并不愿意说谎，但是他们所扮演的社会角色注定了他们要和谎言为伍，个人在社会中的角色可以影响其思维和语言表达方式。

我们再来看前面的那个例子，一个小孩子不小心摔破了几只碗，在妈妈的追问下他谎称是小花猫干的，妈妈这个时候不但不再责怪他，反而会关心他是不是被碎瓷片划破了手。同样是一个错误，诚实获得的是妈妈的责备，而谎言换来的却是妈妈的关心，截然相反的结果使得人们学会了趋利避害，他们也就愿意用谎言来保护自己。

在这样一个复杂的社会中，生活远远复杂于上面故事中的人物关系，人们为了保护自己会选择谎言这一武器。当然这些谎言并非都是恶意的，一些不伤害原则的谎言不但免除了自己人际交往中的尴尬，还免除了自己生活中的麻烦，对别人也没有伤害。尤其是在利益面前，人们总是喜欢用谎言这一手段。无论是保全自己的既得利益还是使自己的利益最大化，在这个过程中谎言自然产生甚至派上重要用场。面对此完全没有必要大惊小怪，为了自己的利益，出现谎言很正常，而且谎言往往能换来比真话更多的利益，谎言这种手段自然也就更容易被人们接受。

随着竞争的日益激烈，在人情世故面前，越来越多的人选择了谎言这种方式。谎言也是人类天性的表现，是利益交错环境下的产物，是社会角色对人的要求。

细数八大说谎动作

美国有一部根据真实故事改编的电视剧《Lie To Me》，中文译作《别对我撒谎》，该剧一经播出就获得了广大电视剧爱好者的好评。在电视剧中，主人公莱特曼博士是个鉴别谎言的高手，他可以通过一个人的表情、肢体语言甚至语音语调判断出这个人是否在撒谎。博士在该剧中也指出，人与人直面的 10 分钟日常交谈中，至少存在三个以上的谎言，这些谎言基本上可以通过人们的面部表情和肢体语言来识别。

对此，我们来看看 FBI 特工识人攻略中所介绍的几个常见动作所代表的含义：

1. 用手遮住嘴巴

讲话的时候总会下意识地用手遮住嘴巴，这表示讲话者试图抑制住自己撒谎的冲动。像这种动作的变形，比如用几根手指或者拳头来遮住嘴巴、假装咳嗽来遮掩嘴巴代表的意思都一样，都是为了遮掩自己撒谎的冲动。

比如说，在日常会议中，如果发言人发现听众中有人一直用手捂着嘴巴，虽然这位听众没有讲话，但是他的这个动作已经告诉了发言人，他对讲话内容持不同意见。当出现这种情况，发言人就应该及时停止自己的讲话，然后询问大家是否有不同的意见，让听众畅所欲言，只有这样这个会议才会有价值。

2. 触摸鼻子

有些人喜欢用自己的手指不断沿着自己的鼻子摩擦或者微微触碰几下，这种动作代表着讲话者正在考虑着用何种方式去掩饰自己的谎言，如果是聆听者做出这种动作，那代表着他对讲话者的怀疑。

在 FBI 特工攻心战术中，有这样一个研究结果：人们在撒谎时，体内一种名为儿茶酚胺的化学物质就会慢慢被释放出来，然后引起鼻腔内部的细胞肿胀，撒谎者的血压也会在此时升高，血压又会对鼻子起到反作用力，使其更加膨胀，鼻腔的神经末梢就会传送出痒的感觉，人们就会用摩擦鼻子的方法来缓解鼻子的发痒。

FBI 档案馆中有着这样一段记录：前美国总统克林顿就莱温斯基性丑闻案件接受调查的时候，克林顿一旦撒谎就会不停摩擦自己的鼻子，但是讲真话的时候却没有这样的动作，整个提供证词的期间其总共摩擦鼻子达 26 次之多。

不过，摩擦鼻子这一动作在识别的时候，还需要借助其他的身体语言一起解读人们的内心，也有人摩擦鼻子只不过是因为花粉或者其他什么东西过敏。怎样才是正常的鼻子发痒？纯粹意义上的鼻子发痒只会有反复摩擦鼻子这一单一的动作，和人们的谈话内容、频率和节奏没有任何联系，也形不成系统性。

3. 摩擦眼睛

小孩子看到自己害怕的东西或者自己不想看到的东西时，总是喜欢用双手遮住眼睛。成年之后，人们也试图用摩擦眼睛的手势来阻止眼睛目睹欺骗、怀疑和令人不愉快的事情发生；在电影剧情中也习惯用摩擦眼睛这种习惯动作来分别好人和坏人。

4. 抓挠耳朵

无论成人还是小孩子，在面对自己不愿意听到的声音时，就会选择堵住耳朵或者抓挠耳朵的动作。这种动作有很多种变形，如摩擦耳廓背后、把指尖伸进耳道里面掏耳朵、拉扯耳垂、把整个耳廓折向前方盖住耳洞等，但是这些动作表达的基本意思一致。

有时候抓挠耳朵还代表着当事人处于非常焦虑的状态中。著名的查尔斯王子就在步入满堂宾客的房间或者经过熙熙攘攘的人群时，做出这种动作，这是代表着其内心的不安和焦虑，他绝对不会在自己的私车里做出这种动作。

5. 抓挠脖子

用食指尤其是右手的食指，抓挠脖子侧面位于耳垂下方的那块区域，这个动作就是典型的抓挠脖子，而这个动作代表的就是疑惑或者不确定。

当一个人在说话的时候做出如此动作，我们就可以大胆猜测他在撒谎，比如有人给你说："我对你的感受非常认同，同时也很能理解。"但是他在说话的同时不断抓挠自己的脖子，我们就可以断定他其实并不能够理解你的感受。

6. 拉拽衣领

撒谎特别容易带来人们面部与颈部神经组织的刺痒感觉，所以人们总会通过抓挠的动作来缓解这种不适。所以，对于人们在撒谎的时候不断拉拽自己的衣领我们就可以很容易理解了。

7. 手指放在嘴唇之间

很多人当感受到外界压力时就会做出手指放在嘴唇之间的动作，这种动作其实也是在表示此人很有可能接下来开始撒谎。这种动作还有很多变形动作，比如成年人在吸烟、叼着烟斗、衔着钢笔、咬眼镜架、嚼口香糖等的时候，也很有可能开始撒谎。

破解谎言背后的心理密码

"当真理还在穿鞋的时候，谎言已跑出很远了。"西方社会的这样一句谚语，恰恰说明了谎言的传播速度要比真理快很多。莎士比亚曾经说过："上帝啊上帝，这个世界为什么这样喜欢说谎呢！"我们的世界中到处存在着谎言，而且这个数量还不小，我们也无法回避。这两点就是我们而今面临的现状。那么我们该怎么办呢？成熟而人格健全的人对于谎言会理性地看待，以平常心对待。

不管人们说谎是处于一种什么目的，至少谎言不会无缘无故产生，谎言是由一些特殊的情缘铸成，甚至可以认为是一种人之常情。只要保持了清醒的头脑，找到谎言身后的心理密码，我们就可以对谎言做到很好的处理。

比如说在销售中，当业务员介绍到自己公司产品的时候，谎言就可以被理解。为了达到一定的目的，业务员会将产品的某些功能夸大化甚至大肆美化和宣传。

再比如说，政客也是耍手段、摆阴谋的高手，这些人为了赢得胜利，也总是喜欢借助欺骗的方式。他们总会说出一些被别人认为是诺言的谎话，而且经常搞阴谋、耍手段、敷衍逢迎、见风使舵……这种方法对于他们来说是最好、最有效的方法。

1943年2月18日，德国的"传声筒"戈培尔在第三帝国的首都柏林体育场发表演讲，为了达到总动员的目的，他手舞足蹈地大肆鼓吹和撒谎。他的演讲中有这样一段："……第四，英国佬曾经说，德国政府的实力是很厉害，但是他们的民众不愿意集体作战，而是希望通过投降达到和平的目的，我现在就来问你们：'你们愿意吗？你们愿意在必要的时候，在为了祖国的前提下做出超出现在的、艰苦的战斗吗？'（听众高呼：愿意！愿意！愿意！愿意！愿意！）第五，英国人硬是说，我们的人民对于元首已经失去了信任，我现在也来问你们：'你们现在信任你们的元首吗？是不是现在对元首更加的相信和尊敬？而且在任何时候就从来没有动摇过对元首的信任？'（听众同时起立，齐声高呼：元首万岁！元首万岁！元首万岁！元首万岁！元首万岁！）你们是不是愿意在任何时候紧跟元首，并且为了元首作出任何的牺牲，哪怕是失去生命？为了战争胜利你们是否会献出自己的一切？……"下面的听众听到此处，更是爆发出了雷鸣般的欢呼声。希特勒和戈培尔在20世纪都是善于蛊惑人心的政客中的佼佼者。他们就是利用自己的语言，其实也就是利用他们的谎言煽动起了德国百万民众的仇恨和恐怖的"爱国热情"。

不管是销售业务员还是政客还是其他什么人，他们的谎言都不可怕，关键是要看清谎言背后的真实心理目的。任何的谎言都是由一定的原因而产生的，我们只有认清了这个原因，才能够准确判断人们的谎言。

利用对方的谎言"以毒攻毒"制伏对手

FBI特工斯蒂芬·嘉纬修斯科这样说道："犯罪嫌疑人每一个都是相当狡猾的，他们很会撒谎，想要通过自己的谎言以掩盖其犯罪事实，从而减轻自己的罪行，甚至于想借此逃脱法律的严惩。"当然，在这个世界上是不存在从不撒谎的人的，FBI可以使用"谎言"从别人那里套取信息，同样地，别人很可能正在以"谎言"透露出来错误的信息给我们，使得我们在错误信息的指引下作出错误的判断，从而让他们达成目的。

这就需要我们注意了，我们还要通过FBI学习到识破对方的谎言的方法，从而借助别人的谎言制伏别人。下面我们就来看看FBI是如何做的：

1. 从说谎者的语言判断信息真假

美国FBI的资深心理学专家乔·克里罗斯曾经作过这样一个研究——"谎言的真相"。他从监狱中挑出1000名总是喜欢和谎言为伍的犯罪嫌疑人，结果在实验过程中，所有的被测试者在说谎话的时候都留下了"破绽"，不仅如此，乔·克里罗斯还通过他们确定了说谎者说谎时候的主要特征。

（1）撒谎者通常都会摆出一些消极的情绪，像生气、暴躁等。乔·克里罗斯说："那些说谎的人，总是试图用消极的情绪去掩盖自己谎言中的破绽，因为消极情绪能够将我们对谎言的注意力分散掉。"事实上，我们经常会看到，一些撒谎不承认自己做过某事的人，总是在撒谎之时摆出一副极度委屈的样子，以此来分散我们的注意力。所以，当我们怀疑某一个人正在对我们撒谎的时候，恰巧这个人还一边说一边摆出一副极度委屈的样子，那么几乎就可以肯定，这个人就是在向我们撒谎。

（2）说谎者在说谎的时候都会省略掉一些细节。乔·克里罗斯说："每个人都是一样的，当他们在撒谎的时候，心理会变得非常紧张，想要用最快的速度将谎话说完，所以，说谎话的时候，在一些细节问题上就没有时间雕琢，以此露出马脚。"所以，当和一个人面对或交往的时候，一旦对方总是在一些细节上出错，那么就可以大胆断定对方正在说谎。

（3）为了让自己的谎言更具有可信性，说谎者通常会远离自己的谎言，因此说谎者在说谎之时都会下意识地避免使用第一人称。

比如说，有朋友在等你去赴宴的时候，你恰巧睡过了头。通常为了不让朋友生气，你可能会说："哎呀，今天真不巧，这路上都快堵死了。你听听，我旁边座位上的人，这会儿正在发牢骚呢。"

从上面的这段对话中就可以发现，我们在撒谎之时无形之中就将"我"这个第一人称给省略了，而且会提到其他人，这样做就是为了增加可信性。因为我们在撒谎的时候，潜意识里会认为自己根本就不会被人相信。美国赫特福德郡大学的心理学教授霍尔·威斯曼说："人们在说谎的时候会不自觉地将自己从谎言中剔除出去。"所以，当我们遇到这种人之时，就应该明白对方是在撒谎。

2. 判断出对方是在撒谎之后，不要急着去拆穿对方

借助上面的内容，我们可以很轻松地辨别别人怎样对我们撒谎，而一旦面对这些人的时候，不要急着"打草惊蛇"，我们也可以利用别人的谎言制伏别人。

下面我们就来看看 FBI 是如何实施这种制伏手段的：

（1）稳住对手，假装一切都不知道。一旦发现有人在欺骗我们，千万不要激动，要让自己平静下来，不要急于拆穿对方，以免打草惊蛇。其实很好理解，在现实生活当中，当遭受到别人的欺骗，每个人的第一反应都是一样，那就是暴跳如雷，但是他们却忽略了仔细观察这一重点，想想别人欺骗我们的真实原因是什么？一旦发火，等到你的火气发完的时候，也正是真相被掩埋的时候。

如何稳住对手呢？你可以装作自己什么都不知道。这一点做起来并不是很难，只要我们将自己之前的情绪保持下去，不露声色就可以骗过对方，从而使对方将谎言继续下去。

（2）稳住对手之后，顺着对手的谎言想出相对应的谎言，从而让对手跟着我们的思维走。稳住对手只是一个手段，我们不要在稳住对手之后，一味地去听对手的谎言，我们还需要在这个时候进行将计就计，也给对手下一个套。当然这并不是一件很容易的事情，因为对手在撒谎的时候，本身的警惕性是非常高的。如果我们所下的圈套不够高明的话，是很容易被对方发现的。所以，这个时候我们应该做出很相信对方的样子，逐渐打消对方的警惕性，在非常缜密的逻辑中设置我们的圈套，这样的话对方才有可能陷入我们的圈套中，从而使我们成功地利用别人的谎言去制伏别人。

FBI 下篇

FBI 特工绝密攻心术
——攻克心理堡垒

FBI 第八章

先声夺人，先入为主
——FBI 特工的强势出击攻心战术

在审问犯罪嫌疑人的实战中，FBI 特工往往采取主动出击的战术，这一战术在实战中有着很有效的作用，一击即中。在他们看来，在和犯罪嫌疑人主体所进行的审问这一场没有硝烟的战争中，借助语言优势占据对方心理的制高点是可以震慑对方心理的，这样便可"拿下"对方。

在处理问题上，采用先下手为强、抢占优势位置、抢占先机等技巧，不仅可以重创对手心理防线，而且还会看透其心理变化。FBI 特工在实战中总结出的先声夺人、先发制人的技巧，值得更多人参考与借鉴。

展开闪电式袭击，让对方措手不及

"先下手为强"，在很多场合我们都会听到这句话，在 FBI 内部，这句话更是耳熟能详。这句话意在告诉人们，面对强敌的时候可以采取闪电式袭击，让对手措手不及。

当然并不是所有人都可以应用好这套战术，也并不是每次先下手都能取得好的效果。这就需要一定的技巧和实战积累的经验，才能收到最佳的效果。在与人交锋时，当对方还没有做足心理上的准备，我们就对其展开一轮闪电式袭击的话，往往会让对方措手不及，取得胜利也就轻易了很多。

有一名恐怖分子潜入美国，在多处实施了恐怖袭击，不仅造成了大量的人员伤亡，还让很多地方的经济为之瘫痪。FBI特工接到命令，迅速对其展开调查和捉拿。

令人意想不到的是，这名恐怖分子替身很多，眼看就要成功的时候，才发现抓到的只不过是他的替身。有一次，据可靠消息说，这名恐怖分子已经偷渡出美国，潜入埃塞俄比亚境内，于是FBI特工也秘密潜入了埃塞俄比亚。

可是一到埃塞俄比亚，打听到这名恐怖分子躲在埃塞俄比亚西部地区的一个别墅内。他们迅速赶到了这个别墅，但是这座别墅四周都用高墙围起，且装有监控设备，保密和安全措施做得很好，外边的任何行动都逃不过里边恐怖分子的眼睛。这时FBI决定派一名经验丰富的特工化装成管道维修工混进别墅探知究竟。

"管道维修工"敲门后，等待着里边的回应。

这时在别墅内传来一个深沉的声音："你找谁？"

"我是负责这个地区的管道维修工，在这里做管道检查。"

"管道维修工"的成功装扮骗过了对方的警觉，里边的人将他引入客厅里。一到客厅，"管道维修工"就认出了恐怖分子。

"管道维修工"很镇定地说："您好，我要对您房子里的管道进行检查，请带我到厕所和厨房。"

他以闪电般的速度在恐怖分子背对自己时抓住最好的逮捕时机，将手铐戴在了恐怖分子的双手上。

恐怖分子根本没有料想到会遭到闪电式攻击，等到他反应过来的时候，已经被牢牢控制，冰冷的手铐已经戴在手上。这时其他的FBI特工破门而入，没费一枪一弹就成功将罪大恶极的恐怖分子缉拿归案了。

主动进攻，占据心理制高点

曾经有一位老FBI特工在指导新人时说，语言是一把利剑，可以有效地在对方心理上占据制高点。他的观点是非常正确的，要知道对别人的心理，进行语言上的进攻，不仅能让自己占据主动，同时还会在对方的反应中掌握到对方的心理变化。

　　既然语言的攻势如此重要，那就需要与对手交锋时，将语言攻势的优势完全发挥，就要做到主动及时，这对语言攻心术的成功是至关重要的。当需要用到语言攻势的时候，我们看看 FBI 的特工是怎么做的。

1. 在心理上将对手"看低"，并配合强大的语言攻势

　　人们在相互交往以及处理事情中，一旦将对方看得过高，将事情看得过于复杂的话，那么自己就会在潜意识里处于不自信的状态，从而陷入被动。很显然，以这样的心态去与对手进行交锋的话，失败的只能是自己。所以，我们需要在处理事情的时候，积极树立自信心，从而让自己处于主动地位，用"看低"对手的心态做好与对手展开心理战的准备，只有这样才是成功的保证。

　　其实将对手"看低"的过程，无形中会增强我们的自信心，这样在内心深处就会认为对方的确是不如自己的，反而会让对方感觉到你很有"气势"。

　　在自信心和勇气完全被激发出来以后，再利用语言的武器来压制对手。在与对方谈话的时候，一定要注意到自己的语调和速度，这些都可以表现出一个人的自信来，这样就会占据对方心理制高点，对手想要反击基本上就是不可能的了。

　　FBI 特工在实战中遭受到来自各个方面的压力，在压力的面前，他们往往扭转压力，用语言压制住对方。我们来看一个实例。

　　20 世纪末，在美国爆发了一起财务丑闻事件。很快 FBI 特工介入了调查，在调查中发现，接近 5.2 亿美元的资金去向不明，这种涉案金额如此巨大的案件，在全世界都属罕见。为了能够成功找回这笔巨款，FBI 特工展开了深入调查。

　　通过一系列的调查，FBI 特工圈定了一名叫做马里昂特里的银行家。马里昂特里是美国知名的银行家，同时他与美国国会高层有着千丝万缕的联系，对于他的调查显然有点困难。

　　但是要想使案情有进一步的发展，就必须展开对马里昂特里的调查。上级领导找来一名常年从事高难度工作的 FBI 特工，跟他说："你的经验很丰富，同时你也知道马里昂特里不是一般的人物，但我还是想说，不要为他的地位和强硬的后台所担忧，我们的背后是上亿的美国人民，你

不用怕，在心理上将他'看低'，放开手脚去做吧。"

这名 FBI 特工更是增添了自信，他在调查马里昂特里的过程中一直显得很自信，而且态度很坚决。

"请问在 6 月 4 日 22 点左右你在做什么？"

"看足球比赛，在家里。"马里昂特里很不屑地说道。

"是吗？但是根据我们掌握的情况，那时你在办公室，并不是在家里！"

紧接着他拿出一张票据，放到马里昂特里的面前，语气更坚定地问道："你能解释一下这张票据吗？"

"可笑，随便拿出一张票据就让我解释，你不认为你可笑吗！"

"但是，这张票据上的笔迹，几乎和你的一模一样。"接着，他通过电脑，让马里昂特里看到了屏幕上的交易记录，问，"你应该告诉我这些交易记录的操作了吧？"

"我不知道，这和我没有关系。"

这名 FBI 特工在审问过程中一直在观察马里昂特里的情绪变化，很明显，此时马里昂特里已经没有最初的盛气凌人了。FBI 特工看准时机，立马对马里昂特里大声说道："你可以选择狡辩，但你的狡辩会作为证据，要知道我们的联邦政府是怎么对付那些隐瞒事实真相的人的！"

显然，马里昂特里被他的气势所震慑住了，在最后的审问中，也不得不配合并主动交代了挪动 5.2 亿美元转往海外账户的犯罪经过。

在这则实例中，很明显，FBI 特工之所以能够破获这起巨额的案件，与他们将对手"看低"，并配合强大的语言攻势对银行家实施了攻心策略是分不开的。

2. 恰到好处地运用语言

语言这把武器的恰当使用，同样可以对对方展开强大的心理攻势。在别人的讽刺面前，如果你只是单纯地用语言来表达内心的愤怒，这样对对方的影响其实是很小的，这就需要我们注意我们的语言，做到恰当，只有这样才能够在心理上占据主动，从而成功地对其实施攻心战。

来看一个简单的例子，当别人对刚刚参加工作的你进行讽刺的时候，你可以这样回击："虽然我的事业处于初级阶段，但是我每天都很开心，而且我可以积极地面对生活，这有什么不好的呢？"这样的话语，相信听完这些话的人内心一定会有一种挫败的感觉，在以后与你的交往中就会收敛自己的言行了。

3. 用语言做后盾，坚决回绝对手的过分要求

在日常生活中，人们难免会遇到别人故意试探自己、提出过分要求的情况。因为他们想在心理上占据优势地位，从而达到自己的目的。遇到这种情况，人们要做好由被动防守变为主动攻击的准备，而最好的方法就是借助语言攻势。

所以，当一个人为了故意试探你而说出一些刺激你的言语或提出过分要求时，你一定不要沉默，而应借助强大的语言攻势坚决予以回绝。

FBI 特工在实战中就亲历了一件与此相关的事情——20 世纪末，美国国内关于"千年虫"电脑问题的各种信息像雪片一样充斥在各个角落。虽然美国联邦政府已经向公众表示"千年虫"问题不会对电脑带来影响，可民众还是有些恐慌。

这一天，FBI 接到报案说美国亚利桑那州州政府门口有 10 多个大学生在抗议，他们要求政府赔偿他们购买电脑的费用。到达现场后，FBI特工与这些示威抗议的人展开了对话，其中一名自称是计算机专业毕业的大学生说道："'千年虫'即将来临，政府为什么不早一些对民众发布信息，这样我们就不会购买电脑了。因此，我们买电脑所造成的损失，政府必须要以十倍的价格给予我们赔偿。"

FBI 特工听完这一令人哭笑不得的要求后，厉声对这群示威的人训斥道："没想到被称为'天之骄子'的你们竟然相信'千年虫'问题，此前政府已经发布了公告让民众不必担心，难道像你们这样天天与计算机打交道的人对此事一点也不了解吗？你们向政府要求赔偿的事完全不符合情理，如果你们继续这样闹下去，等待你们的将会是公正的审判！"

这群示威的学生听完训斥后，完全没有了此前嚣张的气焰，于是一个个垂头丧气地离开了。

从中可以看出，FBI 特工在应对学生的示威时并没有动用武力，而是运用语言的攻势在心理上占据了优势后，成功地劝退了学生的示威。

FBI 特工们很清楚地知道，能够将对方牵到自己的想法中，让对方

的心理完全受制于自己，这种方式是最理想的。

这种方法是很有道理的，想要成功攻破对方的精神堡垒，就要将对方引入自己设下的"圈套"中。在我们的生活中，这种方法同样是奏效的。比如，你接触到一个虚荣心非常强的客户时，你就可以邀请对方到高档一些的咖啡厅或音乐茶吧等场所去谈生意，这样会极大限度满足对方的虚荣心，做成生意也就容易很多了。

当然人们在效仿 FBI 的攻心策略的过程中，也会失败，这时就会有人质疑这种方法的有效性。

其实，上面所提到的攻心技巧只是众多攻心方法中的几种，FBI 在工作的过程中，往往会综合考虑，采用多种方法，只有这样才可以为成功做保证。不管哪一种攻心术都是不分好坏的，就看你怎么去用了，正确的使用，才可以取得攻心战的胜利。所以，对于"连珠炮式"的攻心策略，同样要深入研究，灵活使用，以使自己在攻心战中占据优势地位。

居高临下，占据优势地位强势出击

在生活中我们会发现，当自己处于居高临下的地位时，自信就会从心底滋生。FBI 的心理研究员也证实了这一点，一个人处于优势地位，或者说处于制高点时，他们的心理就会发生变化，会产生优越感与充足的自信心。

英国的一项心理研究也证实了这一点，心理专家或攻心高手之所以能够发现人们内心的变化，就是因为他们积极抢占了制高点，形成了一种居高临下的优势地位，这样的心理优势迅速转化为了自信，在与别人的攻心对决中胜算才会更大一些。

来看看为了掌握这门技术，FBI 特工是怎样做的：

1. 在气势上压倒对方，迫使其在心理上处于被动

气势的出现往往带着一种强烈征服欲望或高度自信，这会给对方的心理造成无形的压力震慑到对方。

FBI 特工在实战交锋过程中，经常用强大的气势压迫对手，在他的心灵上形成"伤疤"，迫使其在心理上处于被动，最终交代其罪行。

2. 找准对方软肋，将对手"置于死地"

对于犯罪主体，找到合适的机会，然后先发制人，只有这样才能真正意义上挫败对方的犯罪行为。如果时机把握得不够准确，那么攻击效果就不够明显和有力；当最佳攻击时机出现时，主动攻击才能将对手"置于死地"。

比如，当对一名犯罪嫌疑人进行了长时间的暗中调查后，如果不等到他进行犯罪活动的时候就对他进行抓捕，那么他肯定会矢口否认；而一旦等到对方所实施的犯罪进行到了最后再去抓捕，则很有可能让犯罪主体逃跑，反而增添了抓捕的难度。

3. 扮演成乞丐——最大限度地分散对手的注意力

扮演成乞丐是 FBI 特工常用的一种主动出击的心理策略。因为在面对乞丐的时候，大部分人的第一反应是同情，所以，FBI 特工就充分利用人性的同情心理扮成乞丐，获得人们的怜悯，分散对方的注意力，从而破获案件。来看一个 FBI 特工装扮成乞丐而破的一起毒品大案。

这件事情发生在 2001 年，当时 FBI 特工接到一个匿名电话，电话中的报案人称在一家食品加工厂的背后藏匿着一个贩毒集团。

FBI 特工意识到事态极为严重，随即开会研究对策。会上大家一致认为，对付穷凶极恶的贩毒集团绝不能与他们正面交锋，要迂回到其背后对其展开攻击。

为了确保调查任务万无一失，他们制定了好几套备用方案。其中的一套方案是由几名工作人员扮演成乞丐，在食品加工厂附近以乞讨的方式暗中调查情况。

由 FBI 特工扮演的乞丐衣衫褴褛地来到食品加工厂乞讨，虽然遭到了驱赶，但并没有引起食品加工厂内部人员的怀疑。因为在他们看来，乞丐最在意的就是能否找到填饱肚子的食物，对其他一些事根本不会关心。

由于未引起食品加工厂人员的怀疑，"乞丐"就在食品加工厂附近住了下来，而这直接为暗中调查食品加工厂是否与贩毒集团有关联提供了最有利的条件。

"乞丐"经过两周的观察后发现，每天晚上的午夜时分，都会有数辆卡车装着满满的物品驶入食品加工厂。后来，其从车辙上采集了其遗留下的一些白色粉状物品，经过相关部门认真检测后得知，这些白色粉状物品就是海洛因。

掌握了这一可靠情报后，FBI特工随即对该食品加工厂进行了突击检查，检查中发现该厂确实藏匿了大量毒品海洛因。显然，通过主动出击的方式，FBI成功将这一特大贩毒集团一网打尽了。

4. 扮演成老人——有效迷惑对手

扮演成老人执行任务也可以收获不小的成功，因为在别人看来，老年人体力不好、孱弱多病，对自己根本不存在威胁，于是在心理上他们便会放松警惕。而FBI正是借助于此很好地隐藏了自己，同时迷惑了对手。

美国加利福尼亚州的一座学生公寓常常发生盗窃事件，校方对此很重视，后来FBI介入调查。

最先，FBI将学生公寓提供的录像进行仔细的观察，发现了几个留着短发、戴黑墨镜的中年男子，他们就是窃贼，他们通常会选择学生们集体出行的时候进行盗窃。于是FBI特工作了周密的安排，准备一举抓获这群窃贼，同时有几名FBI特工还装扮成了老人的模样进行暗中监控。

这群猖狂的盗窃犯在一次学生集体外出的时候，又一次溜进了公寓楼，当然他们对门口的几个手拿拐杖的老人丝毫没有在意。可就在他们手拿被盗物品大摇大摆地从公寓中走出来时，几个老人突然拿出武器，用精湛的动作，对他们进行了抓捕行动，这个时候几名不可一世的盗贼才恍然大悟。

显然，老人不会对人们造成太大威胁，而FBI特工正是利用了这一点，很好地借助伪装让自己占据优势地位和有利条件，一举破获了此案。

要知道，FBI特工每次在执行任务的时候，都会想方设法通过直接或者间接的手段使自己处于有利的位置，在心理上占据主动位置，从而以居高临下的姿态和对手进行交锋，最终突破对手的心理防线，破获此案。

对于有经验的犯罪主体，他们往往在实施犯罪之前会作周密的安排部署，等到一切外界条件都比较符合作案要求时，他们的犯罪行为就会成功。其实每次不必等到犯罪发生之后再去处理，完全可以从源头上堵住对手犯罪的心理与动机。也就是说，当犯罪主体有了犯罪心理，甚至是准备好具体计划的时候，如果这时候果断出击，铲除他们的犯罪计划，就可以从根本上毁坏他们的犯罪行为，极大地挫伤他们的锐气。

正如 FBI 特工所说，要想有力打击犯罪，就要掌握对手的心理，然后适时进行主动出击，这种方法才能够将对手的犯罪计划化为泡影。

充分利用对方心理上的"空白区域"

在人们的日常生活中，总会出现"大脑一片空白"的情况，其实犯罪主体又何尝不是，FBI 称这种情况为"空白区域"。出现这种情况往往还伴随着心跳加快、意识缩窄、对外界事物丧失判断能力，即便这样的时间会很短，甚至只有几分钟，但这段时间人们的头脑中犹如白纸一样，是我们可以利用的大好时机。

当 FBI 面对那些穷凶极恶的对手时，就会努力找到对方心理上的"空白区域"，并对其进行打击和攻破，这样才能成功击破对方的整体心理防线。

但是找到对方"空白区域"，并且很好地利用对方的这一区域并不是一件容易做到的事情。让我们一起来看看 FBI 特工是如何做的。

1. 牢牢抓住话语权，让对手丧失思考的时间

和对手交锋，最重要的就是牢牢掌握话语权，只有掌握话语权的一方才可以在心理上占据优势。掌握了话语权，会激发出一个人潜藏着的斗志，形成强大的战斗力。

FBI 特工在审问和实战的过程中就是通过这种方式迅速找到破案的要点的。我们来看以下的这个案例。

某银行 650 万美元现金在一夜之间不翼而飞，接到报案后，FBI 特工迅速赶到现场展开了调查。但是没有想到的是，银行丢失巨额现金的消息不知什么原因被报道了出来，对此人们纷纷议论，美联储对此案也高度重视，并希望他们尽快破获此案。

压力非常之大，FBI特工首先调取了银行的监控录像，在录像中他们并没有发现任何异常情况；接着他们对银行的所有工作人员进行了盘问，也丝毫没有进展。他们知道能够盗走现金而且不留下任何痕迹的犯罪嫌疑人，绝对是不可小视的人物。

经过排查，最后将重点放在了银行工作人员的身上。凭借多年的经验，他们认定犯罪嫌疑人肯定就在这些人里。而通过和银行高层的联系，发现银行在大约一周前对银行的所有监控设备做了更新，可是，现在怎么也联系不到当时更换监控设备的技术工程师了。

这是一个重要发现，他们火速展开了对这位工程师的调查，在他的家中找到了工程师。工程师对于他们的突然造访显得非常冷静，但是他们快速发问："你是负责某银行监控设备的更新的工程师?"没等这位工程师回答，又问道："你应该对银行监控设备和监控系统十分精通?"他们不停顿又继续说道："你利用你的职务便利，以及你所掌握的技术，做了一些不应该做的事情，在你对银行监控设备进行更新时，你将所有的监控设备的位置熟记于心。在人们不知道的时候你关掉了设备，然后盗走了巨额现金，是这样吧?"

当FBI特工接连说完了这些话的时候，这名技术工程师才反应过来。最开始的时候他还想进行狡辩，可是对方的气势完全压住了自己，并且让对方抢到了话语权，自己丝毫没有反抗的余地。于是他不由得低下了头，交代了事实，并交出了被盗窃的现金。

得知FBI特工破获了这起大案，媒体记者围住询问他们破获这起案件的方法，他们只是简单地说："牢牢抓住'空白区域'，让对手丧失思考的时间。"

2. 用"机关枪"式的语速搞定对方心理的"空白区域"

语速快慢是可以直接影响到一个人想法的表达的。语速快的人能表达出更多的想法，语速慢的人表达的想法却很有限。通过这项调查，控制语速将会很好地搞定对方心理"空白区域"。

霍华德是一名经验丰富的FBI特工，鉴于麻萨诸塞州首府接连发生数起枪击案，他被派往该地区进行调查。

但调查进行得并不顺利——由于该地区人口非常密集且人员流动性

大，无形中增加了破获枪击案的难度。不过，霍华德没有受此影响，而是继续收集相关情报。

这天，当他路过一家金表店时，眼前一个戴着口罩的中年男子引起了他的怀疑——只见这名男子戴着黑色口罩，身上印有文身，右手举着用布遮盖着的东西，径直走进了金表店。霍华德猛然意识到此人极有可能会到金表店中实施抢劫。由于周围人员比较多，为了不打草惊蛇而使该男子做出一些疯狂的举动，霍华德尾随在这名男子的身后，留意他下一步要实施的活动。

果然，该中年男子进入金表店以后，直接走向了收银台。当他在收银台前停留下来刚想将右手中的手枪举起时，霍华德以迅雷不及掩耳之势将他的手枪踢飞了，然后霍华德便将这名男子制伏并扭送回去审问。

在对其审问的过程中，该男子坚决对此前发生的抢劫案予以否认，想为自己开脱罪名。

霍华德意识到，要想让该男子供述其犯罪经过必须搞定他的心理"空白区域"。也就是说，让他暂时失去思考问题的时间，从而抓住这个机会对其实施攻心策略。

于是在接下来的审问过程中，霍华德故意提高了嗓音和语速，接连不断地向这名男子问了很多问题，但大多都与抢劫事件无关。霍华德认为，通过这样的方式可以麻痹对手，使他面对众多问题时出现"大脑一片空白"的情况。

的确如霍华德想象的那样，中年男子对他的提问方式感到无所适从，甚至额头上还渗出了豆粒大小的汗珠。此时，霍华德能真切地感觉到对手的心里非常紧张，于是他便利用对手心理上出现"空白区域"的时机，继续对其实施攻心策略。结果，在这种心理逼迫下，中年男子交代了自己所犯的罪行。

通过大量的 FBI 破案实战记录，可以看出，FBI 特工很好地利用了对方心理上的"空白区域"，并且攻破对方这一区域，使对方没有丝毫思考的余地，他们对这种技术的娴熟应用，使得他们成功破获了一个又一个经典的案例。

知己知彼方能百战百胜

想要攻心成功，就必须彻底了解对方的心理特征，只有这样才可以采取相应的措施。假如无法对对方的情况做到了如指掌，又怎么可能战胜对手呢？

攻心这门学问很多人都认为它很神奇，的确是这样，面对错综复杂的社会环境，想要对一个人做到心理上的完全了解不是一件容易的事。从对手的角度出发，让对手权衡利弊，这是实施攻心策略知己知彼百战百胜的方法。

要想做到知己知彼，透彻掌握一个人的内心世界，首先要学会为对手考虑。也就是说，站在他们的利益角度思考问题，便能很快达到洞悉对手心理的目的。

就像一个犯罪主体，无法抑制住自己不断膨胀的欲望时可能就会想到抢劫，不同的话可能会在此人身上产生不同的结果：

"抢劫犯简直太没有人性了，你怎么能对弱小者下手？赶快停手吧，要不然监狱将会是你后半辈子待的地方。"此话一出，罪犯不但不会收手，反而会被激怒，将会采取更为疯狂的举动的。

"嗨，朋友，你这样做肯定是有什么麻烦了，只要你愿意讲出来我可以帮助到你。抢劫可不是个好办法，要知道，政府对于抢劫的打击是很严厉的，数额巨大的话很有可能造成终身监禁。不过，我相信，你和我一样也不想看到这种事情发生，对吧？赶快停止吧，自由与否完全掌握在你的一念之间。"可以看出这是在对抢劫犯实施攻心策略，在这些话语中，基本上都是从抢劫犯的角度出发，帮他分析了抢劫之后所带来的糟糕后果，听到这里，一般的抢劫犯都会选择回头是岸。

在这里，我们再来看一个 FBI 特工曾经破获的案件吧。

2005 年，美国马里兰州有一个小镇，这本是个安宁祥和的小镇，但是没有想到的是最近接二连三的动物谋杀案打破了小镇的平静。据小镇市民反映，几乎每个星期五，该镇的野生动物园中的驯鹿都会被人杀死一只，而动物园的负责人对此毫无办法，罪犯就像是个幽灵神出鬼没，找不到任何蛛丝马迹。为了尽快找到杀害驯鹿的凶手，FBI 介入了调查。

当他们到达案发现场时，也不由得大吃一惊，因为他们也丝毫没有找到任何有价值的信息。

即便如此，FBI特工还是对案发现场作了DNA抽样检测，同时在动物园附近加强了监控，希望通过监控可以找到一丝线索。

"黑色星期五"到了，他们早已在附近做好了一切准备，只等待罪犯的到来。这个时候果然有一个黑影从树林中蹿了出来，通过设备看到这名黑衣人，身穿黑色外套、光脚走路、头戴面具、手拿尖刀，FBI特工悄悄接近了这个黑衣人。

正当黑影准备杀死驯鹿的时候，探员们及时出现，跟他说："老弟，你是不是经济上有困难，想用杀害驯鹿获取鹿茸的方式得到钱？你的这种做法已经触犯了联邦政府的法令。"

探员说完之后，发现对方的手脚在不停抖动。他们知道，对于这个黑影的心理打击已经奏效了，"其实有了困难是可以找政府的，你通过杀害驯鹿的方式来解决问题，我看并不是个很好的主意，你要再继续下去的话，联邦政府怎么可能会放过你？"

在这些话语的攻势下，犯罪嫌疑人的尖刀掉在了地上，自己也瘫坐在了草地上。就这样FBI特工借用心理战术抓获了犯罪嫌疑人，让这个原本平静的小镇又恢复了往日的平静。

通过这个案件，FBI特工得出了以下的结论：

1. 从罪犯的切身利益出发

每名罪犯实施犯罪的背后一定有不可告人的目的，金钱、地位、自尊等都可能成为他们的目的。无论哪种目的，站在罪犯的角度出发，顺着他们的话说才是最好的办法。

从FBI特工多次对犯罪嫌疑人成功运用攻心术来看，即使是犯罪嫌疑人，在他们的潜意识中还是希望得到别人理解和安慰的。倘若不懂得知己知彼，顺水推舟，便会在瞬间点燃对方内心的"炸弹"，很有可能让事态无法收拾。

2. 要照顾对方的情绪和心理

与对手周旋时，尽量用言语打动对手。此时首先要注意说话的语调不能太高。据美国心理学会的一项研究，一个人实施犯罪的时候，大脑完全处于高度紧张的状态中，如果声音很大、很生硬，会直接刺激到他们的大脑，进一步激怒他们，使他们的情绪失控；但如果罪犯听到的语调平缓，其大脑皮层紧张的程度也会有所放松，情绪失控的概率就会大大降低。

其次，不要说刺激罪犯神经的言语。比如"你是个大坏蛋"、"简直没有人性"、"没有道德感的家伙"……因为，这样的言语是激怒罪犯的"重磅炸弹"。

FBI 第九章

顺势而为，借力打力
——FBI特工反客为主的攻心战术

在遭遇攻心战的时候，人们都希望通过自己强劲的进攻势头一举击败对手，从而赢得胜利，但是结果往往并不一定都是这样。FBI特工强调，虽然强势攻击有时候可以使人们成为攻心的胜利者，但这并不是百战百胜的方法。聪明的攻心高手总是在攻心战中不全部采用强硬的攻势，他们明白，顺势而为、借力打力的攻心方法，才是保证攻心战不败的秘密战术。因为这种顺势而为、借力打力的反客为主攻心法，在一定程度上会让对方放松自己的防备心理，这样取得成功的胜算就大了很多。

反客为主，分散对手注意力

FBI的心理专家斯图特·门德洛说："每一次与犯罪嫌疑人进行较量时，最好的方式就是让他们分神，想方设法分散他们的注意力，否则他们通常会抵抗更长的时间，而分散他们的注意力，则能够用很短的时间从他们的嘴里获得更多的真相。"

那是一个很平常的午后，在审讯室里，FBI的两名特工法尔松·斯蒂文森和乔治·莫里斯，正在对狡猾的犯罪嫌疑人杜契克·法玛尔进行审问。

法玛尔以偷盗银行金库而闻名，而就在不久前，他被发现在失窃银行附近游荡，并且在现场发现了一个和他同样号码的鞋印。但是这点证据实在少得可怜，仅凭这些是无法将犯罪嫌疑人法玛尔逮捕的，因而这一次法玛尔显得非常嚣张。"一只鞋印，你们就能够确定是我吗？在附近的人那么多，你有什么证据证明不是他们呢？"法玛尔扬扬得意，仿佛自己已经是这场审讯中的胜利者。

"嗨，法玛尔，我们不要讨论这个问题了。"斯蒂文森警官漫不经心地说，"我已经快被这个案子烦透了，不管是不是你，我实在是不想再讨论下去了。对了，我听说你养的那只狗最近发疯了，会不停地撕咬沙发？"

"哦，你们是打算和我聊两小时之后放我吧？那好吧，我们随便聊聊。"法玛尔越发得意了，"我猜我养的狗有外遇了？哈哈。"

"你家的狗喜欢吃什么狗粮？"

"AG67号大街上卖的狗粮，我家的狗跟我一样，都很挑剔。"法玛尔回答。

"对对对，那家狗粮店卖的狗粮是不错。"警官好像对这个话题很感兴趣，"我也会给我的狗买，我还会给它买红色的靴子穿，而我也会配上一双蓝色的运动鞋，蓝配红，很不错的颜色。"斯蒂文森一边说，一边给法玛尔扔过去一根烟，气氛进一步缓和。

"是吗？我也是，我喜欢给我的哈尼穿上布鞋，而我则穿上工装靴。"

"是'埃文'的工装靴吗？我有时候也穿。"

"是的，哦，不是不是，我不穿工装靴。"法玛尔已经意识到自己说漏嘴了。

"不要着急，我们已经找到了那双工装靴，上面有你的指纹，鞋印与案发现场的鞋印完全吻合。"斯蒂文森一下子站了起来，紧逼着法玛尔的眼睛说。

"不可能，你们怎么会找得到，我扔在了很远的地方，那双该死的工装靴。"法玛尔气急败坏。

"哦，谢谢，你刚刚说'我扔在了很远的地方'，对吧？"两名警官彼此点头示意，而法玛尔深知自己落入了谈话陷阱，这次在劫难逃了。

在这个故事中，狡猾的法玛尔已经经历过很多次的审问，是一个熟知如何跟警察打交道的惯犯。因而他扬扬得意地在审讯一开始就主动发问，反客为主。但是特工们避重就轻地将计就计，回避直接问题，用养狗的小事扰乱对方的心神，分散对方的注意力，在不经意间套出关键信息。

特工们做得非常棒，为了分散法玛尔的注意力，他们将谈话从案件中跳出来，出其不意地用拉家常的口吻打消了法玛尔的抵抗意识，并逐渐顺着自己的思路找出了法玛尔说话中的破绽，最终成功地破获了这起案件——分散对手的注意力，这是我们在这个案件中需要学习的东西。

这个方法不仅在 FBI 的审讯中非常常用，在我们的日常生活和工作中，扰乱对手心神并且迫使其注意力逐渐分散也有发挥用武之地。如何通过分散别人的注意力来实现自己的目标呢？下面我们就向 FBI 特工学一学，来看看他们是如何使用这一方法的。

1. 从对方感兴趣的题外话谈起

让对方的注意力随着谈话的深入逐渐分散。FBI 的心理专家认为，不管是多么沉默的犯罪嫌疑人，他都有感兴趣的事物，而感兴趣的事物恰好是最能够让人分散注意力的东西。找到对手最感兴趣的事物，通过它来分散他们的注意力，从而有效地控制对手，使他们沿着自己的思路陷入自己预先留下的陷阱中，这会帮助你实现自己的目标。

2. 绕开关注的焦点

在 FBI 办案过程中，如果想知道具体的犯罪过程，他们很少去直接追问，而是通过旁敲侧击地去逼近事实真相，多年的经验表明这样比强迫审讯要有用得多。因为用其他的话题分散了罪犯的注意力，对方往往一头雾水掌握不了你的节奏，最终不经意间就泄露了信息。

不能过分地谈论具体事情，又想要知道事情的具体情况，只能通过多方面巧妙询问，医生往往是最常用这一招的人，他们有时候并不直接和患者谈论病情，而是旁敲侧击地去了解。

3. 适时地激怒对方

反对意见常常会让人产生抵触情绪，几乎很少有人愿意被人反对。所以即使是很有建设性的反对意见也容易引起对方的反感。但是在 FBI 特工们中间，却流传着一个神奇的人物——乔治·莫里斯，他以善于激怒犯罪嫌疑人而闻名，总能在嫌疑人发泄愤怒的过程当中获取犯罪事实。

FBI 的经典案例当中有这样一则：

曾经有一个杀人分尸案件的犯罪嫌疑人被抓获，FBI 所掌握的信息是无法给他定罪的，而在审问的过程中，他总是对自己的犯罪行为进行抵赖。FBI 特工对此是一筹莫展，他们在调查的过程中，希望发现一些细节。他们通过朋友和邻居了解了犯罪嫌疑人的情况。

然而案情进展还是一无所获。

面对这样的局面，FBI 特工都很焦躁，因为这样的行为，他们之前还是没有碰到过。在一次审问的时候，一个气急了的 FBI 特工大声说："你就是个懦夫，敢做不敢当。难怪，你身边的朋友都在说，你是个懦夫呢？如果他们知道了你做过这样的事情，他们肯定会对你刮目相看的，不过看起来这件事情并不是你干的……"

FBI 特工的话还没有说完，犯罪嫌疑人的情绪就已经明显激动了。他跳起来，挥着戴着手铐的手臂，大声说："是的，他们都叫我懦夫，但是那天他也这样叫我，我就受不了了，所以我杀死了他，还将他的尸体给肢解了。我要让他知道，到底谁才是懦夫！"

在这个案件中，FBI 特工就是利用"激将法"，巧妙地让犯罪嫌疑人交代了自己的罪行，从而说出了事情的真相。

"激将法"可以最大限度发挥人们的自尊心以及逆反心理。通过"刺激"，引发他们的不服输或者是维护自身尊严的情绪。在日常生活、学习和工作当中，巧妙地使用"激将法"同样会收到不错的效果，尤其对方是个好面子的人的时候，这种方法更是能够收到出人意料的好效果。

发散思维，巧妙地设他一局

我们都有过这样的经历，当你想方设法进入对方的心里的时候，对方总是无动于衷，甚至做出一副敷衍你的样子。如果是 FBI 特工碰到这种情况，他们就可以快速作出判断，面前的这个人并没有留意你的讲话，他在思考着别的事情。不管是谁，一旦在进行攻心战的时候遇到这种情况就会比较糟糕，因为这种情况通常都难以突破。那么在这种情况下该怎么办呢？FBI特工一般会想方设法诱导对手改变其漠不关心的心理，也就是找到他们所感兴趣的话题进行谈论。

在攻心战中，对于对方所表示出来的漠不关心，也就是对手的内心对你所说的话没有任何反应的时候，你就要适时更换进攻策略，其中，找到并谈论他所感兴趣的话题是个非常不错的主意。其实这和人们在社交中的方法是一样的。在社交中，如果你想要对方接受并喜欢你，这就需要你对对方的个人的兴趣爱好有所了解，然后在接下来进行的聊天中投其所好，这样才能很快建立两人的感情。在生活中，想要攻破对方心理的方法有很多，如果只是一味按照自己的想法做事，只会让事情寸步难移，这时候我们不妨转变思路，打开自己的思维，巧妙地设计一个局来帮助自己达到目的。

FBI特工在一次侦破行动中，在证据的指引下抓到了一名叫做布鲁克斯的犯罪嫌疑人。布鲁克斯大约40岁，是一个彪形大汉，身高足足有6英尺（约1.82米），他喜欢将胡子刮得很干净，对于自己的衣着也十分讲究。审讯还没有开始，他竟然和FBI特工攀谈了起来，这让所有的工作人员都很意外。FBI特工猜测，布鲁克斯之所以这样做，主要是因为他对于即将面临的空闲时间不知道如何处置，同时还想要通过这种方法，使自己在谈判中占据有利地位，甚至成为胜者。很显然，这个布鲁克斯并不是一个简单的罪犯。

对于这种罪犯，FBI特工决定通过他主动交谈这个特点来打开他的内心，"的确，布鲁克斯，你现在占据着优势，因为我们并不知道你做了些什么。"

对方得意地回答："哦，是吗？要知道我杀过五个人。"说罢，他还很嚣张地讲述他的作案方式。他所策划的计划和控制的局面，几乎找不到任何漏洞。

"看起来你也是一个侦探专家了。真没有想到，你居然会有这样的手段。"

布鲁克斯笑着告诉FBI特工，他的父亲曾经也是警察中尉。

布鲁克斯此时又一次讲述了他杀害女性的一贯手法，以及在之前的五次作案中，他都分别是怎样实施犯罪活动的。

"布鲁克斯，你在和女性交往中是存在一定问题的，第一次作案的时候你只有 30 岁，那时你遇到财务危机，你认为你的才华不能施展，你认为生活十分糟糕。"讲完之后，FBI 特工布鲁克斯下意识地点了点头，FBI 特工当然不会放过这个动作。

"当时你欠下了巨额债款，所以你心情经常很坏，你就经常与同居的女人争吵。"在讲到这里的时候，FBI 特工发现布鲁克斯的身体语言发生了变化，他看起来真诚了很多，"但是，杀害最后一个女孩的时候，你显然慈悲了很多，因为你在强暴她之后，还给她穿上了衣服，并且遮住了她的脸。"

此时，布鲁克斯居然没有再摆出一副得意扬扬的样子，而是在仔细倾听 FBI 特工说的话。突然，FBI 特工问道："到底是什么原因促使你一定要杀死她？"

霎时间，布鲁克斯的脸变得通红，他停了停说道："因为她看到了我的脸，她会认出我的，我只能杀死她。"

之后，在短暂的安静之后，FBI 特工又问道："你从她的身上拿走了什么？"这时，布鲁克斯坦白地说他拿了钱包，在钱包里还发现了一张全家福。

"你还特意去过她的墓地，你内心是有愧疚的。在去墓地的时候，你还带去了那张全家福，是吗？"听到此话，布鲁克斯微微点了点头，然后垂下了头。

此时，FBI 的精英们才松了一口气，因为这个案情终于是全部搞清楚了。

在审讯布鲁克斯的过程中，他们所采用的方式就是一种聪明的方法，他们及时改变自己的思路，开阔自己的思维，再巧妙追击，让对方交代了所有犯罪的经过和犯罪的细节问题。

在处理事情的过程中，及时调整自己的策略，开阔思路、大胆创新，设置可以适当暴露自己和对方缺点的局，只有这样才可以给对方挖好陷阱，然后引诱对方掉入这个设好的圈套。也就是说在遇到具体情况的时候，并不一定要强力进攻，适时地绵里藏针设他一局同样是可以获得成功的。

要欲擒故纵，也要欲求先予

"趋利避害"是人的本性之一，人们大多数时候思考问题的角度总是先从自己出发，这其实也是人的生存本能。也就是说，在与人交往中，只有碰到那些与自己的利益关系最紧密，同时能给自己提供有效帮助的人才会主动接近。比如说人们在找工作的时候，往往会将企业提供的良好的待遇作为选择的首要依据，而最终的选择也是在提供最多薪水这个前提下所决定的。换个角度就会发现，这些企业之所以能够招到自己想要的人才，其原因也是他们首先付出了。其实 FBI 在进攻他人心理的时候，也经常会用到这种方法——想要成功进入他人内心，就要懂得欲擒故纵，并把对方想要的东西先给予他。

对于人们来说，往往最在乎的其实就是最感兴趣的。这就是在告诉我们，要想尽快接近某人，就要找到对方感兴趣的话题，然后展开谈论，并想办法让对方可以"获得"。

法国作家拉封丹曾经写过这样一则寓言：

南风和北风在比试看谁的能力更高一些，比赛的方式是看谁能脱掉人们身上的衣服。北风先下手，它吹出了猛烈的风，而且越吹越猛，温度自然变得很低，人们为了抵御严寒反而将身上的大衣裹得更紧了；南风则不这样做，它徐徐吹动，霎时风和日丽，人们都感觉天气太过于暖和，纷纷脱掉了大衣。当然结果很明显，南风取得了胜利。

这则寓言故事告诉我们的攻心之道就是，要想获得，先给予对方利益。这也就是 FBI 经常采用的"欲擒故纵"的攻心法则。

FBI 特工经常在和对方周旋时表面上在做着顺应对方的事情，可实际上无形中让对方遭遇挫折达到攻心的目的。

1966 年，理查德·斯佩克在位于南芝加哥的某城区袭击了护士学校的学生，导致好几人死亡和受伤，他本人也被判了无期徒刑。面对这样一个亡命之徒，FBI 特工成功攻入他的内心，让他对自己的罪行供认不讳，要知道审问过程是一点都不轻松的。

事实上，最初理查德·斯佩克并没有抵赖，当然在确凿的证据面前，他也是没有办法抵赖的，可是他犯罪的根本原因和具体过程到底是怎样的呢？在审问过程中，理查德·斯佩克始终在提醒警方，他有别于其他的犯罪嫌疑人，他不是一个系列犯。这一点也得到了 FBI 特工的认可，他的确不是系列杀人犯。理查德·斯佩克被确定为"规模杀人犯"，这种犯罪嫌疑人是指在同一次案件中，杀死了两名或者两名以上的被害者。

这其实并不是关键，既然理查德一定要这样要求，FBI 特工还是适当地给了他心理上的满足。

关键是对理查德·斯佩克的调查。在调查中，FBI 特工得知理查德·斯佩克潜入住宅楼的最初目的并不是为了杀人，他只是想偷窃到一些钱财。他在潜入某个宿舍的时候，捆绑了里边的 5 名学生，正当他展开偷盗的时候，又有 3 名学生从外边归来了。这个时候理查德突然改变了主意，对几名学生展开了疯狂的强暴和砍杀，蜷缩在角落里的一名学生没有被注意到，才得以逃过一劫。当理查德走后，这名学生爬上了阳台报了警。这个学生提供给警方一个很有用的信息，那就是在犯罪嫌疑人的左臂上刺有"为地狱复活而生"的字样。

一个星期后，警方在医院抓获了自杀未遂的犯罪嫌疑人，他的左臂上的确有着那样的刺青。

正是因为之前 FBI 特工对理查德的要求予以满足，才使得理查德可以放开自己心理上的枷锁，然后将自己作案的过程全部讲了出来。

当人们对对方的言行有抵触情绪的时候，如果一定要强硬地遏制往往会适得其反，很容易刺激对手，使对手产生更强烈的反抗性，只会造成更严重的后果。在这个时候就需要适时选择战术。因此，在对方表示出不满的时候，如果你希望得到某种东西，就要改变自己的策略，可以试着顺着对方的心理，先让他得到，只有这样才有可能获得最后的胜利。

处理事情的时候，大多数人会喜欢用自己的强势压制住对方，但是他们忘记了很重要的一点，每个人都是有感情的。就像拉封丹的寓言一样，想要利用强势的手段只能像北风一样得到相反的效果。越是迫切地逼迫对方，会让对方离你越远。因此，征服对手之前不妨试着给予对手他想要的，就是用引诱的方式让他自己上当。

当然，这种"欲擒故纵"的方法想要很好地发挥效应，就需要研究对方的资料，找到对方所感兴趣的东西到底是什么，只有这样你的胜算才可以更高一些。在这一点上，FBI 特工根本没有在乎被别人归为贬义词的"投其所好"，他们在与犯罪主体进行周旋的过程中往往是需要这样做的。

总之，想要获得攻心战的胜利，往往还需要我们"欲擒故纵"。而要想让对方乖乖和我们配合，这就需要我们在展开审问之前，对对方的爱好、性格和习惯等作个了解，甚至还包括对方曾经做过的事情，尤其是曾经成功的事情，了解了之后，让对方对你交代问题，就变得很简单了。

有时无声胜有声——不说话的攻心策略

在攻心战中，有人认为只能通过语言才能让对方交代，通过语言才能了解对方的内心世界。其实不然，要知道有时无声胜有声，"不说话"的战术同样是取胜的一个重要的方法。

先来看一个 FBI 通过"不说话"的方式处理的案件。

1969 年 4 月 23 日，寻常的一天。当晚，威廉和她的未婚夫德罗·布朗将以个人的名义举办一场以"答谢"为主题的宴会，目的很简单，主要是为了感谢帮他们乔迁新居的朋友。宴会的过程也无非是一些狂欢和畅饮。

大约是在当天晚上五点半的时候，德罗·布朗、威廉以及他们的朋友汤姆·菲根鲍姆来到了他们的新居。威廉先下了车子，等到德罗·布朗倒好车子出来的时候却找不到威廉了，他还以为未婚妻只不过是去置办一些宴会的用品去了，也没有在意，他便带着汤姆参观他们的房子。可是到了地下室的时候，他们却看到了一片狼藉，这是怎么回事呢？德罗·布朗知道，前两天，他与威廉刚刚收拾过这个地方，他感觉事情不对。就在他准备再次去找威廉的时候，他却看到了终生都不愿意看到的一幕，洗衣间里威廉穿着一件套头羊毛衫跪在那里，腰部以下全裸着，双手被绳子反绑着，威廉的头浸在一个盛满了水的鼓形桶中。

德罗·布朗和汤姆顿时惊叫了出来，冲到威廉旁边，拉出了她的头，但是已经来不及了，威廉的头部泛紫，前额和下颌还有两道非常长的口子，显然已经死去多时了。德罗·布朗陷入了悲痛之中，汤姆立马报了警。

几分钟后，FBI赶到现场，通过一番调查和取证之后，认定威廉的头部遭到钝器的重击，在昏迷的时候被脖子上的丝袜勒死。但是并没有找到威廉死亡原因的线索，这使得侦破工作一时陷入僵局。

在这个案子中，取证显得很麻烦，因为几乎所有的朋友都帮助过他们搬家，所以几乎所有人的指纹都留在房间里。

FBI特工无奈之下，只好先从与威廉相关的人着手调查，在调查中，得知威廉和她继父的关系很糟，她的继父曾经动手打过她。但是丝毫没有证据证明她的继父和这起案子有关。

接着德罗·布朗和汤姆都被做了调查，但是两人都没有任何的疑点，而且两人均通过了测谎仪的测试，这两个人也是清白的，对其他朋友的调查也是毫无收获。

1971年5月，威廉被害案都过去两年了，大多数当时负责这个案子的工作人员都被调离了，人们也开始对这个案子淡忘了。但是当时调查这起案件的布希始终没有放弃，他走访了很多地方，请教了很多人，最终他在新墨西哥州找到了坎贝尔博士。这位博士对当时拍摄的照片进行了分析，然后得知：威廉在生前遭受到了拔钉锤的殴打，威廉的脑袋磕在了电视桌上，她的脸部受了伤，而且博士还发现，在威廉的脖子上有一些咬痕，博士大胆猜测这些咬痕应该就是凶手留下的。

要知道咬痕几乎与指纹同等有效，在法律上都是确凿有效的证据。这个时候布希又翻出了之前的卷宗，把当时的嫌疑人一个个找过来，发现威廉的邻居保罗·梅因有很大的嫌疑。但是梅因的牙模和威廉脖子上的咬痕并不吻合，其他几个嫌疑人的牙模同样和那个咬痕对不上。

不过，他们并没有放弃，他们依旧把调查的重点放在邻居梅因身上。值得注意的是，梅因总是在关注威廉案的侦破。

后来，有人举报，在之前FBI特工未发现威廉脖子上的咬痕之前，就有人在酒后说他看到过威廉脖子上的咬痕，这个人就是保罗·梅因。为什么梅因早就知道了威廉脖子上的咬痕呢？

在得到这一重要的举报之后，布希再次调查，发现之前梅因提供的牙模是假的。在再次取证之后，牙模完全和咬痕相吻合，据此可以断定梅因就是凶手，最终梅因因谋杀罪、私闯民宅强奸未遂罪、妨碍司法罪受到了指控和拘捕。

在这个复杂的案件中，梅因自始至终都没有遭受语言上的审问，布希通过大量调查采集证据、获得牙模，并施以社会压力，以及旁敲侧击的方式，逐渐了解到事情的真相，然后对梅因进行逮捕。这就是"不说话的攻心策略"的作用。

这个实例意在告诉我们，在攻心的时候并不是非要用到语言的力量，当语言无法获得理想的效果的时候，试着转变策略也能获得成功。当然还要注意的一点是，所谓的"不说话"，可不是说在整个过程中一句话不说，只不过是对之前的方式进行改变，不要一味地依靠语言罢了。要想成为一个真正的攻心高手，语言和非语言的力量都是我们需要掌握的。

反击不是万能的，防守得当才是王道

在攻心战中，人们往往会遭受来自于别人的言语方面的攻击，当遭遇这些时，几乎所有人都会选择反击或不断解释，而解释的声音也会随着情绪不断升高，但是这样做，只能让自己在这场攻心战中失去主动地位。其实，在攻心战中，反击并不是唯一的办法。适当地放弃反击，这样的结果反而是让他们成为了攻心战中的胜利者。

1978 年，有人在 43 号和 56 号州际公路沿线发现了一些女尸。FBI 接到报案后，进行了调查，发现这些人都是当地的妓女，在她们身上，明显可以发现性虐待和摧残的痕迹，而且，这些妓女都是被勒死的。

调查之后，FBI 特工初步断定一名叫勒布朗·韦德的大约 30 岁的白人男子，是本案的犯罪嫌疑人。勒布朗在生活中和女性朋友的关系都很融洽，而且他喜欢支配女人，总是以硬汉的样子面对女人，他具有很冷静的头脑，杀人后会凭借自己对地形的熟悉，将尸体丢弃。

随后的调查中，上面派出一名女 FBI 特工伪装成妓女引诱勒布朗上钩。一天，伪装妓女在散步的时候，碰到了勒布朗。她上了勒布朗的车，就在对方准备实施犯罪的时候，其他的 FBI 蜂拥而至，一举抓获了这个罪大恶极的罪犯。

在抓捕勒布朗之后，勒布朗拒不承认自己所犯的罪行，并一再抵赖。

面对这样的局面，FBI 特工并没有和勒布朗一样也大声喊叫，他们很耐心地听着勒布朗的叫嚷，然后一样一样摆出了他们所获得的证据。结果在事实面前，勒布朗·韦德低下了他那颗愚蠢的脑袋，承认自己就是残害女性的凶手。1981 年，恶贯满盈的勒布朗被美国警方用注射毒药的方式处死。

在与人进行攻心战的时候，一定要注意到自己的态度，不要因对方的反抗跟着做出无谓的争吵，要尝试去控制对方的情绪。首先要做的就是控制自己的情绪，因为攻心战最主要的一点就是要控制自己的情绪，而用糖衣炮弹攻击则恰好起到了这个作用。这样做可以让两者都站在相同考虑问题的角度上，这样做成功的可能就会大上很多。

在与对方进行攻心战的时候，很多人会陷入进攻的误区，当然并不是说不要进攻，而是进攻一定要有策略，要适当。在某些时候，放弃进攻，选择"刚柔并济"的方法，反而会得到更好的效果。

FBI 特工根据多年的实战经验以及大量的理论调查，得出了以上这些在面对进攻无法获得更好效果的时候所采用的方法，事实证明这些方法在和对方进行攻心战的过程中，是有一定效果的。

这其实也在告诫我们，在我们的日常生活中，同样是可以用这种方法去处理在生活中遇到的问题的，尤其在需要攻破别人的心理防线的时候，这些经验显得尤为重要。

处处反驳会使人陷入困境，顺水推舟才是硬道理

当某个人对某件事情阐述自己的观点时，假如这时候有人出来反驳，这个人可能会感到气愤，他会认为反驳者完全没有给他面子，两个人的矛盾也就会形成了。

其实，当某个人表达某些观点，尤其是在公众场合，听从的人一定要注意不要盲目地对其展开反驳，最聪明的做法是顺水推舟。当然这种做法会受到质疑，"难道别人发表的观点不正确时也不能当面指出吗？这岂不就是纵容他继续犯错？"

当然，能够当面指出一个人的错误固然难能可贵，尽管人们总是在强调自己是个可以接受别人意见和建议的人，甚至当面批评他也可以接

受。但实际上，这些人的真实想法是："当面反驳会让我很难堪，我不一定接受得了，为什么不选择私下里将错误告诉我呢？这样我才能欣然接受他指出的错误。"

FBI 心理专家认为："虽然人们总是将可以接受别人的批评这种话挂在嘴边，但是在面对别人当面批评的时候，之前所说的接受批评的承诺就会被抛在脑后，对批评者也会怒目而视，当面产生矛盾都是有可能的。这样，相互交往的难度大家就可想而知。"

而对于这种口头承诺能够接受批评，可实际上对反驳和批评极其反感的人，人们习惯称他们虚伪。其实在这两者之间，往往是批评的人是有错误的，那些喜欢反驳别人，在任何场合都要想着和别人争出个高低的人，和那些能够退让，可以顺水推舟的人相比，两者与人相处的融洽度存在着很大差别。而后者更容易得到别人的爱戴，别人更愿意向这种人敞开心扉。

全世界各国都将洗钱犯罪认定为影响社会治安的重要犯罪，在美国也是这样，它会直接给美国经济带来一定的冲击。为此，美联储决定与联邦调查局合作，展开一项名为"亮剑"的行动，打击那些洗钱犯罪活动，抓捕一些经常从事洗钱违法活动的犯罪主体。

虽然他们是这样想的，但是要真的在短时间内做到对其打击，尤其是在比较隐蔽的情况下，还真不是一件容易的事情。要知道，在美国参与洗钱活动的还有那些实力雄厚的财团。打击洗钱活动的"亮剑"行动迟迟没有进展。FBI 特工们通过分析认为，想要得到有价值的情报，打击犯罪，就必须获得这些财团的信任，并打入其内部。

这真是一件难以办到的事情。

就在这个时候，上级派来了一名精通金融管理的 FBI 特工，让他打入某财团的内部，他对金融管理和财务方面非常精通，很快取得了大财团的信任。

有一次在进行财务操作时，这名 FBI 特工明明发现了财团董事所下达的操作命令是有一定错误的，但是他没有急于反驳，而是按照他的指令去操作。这之后他才知道，财团董事对于自己的错误是很明白的，他之所以这样做，一方面是想迷惑外界，传出去一个假象，以达到暗中洗钱的目的；另一方面则是为了弄清他所聘请的财务官，也就是那个 FBI 特工假扮的工作人员是否可靠。他的快速反应为自己被财团董事信任做足了铺垫。

在接下来的工作中，还有几次这种考验，这位 FBI 特工都是继续按照董事所要求的"错误的指令"继续执行，始终不反驳财团董事。慢慢地，在财团董事眼中他成为了一个"识时务"的人，很快他被提拔为财团执行财务师，这个时候他才真正进入了这个集团关于洗钱的活动之中。

显然，这名 FBI 特工之所以能够进入洗钱活动的内部，就是因为他懂得不当面反驳的道理，而是采用顺水推舟的方式，以此赢得了财团的信任。他进入内部之后，就利用工作的便利，对该财团的财务情况以及所从事的洗钱活动调查得一清二楚。

在时机成熟的时候，总部派遣 FBI 特工以迅雷不及掩耳之势将该财团的办公大楼包围，对财团的几个负责人进行了抓捕。在对这些负责人进行审问的时候，他们的口气都相当强硬。他们说："你们这样做事是愚蠢的，你们的调查缺少证据，如果不赶快放了我们，我们将控告你们。"这个时候，FBI 将该财团在 5 年内所做的一切有关洗钱的犯罪记录摆在他们面前，他们瘫坐在地，低下了原本高傲的头。

最终，这个洗钱的财团被一网打尽，并对其他的洗钱活动起到了震慑作用，很大程度上打击了该地区的洗钱犯罪活动，为地区的稳定和经济增长作出了巨大的贡献。

接下来我们来看一下 FBI 在平时的实践中，都采用到了哪些攻心见机行事的策略，同时这些战术对我们又有什么指导意义。

1. 顺势而为，顺水推舟

无论在生活还是在工作中，能够适时地做到顺水推舟，不仅能为自己赢得良好的人际关系，还会使对方主动拉近与你的心理距离，从而为你的攻心术的实施奠定良好的基础。

例如，在遭遇领导对工作指导的时候说："据我们市场部反馈来的消息，消费者对该产品已经认可，但美中不足的就是产品包装还有待提高。"此时也许会出现两种不同的声音，第一种声音："您是知道的，该产品包装已经换过很多家设计公司去做了，他们也提出过对产品包装的创新。可是，从目前产品销量的情况来看，消费者认同的是产品而不是产品包装，所以，没必要对包装作调整。"

第二种声音："经理说得没错，产品销量确实非常乐观，但从长远角度出发，为了提升产品的竞争力，有必要对产品包装进行更新换代，这样才能更好地吸引消费者。所以，我建议公司所有部门要认真贯彻落实好产品包装更新的工作，为公司的发展作出努力！"

当然，从一个领导的角度进行思考就会发现，他们对于第二种声音是比较乐于接受的，要知道他们会认为第二种声音顺应了自己的意愿，还维护了自己的威严。试想，有哪个领导不喜欢工作执行力强、能维护自身威严的下属呢？而这样的下属自然也会得到领导的提拔和赏识。

2. 揣着明白装糊涂

为了明确地探知对方的心理，就算自己对于对方所讲的事情很清楚，其实有时候也可以很理智地装一下糊涂。根据大量的实际调查，人们的潜意识里都存在着一种观点，那就是不希望别人的个人素质和工作能力超越自己。这就导致一个人希望将自己的才学卖弄出来，而另一个人对他的这种卖弄很是不满，矛盾的产生就会变得很自然了。其实，想要获得别人的信任，就算是你的能力超出对方一头，但还是要懂得适时装糊涂，这样可以很好地骗过对方，赢得他人信任，从而达到彻底摸清对方心理的目的。

3. 隐藏自己的想法

要知道，几乎没有人喜欢那些总是对别人进行反驳的人，只有那些懂得隐藏自己想法的人才可以得到更多人的关注。在与人交往中，那些真正的攻心高手懂得如何表达自己的意见，这样才可以为双方建立相互信任为前提的友谊。

当人们正在为日趋复杂的人心找不到北的时候，FBI特工却可以做到从容不迫。他们之所以能够镇定自若地对别人展开攻心，是因为他们掌握了一定的攻心技巧，他们不会轻易去反驳别人，说话做事的时候会适当地按照对方的意思去做，这样做才使得他们攻心的目的顺利完成。

FBI 第十章

将计就计，以退为进
——FBI 特工的后发制人攻心术

FBI 特工作为攻心高手，在实战中总是先发制人，先从心理上瓦解对方。要知道掌握和运用后发制人的心理战术，同样可以有效扭转局面。

后发制人，就是指为了迎合对手的心理，满足对手的欲望所故意使用的一种心理战术。比如为了降低对方的防范心理，获取对方的信任，适当地对对方进行赞美，从对手角度出发考虑问题。在和对手进行一番气氛融和的沟通之后，可以和对手走得很近，从而让对手将你视为"自己人"，顺利打进对手的内部，为攻心策略的实施奠定坚实基础。

当被问及 FBI 是如何运用后发制人的心理战术时，他们直言："先礼后兵，先给对方面子，让他得到一定程度的满足，然后适时实施攻心术。"

以退为进，瓦解对方心理壁垒

我们先来看一段关于野生动物的剪辑片中的镜头：当一只狮子接近猎豹的巢穴时，如果这个时候，捕猎回来的母猎豹正好看到了这一幕，它往往不会急着扑向自己的巢穴保护自己的子女，而是在原地不断发出叫声发出挑衅，希望通过这些方式引起狮子的注意，当发现对方注意到自己的时候，就做出一副准备逃跑的样子。

母猎豹之所以这样做是因为它们知道自己根本不是狮子的对手，硬拼的结果只能是让自己和孩子们都成为狮子的美味，所以它采取了以退为进的方式，引开狮子的注意力，这样反而是保护了自己的子女，使它们能够逃脱。

动物界的很多动物都懂得采用这种方式，比如说一些鸟类也有这样的智慧。当它们发现有猎人用猎枪在瞄准它们的时候，它们就会故意从树枝上掉落下来，装作是折翼受伤的样子吸引猎人，当猎人靠近准备捕捉的时候，它们则会突然飞起来，从而逃脱猎人的捕捉。

这些动物界本能的应对方式，其实也就是 FBI 特工们经常用到的以退为进的战术。

其实在人们的生活过程中，同样是会遇到这样的情况的，因为人们一般都有一种共识，那就是凡是得不到允许的事情，往往是人们越想做的事情；同样，对于那些越是得不到的东西就越迫切地想得到；越是不能了解，也无法了解的事情，就越想去探个究竟，试图全面了解一番。所以，FBI 的攻心理论认为，人们的交往过程中都是存在博弈心理的，这个时候，如果我们能够放弃采用咄咄逼人的态度，而是换成一种欲擒故纵、以退为进的心理策略，这样就可以放长线钓大鱼，获得更大的成功。

2001 年，中国终于加入了 WTO，但是在就加入 WTO 的问题进行双边谈判的时候，有些事情是鲜为人知的。今天我们就来看一下当时发生的事情，从而也很好地理解什么是"以退为进"。

在中国入世之前，美国对外界公布了一份谈判的清单，但是这份清单还没有得到我国的认同。这张清单在美国引起了巨大的反响，各个企业都在相互恭喜吆喝，他们认为这样的一个结局是他们想要的，也是非常完美的谈判结局，美国的谈判代表，同样是以此为傲。

当时的美国总统克林顿，对于这次中美谈判的协议和过程，也是信心满满，有十足的把握可以谈判好。克林顿认为，当时的美国工商界和国会对于这次的谈判内容是不会满意的，但当得知他们非常满意的时候，他也有点后悔了，因为他想在这次谈判中，捞得更多的既得利益。

就在中国谈判代表准备离开的时候，接到了来自于白宫克林顿总统的电话，他希望中国代表可以多留几日，在一些细节方面，他还想和中国代表好好谈谈，同时对一些细小问题进行修改。

这个时候的中国代表团，态度就很强硬，他们在电话里给美方说，对于你们的要求，我们拒绝，当你们想要达成协议的时候，就需要我们配合，从而达成协议；当你们有异议的时候，就让我们回家，我们怎么可能会一味地听任你们美国方面的摆布呢？我们现在还有其他重要的事情需要去处理，我们还有很多国家的代表团要见，时间很紧张，如果你们想要谈判的话，那等我们回到北京再说吧。拒绝之后的中国代表团，当时就离开了美国去了加拿大。

令人想不到的是，不可一世的美国人，这时候却跟着中国代表团去了加拿大，而且在中国和加拿大结束谈判之前，又一次打来电话，希望和中方能够确定在北京谈判的时间，从而好做一些准备。美方当时还在强调着时间紧迫，他们在进入中国之后，还需要调整时间差。对于这个，中国代表团没有作任何的回答，当天就回了北京。而第二天，美国方面的谈判代表团居然也是紧随其后，来到了北京，准备和中国方面进行谈判。

在这次中美 WTO 的入盟谈判博弈当中，中国代表团就很好地、很巧妙地运用了以退为进、欲擒故纵的策略。当时的中国代表团，对于和美国方面的合作还是很乐观的，但是如果着急的话，就会让对方抓住软肋，所以在这次谈判中，中国就显得毫不在乎，这样反而让对方更加着急了，这样就为自己赢得了谈判的主动权，这样的直接效果就是加快了中国加入 WTO 的谈判进程。

用"以退为进"的策略来突破犯罪嫌疑人的心理防线，是 FBI 特工们惯用的战术，他们运用这种"反其道而行之"的策略，在刑事侦破的过程中屡屡得手。

FBI 特工们曾经做过这样一个实验——他们对 30 名大学生提出了这样的要求：让他们用两年的时间，去做一个少年管教所的义务辅导员。很显然，这样的工作是艰难而又浪费时间的，几乎所有的学生都拒绝了这个要求。这个时候 FBI 们又提出了另一个要求，让大学生们带着那些少年管教所的孩子去动物园里玩上一天，这次将近一半的大学生答应了 FBI 特工们的要求，表示愿意执行。而 FBI 们换了一组学生，在没有提出做辅导员的情况下，提出了让他们带着这些孩子去游玩的要求时，却只有 16.7% 的大学生答应了他们的要求。

后来 FBI 进行了进一步调查，之前的那一组大学生，是在他们拒绝了第一个要求后，感觉这样的拒绝是有损于他们善良、正直、无私的形象的，所以，为了让自己恢复乐于助人的光辉形象，他们就接受了第二个要求。

其实，带领着少年管教所的孩子，去动物园游玩同样是一个费时、费力的事情。所以，FBI 对第二组大学生做实验的时候，对他们提出了这个要求，绝大部分大学生还是拒绝了这样的要求。

这个实验告诉我们的是，当提出一个问题的时候，如果连自己都感觉这样的一个要求是不能被对方答应的时候，就需要再提出一个要求，第二个要求就要明显简单于第一个，此时对方接受的可能性就大了很多。在心理学中，将这种行为称之为"门面效应导致顺从"，通俗地讲，那就是"以退为进"。

这种方法往往被 FBI 特工用到影响犯罪嫌疑人上。在他们为了获得某方面比较有价值的信息的时候，就会向一些犯罪嫌疑人提出根本实现不了的要求，接着对他们施加压力，等到对方实在承受不了的时候，FBI 特工就会对他们的要求开始一点点降低，最后他们还是会为 FBI 特工提供很多有效信息。

这种"以退为进"的方法，用在我们的生活和工作中，同样是一种有效的扭转不利局面的办法，也是重新掌握事情主动权的有力方法。有策略性地进行后退，并不代表着退步和妥协，实际上是在进步和前行，这样做可以引诱对方"乘胜追击"，最终落入自己早已准备好的"圈套"当中。这种方法可以经常获得新的机会，甚至还会出现新的转机，从而发起新一轮占据优势的攻击。

摸清对方的意图，将计就计

FBI 心理专家卡洛斯·梅锐说过："罪犯在招供的时候都有一个特定的心理，他们希望自己的思维不被左右，因而非常注意警察提出的每一个问题。如果警察能够按照罪犯的心理意图去说话提问，引导其在固守自己思维的状况下露出破绽，就应该很容易破案。"实际上，将计就计这一方式一直都是 FBI 最擅长使用的一种"攻心术"，它能够让罪犯在不经意间说出犯罪的事实。

"二战"后，美苏两国为了争夺超级大国的地位，在各个领域展开激烈的竞争，关系一度非常微妙。一日，苏联大使馆向美国政府提出重新修建驻华盛顿大使馆的要求——他们的理由是原来的大使馆过于陈旧，空间窄小。一时间，不知道苏联葫芦里卖的什么药，美国国会里炸开了锅，有的人说不答应苏联人的要求，而有的人则认为不能因为这点小事撕破了双方的脸皮。而此时 FBI 特工经过仔细的勘测和研究，发现答应苏联的要求未尝不可，只要将计就计地给它的选址做一些手脚即可转败为胜，利用对方的要求成就自己的间谍计划。

最终，美国政府采纳了 FBI 特工的意见，苏联人如愿以偿地开始修建新的大使馆。而与此同时，FBI 特工和美国国家安全局也开始了一项美国情报史上最昂贵的工程——在苏联新建的大使馆下面挖一条窃听地道。于是，当苏联人在上面紧锣密鼓地施工时，美国国家安全局在他们的下面挖洞，等到苏联的新大使馆建好之后，美国人的窃听地道也挖成功了。当苏联还在为自己左右了美国国会的意见而沾沾自喜时，美国人却从他们脚底下的这条隐蔽的窃听地道里，已经悄悄获知了他们的一举一动，获取了大量的情报。

FBI 在我们的日常生活和工作当中，常常会给自己设定很多目标，但并不是每一个都是我们可以单枪匹马独自实现的。当我们无法一个人应付时，不妨试试将计就计地与别人寻找合作的契机。比如在商场上，往往要面对一些非常坚持自己立场的客户，在和他们进行谈判的过程中，和客户针锋相对地就问题展开讨论，有的时候难免会撕破脸皮，那么在这个时候你不妨就采用将计就计的方式，先满足客户的一部分要求，等到客户逐渐满意的时候，开始见缝插针一点一点地将自己的利益不露声色地体现出来。说穿了，将计就计就是一种心理引导的过程——先摸清对手的意图，之后按照对手的意图再去布局，最终成功地达到自己的目的。

下面，我们来看看 FBI 特工是如何使用这一心理策略的。

1. 摸清对方的心理意图

将计就计，首先就得知道别人用的是什么"计"，就是摸清对方的心理意图，如果你不知道别人的计谋怎么给别人"就计"呢？了解对方的意图是布局的关键和前提。而在这个过程中要时刻注意自己的一言一行，任何一个细小的纰漏都容易招致对方的怀疑，令对方有所察觉。如 FBI 的高级探员托尼·西蒙斯所说："我在探究犯罪嫌疑人的心理意图之时会非常注意，一句话、一个动作都可能导致对方的警惕性提高，增加审讯难度，让他的思维不再跟着你的思维继续下去。"

2. 布局胜在环环相扣

FBI 资深警员汉密斯说："在你试图引导别人按照自己的思维去做某事的时候，最好设计出一套衔接性非常紧密的方案，不要给别人察觉的机会。"

建造房屋前，要有一张整体规划图，将计就计的方案实施前也应该从总体发展框架出发，这样才能保证有条不紊地执行，随机应变、环环紧扣，不露出一点破绽。尤其重要的是要对情况作出灵活的判断，当发生变故的时候及时调整目标，固守一个既定的目标有时候会阻碍你的策略。

先礼后兵，拿出你的真诚让对手信任你

FBI 特工们在大量实战中得出一点重要的经验就是，在和对手较量之前，一定要试图找到和对方在某个方面的共识，一旦达成共识，就可以获得对方的信任，也就更容易摸清对方的心理。

既然达成共识，获得对方的信任很重要，那么该如何达成共识，获得对方的信任呢？请看 FBI 特工是如何做到这一点的。

1. 适当作出必要的牺牲，让对手跟你做朋友

在与对方进行攻心战的时候，未必一定要寸土必争，而根据不同情况，必要的牺牲是可以在一定程度上取得对手的信任，从而减轻对手的警惕性的。而在这种牺牲中，对于金钱的牺牲是表现得比较多的，同时也是换取对方信任最直接的办法。而我们常说的"人为财死"其实也就是这个道理，在金钱面前很多人容易产生欲望，而一旦对方有了欲望，

有人能牺牲一部分金钱，就会换来对方的敞开心扉，从而获得对方内心最真实的想法。

曾经有一位 FBI 特工不断强调："一旦有人愿意将你当成'朋友'，或者将他们内心深处的想法说出来给你听，那说明你已经开始占据对方的心灵了，你的攻击也就看到了效果，而想要掌握对方的心理动态也就是很简单的一件事情了。"

2. 在原则许可的范围内，尽量答应对手的要求

遭遇到穷凶极恶的歹徒和犯罪嫌疑人是在所难免的，在普通人的观念中就应该把他们绳之以法，但是这样做效果却不是很好。在面对犯罪嫌疑人的时候，有经验的 FBI 特工总是很冷静，不会草率行事，他们深知激怒犯罪嫌疑人后果会变得更加糟糕，所以在处理事情的时候，他们极力想办法先满足对方的要求，换取对方的信任之后，再行动。

这和 FBI 心理研究员的研究结果是相同的，他们认为一旦激怒正在实施犯罪的犯罪嫌疑人，最后换来的只能是他们加快犯罪速度，强度也会随之增强，而"以柔克刚"则是最好的解决办法。

所以，为了防止犯罪活动进一步扩大以及可能伤及无辜，FBI 特工会尽量答应犯罪嫌疑人的要求，并尽快满足他们的要求。当然，等到对方看到要求被满足的时候，他们的心理防线也开始逐渐放松，这时候就是实施抓捕的最好的时机了。

先礼后兵，先在精神上获得对方的信任，然后再去击败对手，这种做法是 FBI 从实战中总结出的攻心术。我们来看一个实例吧。

2004 年 5 月 23 日一个平静的午后，美国大毒枭皮尔斯终于在墨西哥落网，究竟是什么原因使逍遥法外数年的大毒枭落网的呢？后来有媒体爆料称，他之所以会落网，与在抓捕的过程中，FBI 特工分散其注意力并获取到他足够的信任有非常大的关系。

大卫·马丁是个有 10 多年从业经验的 FBI 特工，他的办案经验非常丰富，且能应对任何环境下可能出现的险情。大毒枭皮尔斯在美国警界可谓"家喻户晓"，因为他是 FBI 重点通缉的要犯之一。为了能尽快将他缉拿归案，FBI 特工可谓使出了浑身解数，可大毒枭皮尔斯仍然逍遥法外。

FBI 总部接到了 FBI 特工的求助电话。随即展开了抓捕方案的讨论。大卫·马丁看完大毒枭皮尔斯的卷宗后发表了自己的观点："很显然，皮尔斯是个异常狡猾且做事谨慎的人，他不仅对外界的风吹草动保持着很高的警觉性，还对别人保持着高度的警惕性。对付这样的人，唯一的办法就是要取得他的信任。"

此言一出，立即引起了质疑："想取得他的信任谈何容易？"

"取得大毒枭皮尔斯的信任不是一天两天可以办到的，但我坚信随着与他接触的深入定能取得他的信任。我愿意去执行接触大毒枭皮尔斯并充当其信任'诱饵'的任务。"大卫·马丁冷静地说。

接触大毒枭并没有想象中那样顺利，但大卫·马丁还是通过广泛的社会关系与交际能力，成功联系到了一位可以直接与大毒枭进行毒品交易的人。在金钱的作用下，大卫·马丁成功取得了"中间人"的信任。在这位中间人的印象中，大卫·马丁完全就是一位出手阔绰的商人，于是在他的引荐下，大卫·马丁可以近距离地接触到大毒枭皮尔斯，这就为他日后成功抓捕皮尔斯提供了便利条件。

虽然大卫·马丁有了直接接触大毒枭皮尔斯的机会，但大毒枭皮尔斯并没有对这位出手阔绰的商人放松警惕，每次两个人会面前他都会认真检查大卫·马丁是否带有录音或拍照设备等。在大毒枭皮尔斯如此警惕的情况下，大卫·马丁深知只能耐心等待完全取得对方的信任后才能实施抓捕。

为了取得大毒枭皮尔斯的信任，大卫·马丁与大毒枭皮尔斯成功进行了数笔让其获利颇丰的毒品交易，且每一次合作都非常顺利。在这种状态下，渐渐地大毒枭皮尔斯也认为大卫·马丁是个喜欢做毒品交易的商人，而完全没有想到他的另外一个身份——FBI 特工。

大卫·马丁每次与大毒枭进行毒品交易时，都会故意将毒品以低于市场价的价格卖给他，以彻底消除其内心对他的警惕。于是，大毒枭皮尔斯的警惕意识逐渐消退，最后他甚至与大卫·马丁称兄道弟。对此，大卫·马丁心中窃喜，因为他知道离成功抓捕大毒枭已经近在咫尺。

于是，这天他与大毒枭皮尔斯约定好在一家餐馆洽谈一笔大生意，大毒枭皮尔斯并没有多想，只身一人来到与大卫·马丁约定的餐馆洽谈生意，而大卫·马丁还像往常一样对大毒枭嘘寒问暖，大毒枭并没有意识到隐藏在背后的危险。当大毒枭正在为此次生意能赚取到惊人的收益而扬扬得意之时，大卫·马丁面带微笑地说道："恭喜你，皮尔斯。"

大毒枭皮尔斯被这句突如其来的话惊呆了，因为很少有人知道他的真名，即使他的家人都没人知道他叫这个名字。随即他便反问道："兄弟，你认错人了吧？"

"如果我没记错的话，你就是那个让 FBI 苦苦追寻的大毒枭——皮尔斯。"

大毒枭皮尔斯猛然地意识到自己已经陷入危险处境中，于是拔腿想跑，可却被动作敏捷的大卫·马丁一脚踢翻在地，并戴上牢固的手铐。

其实，这套方案不仅适用于 FBI 特工和犯罪嫌疑人的交手，在我们的生活中，同样可以用这种方式和对手周旋。

FBI 特工攻心最高境界——让对手自乱阵脚

FBI 特工攻心的最高境界不是通过攻心术战胜对手，而是通过攻心措施，让对方的后院起火，自乱阵脚。

在实战中，FBI 特工非常善于运用攻心策略与对手展开对抗。人们对此很好奇，他们到底是怎样应用攻心术的，又是如何将攻心术发挥到最高境界的？

1. 假装认同对手的观点，以换取到对手的信任

任何人都是希望得到人们的认同的，得到了别人的肯定和认可不仅可以增强他们的信心，还可以拉近彼此间的距离。当取得了别人的信任，彼此间建立起足够的信任时，再采取"攻击"措施，就会收到预期的效果了。

2. 秘密潜入对手的"后院"

当博取对方足够的信任后，就可以潜入对方的"后院"，也就是对手的内部，对对方的内部进行详细的调查，做到心中有数。不过需要注意的是，千万不能暴露自己的真实身份，否则很可能会前功尽弃。

3. 迫使对手将自己的"后院"点燃

接下来就是在适当的时机迫使对手将自己的"后院"点燃。这样才算是将整个计划实施完成了。

在美国纽约市中心广场，曾经接连好几天发生了持枪抢劫的事件。根据目击者的指认，持枪抢劫的人员都在 20 岁左右，他们的作案手段非常老练，而且纪律性很强，他们会在得手后很快消失得无影无踪。据不完全统计，这个团伙的抢劫次数达到了惊人的两万次，他们被称为"抢劫专业户"。

FBI 意识到在这个团伙的背后，一定有个极为强硬、经验丰富的人在指挥。据此，上级派出一名年龄较小的 FBI 特工混入这个团伙的内部，接触到了该组织的一位负责人。在和团伙负责人的交谈中，这个"小混混"表现出了仰慕和感兴趣，并认同对方的观点。团伙负责人也对这个"小混混"很器重，准备留在身边重用。

"小混混"凭借过人的胆识和勇气，在几次活动中屡屡立功，团伙负责人对其更加器重。在几次团伙的内部会议上，这名"小混混"被授予了一定的职位。

混入了该组织的内部后，这个"小混混"更加谨慎了，在成功之前，他是不能有半点疏忽的。接下来的日子，他将这个组织的内部情况摸了个透，为以后的工作做好了充分的准备。

这个时候，"小混混"很难和其他的 FBI 特工取得联系，所以他只能靠自己了，他开始对组织内部成员进行挑拨离间，尤其是对几位负责人。

这天，他告诉一个负责人道："我打听到有人将我们的藏匿地点告了密。"

这名负责人连忙问道："是谁干的？"

"我担心……"

"你大胆说出来，我是不会说是你说的。"

于是，"小混混"说出了另外一位负责人的名字。

就这样，好几周后，几个负责人都相互猜疑，彼此之间的关系也都很糟糕，致使他们相互之间不信任，在矛盾进一步激化的时候，他们的关系彻底破裂。在几次大的冲突之后，不可一世的偷盗集团，也是分崩离析。

由此可以看出，FBI 特工可以将攻心术用到最高境界，他们甚至可以没费一枪一弹就击溃一个有着严密纪律的组织，达到了让对手"后院起火"的目的。这样的方法值得我们学习。FBI 心理专家也一再强调："这种攻心术在众多攻心技巧中确实有其独特的地方，要知道这可是攻心战术中的最高境界。"

先贬低自己，再给对方戴顶高帽

其实在 FBI 的攻心策略中，还有很重要的一点不能忽视——先贬低自己，再给对方戴顶高帽。他们在实战中经常这样做，也就为他们的成功埋下伏笔。

这种实战经验在我们的日常生活中同样是实用的。因为如果你给对方戴一顶高帽，让对方在心理上有一定的优越感，对方对你的警惕心也就松懈了下来，这样就能更好地掌握对手的心理。

来看这样一个来自于生活中的例子。某人得知小时候的玩伴儿现在做了大官，为了确定这件事情的真伪，他就这样问道："几年不见了，听说你的前途是一片大好啊，真是可喜可贺！"

"哪里，我只不过是混个温饱而已，比起你的叱咤商场真是差得远了。"

"我听别人说你在生物科学领域有新的研究？"

"也只不过是一些小成绩，比起你在你领域的成就真是相差甚远。"

上面的这些话，其实都是给别人戴高帽，然后贬低自己。

人们都是喜欢听到别人的激励或赞美的，所以在人际交往过程中，能够适时鼓励对方，甚至稍微捧高一些，也不是不可以的，这样做既满足了对方的虚荣心，同时也更拉近了两人之间的心理距离。

当然还是要注意分清对象和场合，对于那些性格内敛或者性格多变的人，你的抬高对方反而让对方感觉到受了羞辱一般，在心理上反而会产生排斥抗拒的心理，所以一定要注意把握好火候。

贬低自己，的确是比较实用的方法。这如同踩跷跷板一样，当跷跷板一头贴地时，那么相对应的另外一头就会翘在空中。其实你在贬低自己的过程中，也无形中将对方抬了起来，这样做能让对方感到愉快，在他的内心深处就会生出一种被人尊重的感觉来。这种通过贬低自己、暗中抬高别人的方法，同样可以接近别人，从而洞悉别人心理。

当然，如果自己让自己变成翘在空中的那一头，那你的处境就很糟糕了，你的这种做法只能让对方感到厌恶。对方会认为你轻视了他，他的自尊心受到了伤害，久而久之，双方的关系甚至会陷入剑拔弩张的地步，想要洞察对方心理那也就变得不可能了。

美国新泽西州是个经济发达的地方，也正是这个原因，在这里有很多的地下钱庄，这种钱庄很大程度上扰乱了当地正常的经济秩序。但是由于这种钱庄的隐蔽性极高，FBI 的打击并不是很顺利。

为了维护当地的稳定和经济的增长，FBI 内部派出一名经验丰富的特工，化装成一名"生意人"潜入地下钱庄了解具体情况。

地下钱庄是个充斥着高利贷、洗钱、非法集资等现象的地方，每天来这里交易的人络绎不绝，而那些隐藏在后面黑社会性质的大财团得益不少。

"生意人"感到任务重大，通过几次交易之后他认识了钱庄幕后的负责人，便开门见山地说道："小弟今天来到这里，就是为了混口饭吃，还希望行个方便。"接着还奉上了早已准备好的沉甸甸的礼包。

钱庄负责人自然对这种送到门口的礼包是欣然接受的，在接下来的一段日子里，"生意人"又给这位负责人送了几次礼，慢慢地钱庄负责人对"生意人"的警惕性全然消失，把他当成"自己人"，开始向他透露钱庄的组织结构。

FBI 扮演的"生意人"通过三个月的潜伏，早已将这个地下钱庄的内部信息掌握得一清二楚。他和总部取得了联系，将所有的信息都反馈了出去，最终在总部周密的安排部署下，成功地将这一隐藏在地下、扰乱金融市场秩序的黑社会财团一网打尽。

这名 FBI 特工在事后想起都会感叹地说："要知道，这些头目的警惕性是非常高的，在他们的内心是不愿意相信任何人的，但是他们还是经受不住别人的抬高。我就是抓住了他们的这个致命的缺点，积极展开了心理攻势，把贬低自己、抬高对手作为这次任务的一个手段，使得他们对我很信任，最终可以端掉这个组织。"

其实，FBI 特工们的这些经验，我们可以适当地用到我们的生活中。在我们的人际交往中用到贬低自己、捧高别人的技巧，就可以和周围的人友好地相处，甚至可以洞察他们的内心。

FBI 第十一章
连哄带吓，刚柔并济
——FBI特工的绵里藏针攻心战术

FBI的一位心理研究专家西蒙斯说："无论是威吓还是欺骗，这些都不是正当的行为，可要是遭遇到那些罪大恶极的犯罪主体的时候，这两种方法都是可以采用的，因为这是还给他们的礼物。"其实在FBI的攻心术中经常运用到这一方法——给予犯罪主体威吓与劝解，一方面指明了他们的利益，另一方面又澄清了利害关系，这样做使得犯罪嫌疑人看到希望却也感觉到了压力，从而交代出犯罪事实就变得很简单了。其实普通人也是一样，在我们的工作和生活中，同样是可以应用这种"大棒＋胡萝卜"的方法的，这样做同样是可以操控对方心理的，从而赢得最后的胜利。

一针见血，直指利益关系击溃对方心理防线

人与人之间总是存在一定的利益关系，因此利益关系也被称为"社会纽带"。但是，每个人在社会中扮演的角色是不一样的，他们之间所存在的利益关系同样是不相同的，正是因为这种不同，往往使得那些占强势的一方在与对方产生矛盾的时候，用自己在利益链上所处的优势地位去打击地位较弱的另一方。也就是借助这个在社会学中所研究出来的原理，FBI特工在审问一些犯罪主体的时候，将自己所处的地位优势用到

极致，一针见血地为对方指出利益关系，逼迫犯罪嫌疑人将自己的犯罪经过和犯罪事实乖乖地交代出来。

不仅如此，在我们的日常生活当中，在利益链上所处的地位不同也就有着不同的心理：那些处在社会利益链上的强势地位的人拥有较强势的心理；对于那些在社会利益链上地位并不是很强势，甚至处于弱势地位的人来说，他们的心理也是比较弱势的。所以，在与对方进行博弈的时候，一定要首先注意到，自己在利益链上的地位到底是怎么样的，假定我们比别人更强势，那么就可以抓住这个优势适当对对方进行威吓，这样获得的效果会好很多。只不过还特别强调的是，在威吓的时候也应该把握好度，过分的恐吓会让事情变得糟糕，适得其反。但是要注意的是，如果我们在利益链上的地位不及对方的话，那么这个时候最好还是保持镇静，仔细分析当前的局势，别人肯定是要用恐吓的手段来对付我们的，所以一定不要在别人的威吓之下失去了方向。

布鲁克杰尔是一名高级 FBI 特工，但很遗憾的是，2006 年他在一次执行任务的时候，被刺杀身亡。布鲁克杰尔生前有一个绰号，叫做"笑面人"。布鲁克杰尔之所以会获得这样的称呼，最主要的原因就是他是一个非常会策反的人，他总共策反了 27 名潜伏在美国的间谍"反水"。

布鲁克杰尔最经典的一个"策反案"，就是发生在 2000 年 4 月的"狼狮案"。当时，某国安插在美国的一个叫做"狼狮"的间谍组织被 FBI 的特工人员发现，但是由于证据不足，根本无法实施抓捕行动。无奈之下，上级只好派出有"笑面人"之称的布鲁克杰尔去解决这个难题。

布鲁克杰尔开始行动之后，他首先扮成一个 IT 精英和"狼狮"的负责人科尔沁夫斯基取得联系。之后，布鲁克杰尔经常因为一些业务上的事情请教科尔沁夫斯基。随着时间的流逝，布鲁克杰尔和科尔沁夫斯基建立了良好的关系，当时科尔沁夫斯基压根儿就不知道——自己的新朋友布鲁克杰尔其实就是来搜集自己犯罪证据的人。

随着布鲁克杰尔和科尔沁夫斯基之间的关系越来越近，布鲁克杰尔开始有意无意地指出科尔沁夫斯基在某些行为上跟普通人不一样。比如说，布鲁克杰尔总是指责科尔沁夫斯基将看过的计算机技术资料烧掉，还指责跟他一起喝酒的时候只挑选距离某国家大使馆最近的一个酒吧。

可以说，布鲁克杰尔的目的非常简单，那就是在告诉科尔沁夫斯基：别装了，我已经察觉到你不是一个普通人了。

实际上，科尔沁夫斯基也看出布鲁克杰尔有点不对劲了，但是他们谁也不想先撕掉面皮。在一次为一个项目争执的时候，布鲁克杰尔直接将科尔沁夫斯基的犯罪证据摆在了桌子上。布鲁克杰尔告诉科尔沁夫斯基说："我愿意放你走，只要你能够让'狼狮'组织为我们服务，那么你可以继续在美国待下去，我可以保证你们的自由。如果你们想带着情报跑回去，那么从现在起你们就失去了自由。"

可以说，布鲁克杰尔这种直接指明利益关系的做法非常奏效，科尔沁夫斯基在短暂地思考了十几分钟之后，也非常直接地回答道："我想我们会选择自由。"这一次，布鲁克杰尔直接策反了"狼狮"组织的所有成员，共计7个高级间谍之多，令某国情报部门最高负责人直接大喊损失惨重。

这则故事实际上也在告诉我们，当面对利益问题的时候，任何一个人都可以快速作出决定，而且其决定往往受到利益关系的直接影响。所以，我们在日常生活当中，如果遇到非常棘手的人或问题时，不妨直接指明双方的利益关系，然后再去攻击对方心理，以获得满意的结果。

一位资深的 FBI 特工说："当你把利益关系说得很清楚时，这就会让对方意识到问题的严重性，这样，想要更好地解决问题，就变得很有可能了，它是解决问题的基础。"通过他的话不难看出，和竞争对手在正面交锋的时候，一针见血地指出利益关系，就会让对方明白，双方都可以对面前的局势有个深刻的了解。没有人是傻子，只有按照客观、公正的方式去竞争才能行得通。

来看看 FBI 特工在实战中总结出来的一些使用技巧：

1. 直接指明利益关系，找准自己在利益关系中的强势点

FBI 的资深心理专家罗斯说："每一次审讯都是一场博弈，FBI 特工和犯罪嫌疑人之间的较量主要是一场心理战。FBI 特工如果能够迅速找到自己在心理战中的强势点，并以这个点为基础展开攻击，那么就能够轻而易举地击溃犯罪嫌疑人的心理防线。"

正如同罗斯所说的那样，我们在和竞争对手进行博弈之时，一定要

努力地、快速地找出自己在利益关系中的强势点，从而做到主动出击，先拿到主动权，再展开攻击，从而赢得这场竞争。

要找准自己在利益关系中的强势点，并不是一件难事，只要自己能够看清局势，摸清对方的心理意图，就能够从对方的心理意图中找到自己在利益关系中的强势点——竞争对手最怕的就是他们最不占优势的地方。相反，竞争对手最不占优势的地方就是我们的强势点。

2. 直接指明利益关系的同时积极把握对方心理变化

局势从来不会停止不变，即便是"僵局"也有解封的那一刻。在和竞争对手博弈的过程当中，我们应该在时刻关注局势的变化之时，注意竞争对手的心理变化。

通常，竞争对手的心理变化和我们的心理变化是相对应的——竞争对手强势的时候，就是我们弱势的时候；我们强势的时候，就是竞争对手弱势的时候。所以，我们在竞争中，如果发现竞争对手已经处在了弱势心理之时，那么这个时候就应一针见血地指明利益关系，就能够收到"一剑封喉"的效果，让直接指明利益关系这一招成为"压死骆驼的最后一根稻草"，成功地瓦解竞争对手的心理防线，实现自己的预定目标。因此说，直接指明利益关系的同时更应注意竞争对手的心理变化，如此才能够让我们在竞争博弈中保持主动，让局势向对我们有利的方向发展。

3. 一针见血，直接指明问题的关键所在，不要犹犹豫豫

一位 FBI 高级特工布泽尔里奇说："在与对手相对的时候，找到对方的软肋，并且直接戳过去，这样就可以很快地制伏对手了。"这句话是不无道理的。在实战上，一旦和竞争对手正面遭遇，那么可以一针见血，直接指出对方的软肋，摆出利益关系，就可以从心理上震慑住对手。在竞争的过程中，当对方心理最弱势的时候遭到了"致命一击"，那么赢得竞争就是一件很容易的事情了。

另外，还需要说明的一点是，在和竞争对手谈判的过程当中，如果说话犹犹豫豫不利索，那这就很危险了，因为人们都会认为这种人往往是比较好欺负的，这就会让自己处于谈判的不利地位。

在我们的生活和工作中，竞争是存在于各个方面的。这就需要我们不断学习，在竞争的过程当中能够抓住问题的本质，一针见血将自己和对方在竞争中所处的利益关系，用强势的口吻去压制对方，这样可以让自己在接下来的竞争中占尽优势，从而赢得这场竞争。

FBI特工"一招制敌"术——掌控交锋要点

在与对方进行心理博弈的时候，能够掌握交锋的要点，这样就可以让我们获取主动权进而征服对手。能够在和对方博弈中，掌握到交锋的要点，这是扰乱对方思维的一个重要方法。因为在面对关键的问题时，人们总是付出最大的注意力，但事实证明，你所付出的注意力越大，你就越容易出错。

先来看这样一个例子：

在犹他州的一个警察局的刑讯室中，现年36岁的老探员加里内维尔正在和犯罪嫌疑人多特维尔展开激烈的交锋……

在两个月之前，FBI在一个百货大楼的地下室里发现了一具女尸。被害人是一个女高中生，年仅17岁的她被人以用硫酸灌进喉咙的方式杀死。在案发之后，凶手的残忍手段在当地引起了不小的恐慌，致使社会舆论纷纷要求警方尽快破案，严惩凶手。

FBI在接到报案之后，立刻派出加里内维尔去侦破这一案件。在经过一个多月的仔细调查之后，加里内维尔终于锁定了目标——被害人生前所在学校的化学老师——多特维尔。可是出乎加里内维尔意料的是，在他掌握的大量证据面前，多特维尔就是死活不肯认罪。

"我知道，你根本不想承认，可是在这么多的罪证面前，你的抵赖就是一场徒劳，我会把你送上法庭的。"加里内维尔满嘴火气地说。

"哦，无所谓，反正我只知道我自己是清白的，我什么都没有做。"多特维尔满不在乎地说道。

"现在我只想告诉你，你可以选择自己的死法，是安乐死还是被绞死？"加里内维尔依旧满腔怒火地说道。

"我都重复了一下午了，暴躁先生，我是清白的。"多特维尔仍旧一脸不在乎地说道。

"那你想活吗？我现在问的可是一个新问题。"加里内维尔突然微笑着说，不过他的微笑却有点儿冰冷。

"什么？什么？我不明白你在说什么？我还能活？在招供的情况下？"多特维尔突然一脸认真地问。

"是的，只要你杀人的动机不是真正的出于害人，我认为法官大人和陪审团会从轻发落的。"加里内维尔轻轻地说道。

"真的？你应该相信，她其实只是一个孩子，也许我不应该爱上她，可是事情最后还是发生了。我真的爱上了她，一个未成年的少女，可是那个婊子竟然一直拒绝我，还去告诉其他的老师，我想我只能让她闭嘴了，永远地闭嘴了。"多特维尔低下头，开始一五一十地交代起自己的犯罪动机以及犯罪过程。

从这个故事中我们可以看出：在犯罪嫌疑人多特维尔拒绝交代犯罪事实的时候，加里内维尔先是不停地进行威吓，直到其抵抗到底的心理意识开始出现变化的时候，他又紧接着变换审讯态度，采用相对温和的态度与多特维尔交锋——加里内维尔准确地掌握了多特维尔还想活下去这一要点，然后在这场心理交锋中主动出击，直接攻破了对方的心理防线。

当和对手处于心理拉锯战的时候，借助自己清晰的思路迅速找到交锋的要点，这样就可以让我们对当前所面对的形势有个很好的认识，也同时可以更好地了解到竞争对手当前的心理状态，这样可以促使我们作出最准确的判断，为赢得竞争奠定基础。要知道，对于这种在博弈之时掌握交锋要点的能力，一直是 FBI 特工训练的主要内容，他们时常在做着这样的练习——发现博弈之中的关键问题，找准关键时机下手，然后"一击制敌"。

对于我们的日常生活，这种方法同样实用。要知道在我们的社会生活中，总是会遇到形形色色的竞争对手。假如我们可以像那些 FBI 一样，掌握了与对手交锋的要点，那么我们就能在识破竞争对手心理意图的基础上，轻而易举地做到拿下竞争对手。

对于任何一个人来说，掌控交锋的要点，就是要对交锋的时机掌握好。如何把握好交锋的要点和时机，就需要我们学习了。不妨看看 FBI

特工是如何接受这方面的训练的，下面就是 FBI 特工训练课上掌握交锋要点并把握时机的一些"独门秘籍"：

1. 掌握交锋要点，一定要比对手更为专注和投入

要想把握好和竞争对手竞争的交锋要点，把握好时机，做到"一招制敌"，就一定要做到一点，那就是一定比对方更加专注，更加投入，只有这样，你才会比对方更多地发现制胜之处，也只有这样你才会比竞争对手更能赢得竞争的底气。

2. 掌控交锋要点，尤其重视对时机的把握

FBI 警官约翰·威廉姆斯说："几乎每一次和犯罪嫌疑人的较量都是一场不折不扣的心理战。在这场心理交锋中，我们除了要掌握交锋的要点之外，更为重要的就是把握好时机。"可以说，在竞争中做任何一件事情都要讲究对时机的把握——只有把握好时机才能够做对事情，只有在正确的时间去做正确的事情，才能够收获自己想要的，而时机就是那个正确的时间。

对我们来说，在一场心理博弈中，要掌握好交锋要点，关键就是要弄清楚博弈双方所处的态势。在明白了自己的处境之后，再作出判断——等到自己占有更强势的地位之时，就应该积极地展开对核心问题的讨论，从而让竞争对手明白自己需要怎么去做，才能够让自己的利益得到保护，进而逼迫其答应条件，使自己成为这场竞争中的赢家。

在掌握交锋要点之后，对于时机进行有效把握，能够收到事半功倍的效果，从而让我们在竞争中实现利益最大化。竞争其实就是心理上的博弈，一旦掌握了交锋要点，我们做到比对方更加的专注和投入，知道应该在什么时候把握好时机，这样你就可以发现对手的心理变化，同时还可以有效地引导对方的心理和思维，让其作出误判，从而在这场竞争中取得最终的胜利。

FBI 特工将这些理论知识很好地运用到实践中，他们从实践中总结出一些经验，然后再把这些经验用到实际的工作之中。

乔治·维特是 FBI 的一名高级探长，他最擅长的事情就是谈判。一次，在洛杉矶的一座公寓内，一名犯罪嫌疑人将一名老人抢劫之后被巡警发现。

犯罪嫌疑人在无路可逃的情况下直接将老人劫持到了顶楼，要求警方提供一辆汽车和 30 万美元。在警方多次劝说无效的情况下，犯罪嫌疑人用刀将老人的手臂划伤，鲜血直流，而且犯罪嫌疑人还扬言，警方如果无法在两小时内将他所要的东西凑齐的话，他将和老人同归于尽。

在警方将支援信息传递给 FBI 之后，上司立刻派乔治·维特前去执行这项艰巨的任务。乔治·维特在抵达案发现场之后，并没有急着去和犯罪嫌疑人谈判，而是直接去和狙击手商量——在万般无奈的情况下，只能将犯罪嫌疑人击毙。

这名犯罪嫌疑人是一个退役军人，他有着极强的防范意识，躲在一个射击死角内，让狙击手根本没有办法开枪。乔治·维特在观察了一遍现场之后，意识到现在展开一场谈判已经没有意义了。因为距离犯罪嫌疑人要求的时间还剩下不到 40 分钟，警方根本不可能在这么短的时间内凑齐犯罪嫌疑人所要的一切，唯一能够做的就是击毙犯罪嫌疑人，救出老人。

于是，乔治·维特和狙击手商量好，等犯罪嫌疑人一露头就一枪将其击毙。在商量好之后，乔治·维特走出去和犯罪嫌疑人谈话。

"嗨，伙计，你要的东西我给你拿来了，不过你还是跑不掉的，因为我们的人已经封锁了这里。"乔治·维特对着犯罪嫌疑人大喊道。

"不，让你的人滚开，尤其是那个躲在对面楼上的狙击手。虽然我看不见他，但是他让我很不舒服！"犯罪嫌疑人对乔治·维特喊道。

"好吧，我答应你，杰克，把你的狙击枪收起来吧，人家已经看到你这个蠢货了。"乔治·维特假装对着对面楼上的狙击手杰克喊，然后趁机伸手用绑在手表上的小镜子晃了一下正挡在犯罪嫌疑人面前的老人的眼睛。老人在眼睛被晃到之后，立刻下意识地低下了头，这个时候犯罪嫌疑人的额头恰巧暴露了出来——一声清脆的枪声在这个时候响起，犯罪嫌疑人应声倒下，老人则安然无恙……

从这个故事中我们可以看出：乔治·维特是一位非常会掌握现场局势和判断时机的警官，他在制伏犯罪嫌疑人无望的情况下，准确地制造机会令狙击手击毙了犯罪嫌疑人，救出老人。从整个故事来看，有点儿像好莱坞的大片，但是这个堪比枪战电影的真实场景却在乔治·维特的指挥下，演绎成了一幕可以说是非常完美的解救人质的画面。而乔治·维特在这个抢劫并绑架人质的事件中表现出的对于时机的把握能力，正是我们普通人所要去学习的。

出其不意的突袭，出乎意料的效果

人们小的时候总是会对大人喜欢在酒桌上谈事感到很奇怪，但是，这个问题的答案等到他们到了喝酒的年龄之时，就全部明白了。这是因为，人们普遍认为，在酒桌上人都是很容易就陷入疲倦的状态或思维不清楚的状态的，在这种状况下，使事情达成一致就变得可能了。其实有些聪明的销售员也会选择在下午 5 点钟打电话促销商品的。因为这个时间段是人们比较疲惫的时候。那么人们为什么会在处于疲惫状态的时候轻易答应别人呢？

FBI 的一位心理学专家丹尼尔斯·吉尔伯特说："通过大量的调查，以及心理学方面的研究，任何一个人在疲倦的时候都是非常容易被他人说服和欺骗的。"另一位 FBI 的高级心理研究员大卫·甘博韦斯特在一项研究中发现：人在疲惫的时候很容易混淆真话和假话，他们总是会将假话信以为真，这种状况是在清醒的时候不会发生的，因为疲惫的时候辨别能力是远远不如完全清醒的时候的。当人们面对最为重要的信息之时，都会显得更加精神，在疲倦的时候，一些极为重要的信息都会在潜意识中被低估。

斯米尔斯·布鲁克林斯是 FBI 的一名高级特工，这种人的真实姓名是别人无从得知的。斯米尔斯·布鲁克林斯很形象地被称为"和平鸽"，这个原因不是来自于他爱好和平，而是因为他总是喜欢演讲，尤其是喜欢在黄昏的时候演讲。

斯米尔斯·布鲁克林斯之所以喜欢演讲，是因为他在 FBI 之外所扮演的角色就是演讲师，那么为什么斯米尔斯·布鲁克林斯喜欢在黄昏的时候进行演讲呢？因为通过分析得知，黄昏是每个人都情绪浮躁、警戒性不高的时候，在这种情况下演讲，他就可以一边演讲一边获取情报，他在演讲的时候很喜欢听问题，而就是这样，他从回答者的口中获取了很多重要的情报信息。

斯米尔斯·布鲁克林斯选择的这个方法非常正确,而且效果非常好。黄昏之时,人都处在一天中最不紧张的时候,因此人们的紧张感和自制力也会在这个时候放松下来,往往会在一不小心中就将秘密说出去。

其实这个道理不难理解。当人们得到了充分的休息之后就会精神饱满,注意力也会高度集中,警觉性也会非常高,做事情的时候就可以有条有理,当这个时候遭遇到别人的心理攻击的时候就可以很好地防御。正是基于这个原理,在 FBI 办案过程中,FBI 特工经常会剥夺那些不肯招供、拼死抵抗的犯罪嫌疑人的睡眠时间,让其在非常疲惫和困顿的时候接受高压审讯。

曾经有着"国际鼹鼠"之称的俄罗斯间谍霍德克斯夫斯基,在接受FBI 的这种审讯之后说:"当时我实在是受不了了,我都快要感觉我不行了。当时感到自己非常疲倦,思维根本不受自己控制,之前所说话的内容都记不清楚了,什么都记不清楚了。在那种糟糕的情况下,那几个审讯员就仿佛是上帝一样,他们说什么我都会按照他们的思路说出来的。"

在我们的日常生活工作中,我们同样是可以巧妙地利用竞争对手的疲惫状态,也就是说当竞争对手疲惫之时,只要我们积极利用对手对事实的理性判断力的减弱,释放一些假信号,以让对方作出错误的判断,这样的话,我们就可以在接下来的竞争中占据更有利的位置。

下面我们看看 FBI 特工们是如何做到这一点的:

1. 选择容易犯困的时间段去发动心理攻击

FBI 的资深心理专家科尔曼还说:"选择别人犯困的时间段去和别人打交道,别人往往会满足你的要求。因为他们在这个时候最渴望休息,大脑中的判断力是非常脆弱的。"

选择竞争对手最容易犯困的时间段发动心理攻击,这是我们控制别人心理的一个有效方法。比如,通常人们在饭后都非常容易犯困,有些人在"食困"面前连走路都打不起精神,这是因为人在进食之后消化系统的活动量会大大增加,而大脑的血液流量会减少,中枢神经对外界的刺激反应变慢。如果我们选在竞争对手饱食之后对其发动心理攻击,我们就会占据很大的优势,顺利地达到自己的目的。

2. 巧妙地选择犯困的地点，在对手精神疲倦之时发动"心理战"

FBI 资深心理专家科尔曼说："刑讯室不一定要布置得阴森恐怖，其实可以通过不同的布置让气氛变得更让人安心一些。这样的布置就会很容易让对方犯困，这样，对方的思维就会处于条理性不是很好的状态，那么审讯的效果就要好很多了。"

就像科尔曼说的那样，这些理论其实同样是适用于我们的生活中的。我们也可以选择一些比较让人昏昏欲睡的地方作为交谈的场所。比如，在谈话的过程中选择一些暖色系的房间，要知道这种房间的选择可以让对方产生出昏昏欲睡的感觉，而我们选择这样的地方就能够让竞争对手的精力不够集中，使对方产生疲劳感，从而使其跟着我们的思维去思考。

3. 打好"时间差"，在对手精力充沛时休息、精力不济时进攻

FBI 资深警员伯德林格说："不要和精力旺盛的案犯去缠斗，他们都有很好的抵抗力，你得学会打'时间差'，等到他们疲倦之时，你再去审问他们，一切就会变得非常简单。"

对大多数人来说，他们和竞争对手的精力都是差不多的，而这个时候他们就需要学会打"时间差"，即在对手精力充沛之时休息，在对手精力不济之时进攻。这就要求我们了解对手的生活习惯，悄悄地去打乱对手的生物钟，让其逐渐变得精神委顿，从而成为我们的"手下败将"。

大打"成人心理战"和"儿童心理战"

几乎每个人都是有着双重人格的，一方面他们拥有"成人心理"，一方面他们还拥有"儿童心理"。我们拿一个成年男子为例说明，在工作中，也许他表现得非常出色，是个杰出的领导者，他总是能够用"成人心理"去思考和做事情；可是当他回到家中，在父母亲或妻子面前，他往往会说出一些让人感觉到幼稚的话的，这就是露出了他们的"儿童心理"。正是明白和了解了这一种心理，FBI 特工们在审问犯罪嫌疑人的时候，想要彻底摸清楚对方的心理，往往会使用这样的一个招数——连哄带吓，既打"成人心理战"又打"儿童心理战"。

所谓"成人心理战"，FBI 高级警员伯德林格解释说："一个健康的

成年人是有着完整的思维意识的，当他处于精神旺盛的时候，去诱导他让他说出一些不愿意说出来的话就是一件很难的事情了。但是他在经受过挫折和失败之后，内心就会滋生出一种恐惧来，所以适当威吓，在处理一些犯罪嫌疑人时不失是一种很不错的手段。"从伯德林格的话中我们可以看出，"成人心理战"的精髓就在于善于使用威吓，能够准确地抓住对方的恐惧心理，将对方的真实心理意图摸清楚，通过恐吓让他面对恐惧，在这样的情况下让他按照我们的思维去做。

伯德林格同样对"儿童心理战"作出了解释："无论是谁，他的天性中是有依赖心理的，当然人们最愿意依赖的莫过于自己的父母亲了。所以面对一些犯罪主体审讯的过程，可以尝试用对待'哄小孩'的方式去对待他们，通过这样取得对方的信任，让他们在信任的条件下，一点儿一点儿地交代出自己的犯罪事实。"从伯德林格的话中我们可以清楚地看出，"儿童心理战"用到的则是一个"哄"的手法，通过分析准确地抓住对方的依赖心理，然后摸清对方的心理意图，通过建立对方的信赖，从而让他按照我们的思维去做。

那么 FBI 的这些论断该如何指导我们生活中的事情呢？在日常生活中，大多数人都认为"连哄带吓"这种方式是非常不地道的，有些不够光明磊落，其实这是一种误解。所谓"连哄带吓"，其实是在教会我们如何去找到对方感到恐惧的地方，从而利用这个恐惧心理和依赖心理，再引导对方的思维，让他们按照我们的思路方向发展，以达到掌控对方的心理，赢得竞争的方法。在生活中是可以适当应用这种方法的。

1. "哄人"的前提是思路要缜密，不要让自己的语言听起来有破绽

世界心理学大师弗洛伊德曾经说过："那些我们爱听的话，往往都是谎言，耳朵舒服的同时，我们的身体和内心会遭受更大的伤害。"没有人不愿意听别人对自己说一些恭维话，在接受恭维的时候，接受别人的要求就变得很容易了。所以，在我们的竞争中首先要学会抓住对方的需要恭维的心理，用恭维的语言使其丧失警惕性，以便让我们所掌控。

美国 FBI 特工斯蒂芬·嘉纬修斯科说过："在这个世界上，除了一些先天或者后天的精神病患者外，其他人都是很精明的。这就在告诉我们，只有让我们的话听起来像真的，这样才可以让犯罪嫌疑人放下抵抗和警

惕心，这样才能够让犯罪嫌疑人俯首认罪。"这就要求我们在说"谎言"、借助语言的力量抓住对方的依赖心理之时，让自己的语言更具有真实性和逻辑性，通过缜密的思维去说服竞争对手，让他们接受我们的观点，让他们把真实意图说出来，只有这样我们才会赢得竞争。

2. 了解对方内心深处最恐惧的东西

世界著名心理学大师艾宾浩斯说过："每一个人的内心深处都有两块禁忌之地，一块是让他最伤感的地方，一块是让他最恐惧的地方，而对人伤害最大的并不是最伤感的地方，而是最恐惧的地方。"可以说，世界上真正让人变得畏畏缩缩的就是恐惧心理，几乎每一个胆小的人都不会获得大的成功，因为他们没有承受失败的勇气。更为重要的是，人一旦开始对某一件事情变得恐惧，那么这件令他恐惧的事情就会成为束缚他一生的牢笼。

FBI特工斯蒂芬·嘉纬修斯科说道："在审讯过程中，如果能够让犯罪嫌疑人感到恐惧，那么他们就会将犯罪经过交代得清清楚楚，因为恐惧是突破心理防线的最有力武器。"正如斯蒂芬·嘉纬修斯科说的那样，我们在日常生活当中，与竞争对手进行心理博弈的时候，如果能够抓住令对方最为恐惧的地方，那么就能够让竞争对手变得不知所措，甚至是一败涂地。

在竞争中如何找到对方内心深处最为恐惧的东西，这是一个很难解决的问题。但是，对于擅长"攻心术"的FBI人员来说，这个问题其实解决起来非常简单——竞争对手最刻意回避的东西，往往就是其最感到恐惧的东西。所以说，我们在竞争中一定要注意观察竞争对手最避讳什么，找到其避讳的真实原因，然后迅速出击，一举将其拿下。

不仅如此，FBI在实战的过程中，同样是会用到自己的这些理论知识，同时对这些理论进行补充和充实，让它变得更加有实战指导能力。

下面我们来看FBI又是如何将这些理论用在自己的实战中的。诺尔史密斯是FBI的一名高级间谍，他曾将好几起爆炸案消灭在萌芽中，被同事称为"布鲁塞尔的尿童"（在布鲁塞尔的广场上，有一个撒尿的小男孩雕塑，这个小男孩在炸药桶即将爆炸的时候用一泡尿浇灭了导火索，最终拯救了布鲁塞尔）。

1998 年 5 月 3 日下午，诺尔史密斯在洛杉矶潜伏的时候，发现了一伙人将数百斤炸药装进背包里，偷偷地往地铁站运送。很明显，这帮家伙就是恐怖分子，他们这样做就是为了制造一起"地铁爆炸案"。

诺尔史密斯发现之后，立刻给上级报告消息，同时自己也采取了行动。诺尔史密斯先是找到了这伙恐怖分子的头目——安德隆房地产公司的老板乔治·詹姆罗德里，一个胖胖的中年男人。在找到詹姆罗德里之后，诺尔史密斯假装是一名房地产商，邀请其到一家餐厅吃饭谈生意。

当时，詹姆罗德里为了避开自己的嫌疑，装着自己每日都勤奋工作的样子，所以在接到诺尔史密斯的电话之后，便欣然赴约。不过，诺尔史密斯也知道——詹姆罗德里赴宴的目的就是让自己成为他的证人，不要在"地铁爆炸案"发生之后，找不到一个可以证明自己不在案发现场的证人。谁知这一次詹姆罗德里是彻底打错了算盘。

当诺尔史密斯和詹姆罗德里坐在一起的时候，还没有等服务员将饭菜端上来，诺尔史密斯就开门见山地说道："我有一批书包想卖给你，你要吗？就在洛杉矶地铁站附近。"

诺尔史密斯的话音刚落，詹姆罗德里的额头上就冒出了一层冷汗。但是詹姆罗德里毕竟是恐怖集团的头目，他很快就调整好了心态。因为他知道，不能让诺尔史密斯抓住自己内心深处的恐惧。

"哦，我们不是做房地产生意吗？谈什么书包？"詹姆罗德里故作不解地说道。

"不，那些书包是你的，现在归联邦调查局了，不过那些书包里的炸药很麻烦。你知道的，我们的警员就在门外等着你。不知道你现在还有没有时间等着服务员将可口的饭菜端上来？"

"哦，这样啊，我真的不知道你在说什么。"詹姆罗德里一边说一边故作镇静地用餐巾擦了擦额头上渗出的细微汗珠。

看着詹姆罗德里的样子，诺尔史密斯话锋一转，说道："我们合作吧。你如果肯合作，那些书包就是联邦调查局的，没有人看到你策划了一起恐怖爆炸案。怎么样？"

"怎么合作？我真没事儿？"

"真的，我只要你的团伙名单。"

过了几分钟，在服务员端上饭菜的时候，詹姆罗德里长叹一声，然后说道："好吧，我们成交。"

从上面这个故事中我们可以看到：诺尔史密斯以"连哄带吓"的手段迫使詹姆罗德里"反水"，成功地让他供出了团伙里边的其他成员。假如我们也可以像诺尔史密斯一样，遭遇到竞争对手之时将"连哄带吓"的手段发挥到极致，那么我们赢得和对手之间的竞争，并且实现自己的目标，也就是一件很容易的事情了。

大胆预测，掌控对方的心理情绪

在人们的内心深处布满着很多脆弱的点，你的每一次试探都很有可能抓住他们的脆弱点，进而控制住对方的心理，找出你想要的真相。在我们遭遇竞争的时候，我们其实可以先对对方的结果作出一种预测，从而成功地控制对手的心理情绪。

2008年9月4日，明尼苏达发生了一起枪杀案，一名59岁的老富翁凯尔密斯在自家的游泳池中被人枪杀，富翁的房间内非常凌乱，很显然是被人抢劫了。接到报案之后，著名的FBI特工安东尼·乔力克西亚带领属下前去查案，但是令所有人都意外的是，明明是一场抢劫案，在通过调查之后却发现，罪犯的真实目的并不是实施抢劫。

尽管对于罪犯的杀人动机，安东尼·乔力克西亚感到一筹莫展，但是对于犯罪嫌疑人，他已经圈定了凯尔密斯的女婿，一名出色的外交官——杰里·休斯顿少校。之所以作出这样的判断是因为在调查中，安东尼·乔力克西亚发现，在案发当天，休斯顿少校曾经去过一趟岳父家中，并且是一个人去的，而且当天除了休斯顿少校之外，再也没有任何人去过凯尔密斯的家中。此外，安东尼·乔力克西亚还发现，凶手善于使用枪支，当然休斯顿少校也是符合的。

于是，安东尼·乔力克西亚传讯了休斯顿少校，面对这样的审问，很明显休斯顿少校是不会配合的，更不要指望他能说出什么有效信息。

"少校，对于杀人犯，在我国的法律中是要受到严厉的制裁的，当然我知道，你是不会轻易认罪的。"安东尼·乔力克西亚慢悠悠地说。

"随便你，我只是想告诉你，我是一个守法的好公民，我有不错的社会地位和收入，在这样的情况下，我又怎么可能去杀害我自己的岳父呢？"休斯顿少校一脸不屑地反问道。

"据调查你和你岳父的情人西蒙尔斯关系不一般啊？"

"是吗？我怎么会有那么糟糕的眼光。要知道，像我这样的情况，除了妻子之外，想要约我去喝咖啡的女孩真是太多了。"休斯顿少校继续用不屑的口吻说。

"那就可能是因为你早就对你的岳父不满了，然后在矛盾激化的时候选择了这种方式。"

"不可能。"这一次，休斯顿少校回答得很是干脆，但是在他的声音中，明显是可以听出愤怒的。

当然，这种情绪上的变化是不会逃过安东尼·乔力克西亚的眼睛的，他知道他的语言试探在对方的心理已经产生了影响和作用，这种变化也说明安东尼·乔力克西亚已经距离真相越来越近，对方稳固的心理防线也已经开始崩溃。

"你一直在撒谎，你和你的妻子感情上出了一些问题，而且你和西蒙尔斯有不寻常的关系，你们在一处房产上还有过争执，不要以为你可以逃脱我们的眼睛，这些都会成为你杀害你岳父的原因。而且在案发的一个月内，附近的枪店里卖出了一把民用手枪，店主回忆说买主也是一名英俊的士兵，而这些都非常符合你作案的过程。"

"你说得对，我就是凶手，我杀死了那个糟老头子，我爱的也是西蒙尔斯，不是他的那个荡妇女儿……"休斯顿少校将他的作案经过和作案心理全部交代了出来。

从这个故事中我们可以看出：之所以 FBI 特工在最后顺利破获此案，是因为他善于控制住对方的情绪。预言犯罪嫌疑人的多种结果，从这其中找到对方最不想听到的，从而找到他内心深处最为脆弱的地方，进而击溃对方的心理防线，成功破案。

其实在我们日常生活中，也会经常遇到一些善于隐藏自己心理情绪的人，他们将自己的心理情绪隐藏起来，然后积极寻找对方的破绽，以将别人作为自己成功的"垫脚石"，爬上"成功"的顶峰。这个时候，我们就需要像 FBI 特工一样，通过预言竞争对手的多种结果的"攻心术"，以让对方暴露出他们内心最为脆弱的地方，从而控制住对方的心理情绪。下面我们就来看看，FBI 特工是如何使用这一"攻心术"的：

1. 善于观察对手在面对不同的结果所表现出的不同表情（表情变化最大时就距离真实结果很近了）

FBI 资深心理学专家菲特纳说过："你可以说谎，但是你的表情却总能将你出卖。我曾经做过这样一个实验，测试 1000 个人在说谎之时的表情变化，结果发现每一个说谎者在说谎之时都有着与平常完全不同的表情。"

"每一个人的表情都会骗人，但是骗人的人也总是被自己的表情出卖。"世界著名心理学大师弗洛伊德如此说。事实上，我们向竞争对手抛出自己的不同预测结果，他们在听到每一个结果之时内心都会有所反应，但是反应最大的无疑就是其表情变化最大的那一个结果，因为表情变化最大的就是距离真实结果最近的那个结果。所以，当我们在通过预测不同的结果向对手施加压力的同时，我们应该更多注意的就是对手表情的变化——抓住竞争对手在表情变化上所显露出来的真实心理情绪，从而顺势引导，掌控对手的心理情绪。

2. 以对手最预想不到的结果去刺激、激怒对方

其实，经验丰富的 FBI 特工都知道犯罪嫌疑人在审讯还没有开始之前，对于审问的情景以及审问的过程，甚至审讯员的所有问题他们都是想过一遍的，所以他们也是想好了应对的答案，这样的结果被动的就只能是审讯员了。所以在审问的过程中，FBI 特工会问一些让他们意外的问题，这时候他们会表露出真实的感情，从而显出自己的"原形"。

这和我们在日常生活中的做法是一样的，当与别人进行心理博弈时，用对手最不能接受的方式和对方相处，在这种情况下，他们就会惊慌失措，甚至发怒。

一旦对方发怒了，他们就会感情用事，从而使其不去理性地思考，这个时候他们就变成了最容易攻击的对象了，要知道发怒者的心理情绪会被别人成功地控制。所以说，想要成功控制住对方的心理情绪，就必须找到对手最意想不到的结果去刺激、激怒对方，等到对方失去理性的时候，进而控制住他的心理情绪。

其实面对犯罪嫌疑人的 FBI 特工和面对竞争对手的我们是一样的，

我们都需要头脑冷静而又行事有章法。

通过上面的论述，大家都可以看得到，对于嫌疑人的处理上，FBI总是采用刚柔并济的方式，而不是一味只知道进攻，用强硬的手段去攻占对方的心理堡垒，结果很明显，会收到更好的效果。

这其实也是在指导着我们，在我们处理和竞争对手的攻心战的时候，也要学会刚柔并济，适时放弃强硬手段，甚至可以给对手一些甜头。等到对方卸下防卫的时候，再去控制对手的心理，这样才可以让我们事半功倍，更好地战胜对手。

坚决回击对方不合理的请求和行为

在人们的生活中，总是会遇到别人提出自己可以做，但又无法去做的请求，很多人在这种时候，都会显得束手无策，无法应对。对此，FBI特工建议人们采取如下方法，坚决给予回绝：

1. 对过分行为绝不姑息

人们的社会生活圈子会慢慢变大，而圈子变大之后，交往的人自然会增多，这就要去处理各种各样的事情。对于一些不涉及自己原则的事情，不过分的事情，我们可以选择让步，因为做人做事本就应该大度一些，而且这样做还可以化解矛盾。但是有些时候，有些事情就不能一味忍让了，如果总是抱着"息事宁人"的态度，那么自己就成了"软柿子"，很容易受到别人的打压和欺负的。这个时候，我们就应该坚决回击，绝不姑息。

而今的社会变得越来越复杂，在社会中相处的人的性格和脾气也是各不相同的，所以我们要时刻做好和"犯浑"之人打交道的准备。当面对他人的过分行为时，你的退让并不会使他人有所顾忌，反而可能会滋长他人作恶的勇气，使他们的气焰更加嚣张。所以，对于他人的过分行为要进行坚决反击，绝不退让，强势地维护自身的利益不仅能够做到自我保护和维护自己的尊严，而且还可以打击不良风气，有助于形成良好的环境氛围。

2. 重复强调，坚定拒绝

在现实生活当中，我们可能常常会遇到一些不达目的誓不罢休的人，这个时候，大多数人都很难拒绝对方的要求，而使其目的能够一次又一次达成。其实，当遭遇这种情况的时候，我们如果找不到很好的拒绝对方的理由，就可以就某一个自己认为的理由不断强调，不断重复，这样一来，反而会更加容易拒绝对方的不合理要求。

这就是利用了心理学上的"超限效应"。人们在生活和工作当中要接受众多的信息、任务和刺激，但是这种接受能力存在着一个容量，当接收到的信息超过这个容量的时候，人们就会从心理上产生反感，这个时候不仅不会按照信息、指示去行动，反而会适得其反地产生出强烈的不耐烦。大多数情况之下，利用这种超限效应就是不断重复某一句话，或者是下达某个指令，让对方反感强烈，然后完全按照与指示相反的方式去做事，或者是迫不得已，只好按照指令去行事。也就是说，当我们想要拒绝别人的无理请求之时，就可以巧妙地运用这种心理学效应来让对方知难而退。

这种不断重复的方法非常简单，你不需要与对方着急上火，也不需要提高声音，只需要语气坚定地重复同一个理由就可以了，甚至都不用多说一句解释的语言。运用这种方法的基础就是要让对方感觉你立场坚定，理由数量不多，但是却真实、充分、有力，然后等对方听多了你的这一同样的理由时，心理上的"超限效应"机制开始启动，就会收回请求，自动离去。

米尔特和卜亚楠特是大学时的室友，经常一起外出吃喝游玩。但是在毕业之后两个人进入了不同的两家软件开发公司工作，两人之间的往来次数明显减少。一天，米尔特突然邀请卜亚楠特出去用餐，酒过三巡之后，米尔特对卜亚楠特讲出了自己的真实目的：原来米尔特在工作上遇到了瓶颈，所以想借卜亚楠特公司的一些机密数据和软件程序作为参考资料，好帮助自己渡过这个难关。

卜亚楠特听了之后自然不会同意这种不合理请求，于是明确拒绝，并开始讲述自己的理由。

"公司的保密文件只有少部分人才能够看到，我是接触不到的，所以不能帮你带出来。"

"我虽然参与过资料的讨论，但是没有直接参与开发，我手里也没有资料。"

"我们公司制度很严格，如果这种盗窃数据的事情被发现，我的工作就不保了。"

这次聚会不欢而散。

虽然卜亚楠特罗列出了各种理由，但是米尔特仍然不肯罢休，又再一次请卜亚楠特外出吃饭，并又一次提出了那个过分的要求。

这次卜亚楠特没有再给米尔特罗列理由，他对米尔特说："我不是已经告诉过你了吗，那些文件我是无法接触到的。"

米尔特说："你总是有办法可想的，你们公司那么多人，可以找人帮忙啊。"

卜亚楠特说："那些都是管理层人员，我不可能向他们要文件和数据，所以我真的接触不到。"

米尔特恳求道："求你了，想想办法吧。"

卜亚楠特："真的想不出来，我们公司对这个的管理是相当严格的，根本是没有任何办法可以想的。肯定没有机会接触。"

米尔特："……"

卜亚楠特："那些都是公司机密，我真的接触不到，完全接触不到。"

卜亚楠特的拒绝理由其实很简单，简单的就只有一条，但是正是这条理由，让米尔特结束了他的幻想，卜亚楠特成功拒绝了他的不合理请求。

要想拒绝一件事情，可以将自己的所有理由都摆出来，然后一个个地进行比较，这并不一定是一个很好的办法。其实试着重复同样的一个理由，也是可以做到拒绝的。

FBI 第十二章

旁敲侧击，迂回进击

——FBI 特工的侧面突破攻心战术

FBI 并不仅仅是一个安全组织，更多时候它像一个超级心理组织。因为 FBI 特工能够以各种方式去解读人的内心，并且在窥视别人内心密码的同时找到事实的真相。而在 FBI 特工的攻心术中，"从旁枝入手，迂回进击"的方式更是其中最重要的——从别人最不注意的话题入手，在别人警惕性不高的地方展开侦查，从而在别人毫无预知的情况下掌握对方的心理，解读对方的内心世界，搜寻到自己想要的信息。对于我们普通人来说，掌握"旁敲侧击，迂回进击"的 FBI 特工攻心术更是一种不错的生存技能——它能够帮助我们读懂别人的内心，从而让我们明白别人对我们的态度，进而更好地保护自己。

侧面突破，让对方自己泄底

FBI 特工在审讯犯罪嫌疑人的过程当中，肯定不会是一帆风顺的，大部分的嫌疑人对他们的犯罪活动都会抵赖的。这就需要 FBI 特工和犯罪嫌疑人进行斗智斗勇，通过一些特殊的手段和方法，套出其话语当中有利用价值的线索。而他们最常用的一招就是"侧面突破"，以此来获取自己想要知道的信息。

有这样一则案例。

夜晚的美国休斯顿，总是有一些喝醉酒的司机，驾着车在马路上四处飞驰，而且为了防止被交警捉住，他们会在嘴里放上口香糖，以掩盖酒的味道，殊不知这样驾车会更危险。这使纽约的交警非常头痛。

有一次，一位协同交警工作的 FBI 特工在夜间执勤时拦截住了一辆飞速前进的白色轿车，当车子停下来的时候，FBI 特工明显看到，位于副驾驶座上的人，给司机喂了一颗口香糖，当时他们已经断定，司机是属于酒后驾车了。

于是 FBI 特工敲了敲车窗，然后很随和地对司机说："兄弟，这么晚了才回家，是和太太去吃饭的啊？"说着还看了一眼副驾驶座上的女士。

司机回答道："是啊。"

"嗯，路上的车太多了，你还是要注意安全，开慢一些，太太坐在副驾驶位置上不太安全，有没有想过让她坐到后面去吗？"

司机一边回答，一边暗暗想：今天是怎么回事，为什么他不让我吹仪器测试酒精含量，难道这个协同检查的 FBI 特工不知道这个吗？

可就在这个司机胡思乱想的时候，旁边的交警突然问道："那么，能告诉我们今天晚上吃的是什么吗？意大利菜？还是中国菜？"

司机回答："法国菜。"

交警接着问："哦，这可是个不错的选择，浪漫又有情调，那么喝的又是什么酒呢？"

司机随口答道："一瓶诗尼格葡萄酒，之后又……啊！"

这个时候一旁的交警和 FBI 特工都笑了，因为这个司机就是在他们的引导下，说出了自己喝了酒，而且是一瓶葡萄酒。这个时候他们就是用到了旁敲侧击、步步深入的方法，通过司机自己的嘴里说出了他喝酒的事实。

"侧面突破"的方法在我们的生活中是很实用的，当人们对某事产生心理上的防御的时候，别人是很难攻破的，他们对于别人的提问，会"顾左右而言他"。所以我们就要"侧面突破"，不要和他们谈论其所掩盖着的事情，这个时候他们的心理就会产生漏洞。我们就可以利用这样的漏洞，然后突然将话题再绕回去，这样对方对于这种巨大的反差，很难作出适应性调整，很容易就会"顺口"讲出事实。这样，就可以从对方口中掏出我们所需要的信息了。

迂回出击，寻找共同敌人

威廉·沙尔斯是联邦调查局的高级特工，最近接了一个极为棘手的案子。一位名叫巴格尔斯·诺莫里斯的男人是一起毒品交易案的犯罪嫌疑人，他的背后隐藏着一个庞大的犯罪团伙。但是在过去的两个月没有任何人能够从他嘴里得到一丁点信息。现在，他正坐在审讯桌旁，一言不发地看着威廉·沙尔斯，而威廉·沙尔斯也在沉默思考着如何打开这个僵局……

忽然，威廉·沙尔斯抬起头，望着巴格尔斯·诺莫里斯的眼睛真诚地说："我知道你和这些毒品有关，但是你是不会被起诉的！"

巴格尔斯·诺莫里斯始终高度警觉，而当他听到这句话之后眼前一亮。而威廉·沙尔斯已经打开了他的戒备，乘胜追击说："我觉得应该起诉的是那些你所谓的朋友。如果是真正的朋友，怎么会让你替他们承担风险？对吧，巴格尔斯·诺莫里斯？他们不是你的朋友，而是我们这些无辜的人共同的敌人，你被他们利用了，你是无辜的。"

巴格尔斯·诺莫里斯的脸扭曲了，愤怒之情溢于言表："是的，我恨死他了，那个婊子养的，他总是拿最多的钱，每次都给我分那么一点点；但是最危险的活儿总是交给我，现在只有我在这儿，这不公平！"巴格尔斯·诺莫里斯终于开口说话了，完全打开了他的戒备。

"哦，喝杯咖啡，将你不幸的遭遇说出来，让他得到他应该得到的报应。"威廉·沙尔斯很感兴趣地凑上前，将一杯咖啡推到巴格尔斯·诺莫里斯的面前……

20分钟之后，威廉·沙尔斯带着厚厚的卷宗离开了审讯室，巴格尔斯·诺莫里斯原原本本地交代了自己的犯罪事实，而且供出了一个多达37人的贩毒团伙。两天之后，巴格尔斯·诺莫里斯整个贩毒团伙被一举剿灭，轰动全城。当警长劳伦斯问起威廉·沙尔斯为什么能够在短短的20分钟内就将拖延两个月而毫无进展的案件侦破时，威廉·沙尔斯一脸微笑地回答："那是因为我和巴格尔斯·诺莫里斯成为了朋友，我们都找到了共同的敌人。"

这是一场经典的 FBI 特工心理战：从他们的对话中我们可以看出，在两个月的审讯中，身经百战的巴格尔斯·诺莫里斯具有强大的心理防线。威廉·沙尔斯没有和之前那些审讯的特工一样直接挑战巴格尔斯·诺莫里斯的心理防线，而是选择了迂回战术，并不去直面问题，而是先打消巴格尔斯·诺莫里斯的戒备心理，"我知道你和这些毒品有关，但是你是不会被起诉的！"这让巴格尔斯·诺莫里斯看到了希望，身陷囹圄中的他盼望的就是减少自己的犯罪事实，威廉·沙尔斯的这句话正中其下怀，迅速拉近了他与巴格尔斯·诺莫里斯的心理距离，寻找到了双方之间产生交流的共同点。当巴格尔斯·诺莫里斯听到这句话之后，他的心理产生了一个非常大的变化——这个警察能够让我减少刑罚。而这一变化在被威廉·沙尔斯发现之后，他立刻顺势而下，继续消除巴格尔斯·诺莫里斯的戒备心理，同时一点一点地增加自己在巴格尔斯·诺莫里斯心中的好感，点出巴格尔斯·诺莫里斯一个人背黑锅、负隅顽抗这样的孤单处境，彻底击溃巴格尔斯·诺莫里斯内心的最后一道防线。此时，在巴格尔斯·诺莫里斯心中，对同伙的不信任已经占了上风，威廉·沙尔斯似乎已经不是审讯他的人，而是一个正在帮助他走出困境的人。巴格尔斯·诺莫里斯面对着威廉·沙尔斯，他卸下了一切伪装让自己内心的不满得到了宣泄。他感觉到自己就像威廉·沙尔斯所说的那样，是一个无辜的人，是受到同伙的蒙骗才犯罪的。所以，他将自己的犯罪事实和同伙向威廉·沙尔斯交代得清清楚楚……

在我们的现实生活当中，我们也常常会遇到非常难以沟通的人，令我们一筹莫展。在这种情况下，我们不妨向 FBI 特工学习一下，采用迂回出击的战术，找到双方沟通的共同立场，然后解决棘手的难题。

迂回出击这一"攻心术"的关键之处，就是巧妙地回避矛盾最尖锐的问题，找准双方的共同点，以旁敲侧击的方式消除对方的戒备心理，从而会让其暂时放下矛盾，双方站在同一战线。

要想娴熟地运用这一攻心术，在实施的过程中有几个关键点一定要加以注意：

1. 迂回出击"攻心术"的关键是回避针锋相对的矛盾

"迂"就是绕路、旁敲侧击，探寻出对方的心理状态，然后再含蓄地透露出我们可能有着同样的心理。举个生意场上的例子，两个做生意的人，一个想收购，一个想要卖出。自然是收购货物的人开低价，卖出货物的人开高价，两个人争来争去各不相让。这个时候，收购货物的人就巧妙地从货物的成色、质量、当前市场行情等各个方面为卖货的人分析，卖货的人也从对方的分析中心理逐渐产生了动摇，认为自己抓住时机赶紧出手才是上策，于是放弃了原来居高不下的喊价，两个人满意地达成了共识。在实施迂回出击"攻心术"的过程当中，一定要突出这个"迂"字，通过"顾左右而言他"使自己的观点被对方接受，消除对方的敌对心理，避免矛盾针锋相对、陷入僵局。

2. 迂回出击"攻心术"的突破是把自己当做对方的朋友

"迂"只是消除对方戒备心理的一个策略，迂回找"孔"才是目的。而"孔"是一个双方都满意的共同点，只有找到或构建一个双方利益的共同点，才能够达成合作，这也是迂回找"孔"的关键点。仍然以商场为例，公司甲和公司乙正在进行一场艰难的商业谈判，公司甲希望和乙签订一个5亿元的合作项目，但是由于乙的资本有限，它只愿意接受一个3亿元项目。在这个时候，甲公司没有继续咄咄逼人地进行谈判攻势，而是撤回谈判代表，重新组建了一个调研团队，站在双方的立场上做了一个项目投资调查报告，最后通过数据分析得出一个结论，以公司乙现有的实力无法展开5亿元的项目，而对公司甲来说3亿元的项目利润又太小，那么双方可以再将合作项目的金额降为4亿元，在乙公司能够承受的最大基础上实现双方合作的利益最大化。这样一来，公司乙欣然接受了这一建议，在4亿元这个共同点上完成了合作。

化敌为友，寻找共同利益

FBI特工们常说，每一个任务都是一场战争，要想在激烈的战争中实现自己的目标，最好的方式就是化对手为伙伴——在斗智斗勇中读懂对方的内心，找到双方的共同利益，化敌为友是赢得竞争的最好方式。

1998年，FBI特工受命侦察一起凶杀案：休斯顿的一个普通三口之家遭遇了灭顶之灾，在睡梦中被凶手用一把面包刀割断了喉咙。狡猾的凶手清除了自己在案发现场的一切痕迹，FBI特工在被害者家里整整搜寻了两天两夜，唯一有价值的线索就是在卫生间里找到了 20 多个指纹。经验证，其中一个指纹属于被害者的朋友乔治·摩立特。他是一位律师，在休斯顿的一个律师事务所工作，生活非常优裕却很抠门儿，他有充分的证据证明自己案发当晚不在案发现场。因而没有人能认定他就是凶手。

案件已经发生了几个月却迟迟不能告破，FBI 特工决定派调查员哈瑞·蒂斯克负责破获这起凶杀案。哈瑞·蒂斯克在调查了几天之后，发现斯利姆律师家的草坪上有汽车碾轧过的痕迹，而这个痕迹和乔治·摩立特的汽车轮胎痕迹相吻合。但是，仅凭汽车轮胎的痕迹无法证明乔治·摩立特就是凶手。

多年来的办案直觉告诉蒂斯克，乔治·摩立特律师就是凶手，但是现在证据还不够充分。证明乔治·摩立特不在现场的 8 名证人是一家夜总会的 6 名女侍和两个经理。他们一致证明在案发当晚，乔治·摩立特 10 点钟来夜总会消费，直到第二天早上 6 点才离开。怎么证明这些人都说了谎呢？蒂斯克冥思苦想，计上心来——他找到那 8 个证人，给他们看了一样东西，8 个人瞬间承认自己做了伪证。蒂斯克给他们看的是什么呢？原来是乔治·摩立特的存款记录，他的记录单上清楚地记录着他的户头只有 26.7 美元，假如他们做的是伪证，这意味着他们的冒险将得不到任何回报……

在这样一起看似根本无法破获的凶杀案中，寻觅能够证明乔治·摩立特就是凶手的物证似乎是所有人都会首先想到的。蒂斯克却从 8 名人证的身上打开了缺口。不得不说，蒂斯克就是一名不折不扣的攻心高手，因为他也并不能确定这 8 个人都是"伪证人"，但是他抓住了乔治·摩立特很抠门儿这样一个显著的特征，猜测到既是抠门之人，其提前支付报酬的可能性自然不是很大。所以，拿出乔治·摩立特少得可怜的存款记录单，就能够打破"伪证人"与犯罪之间的利益联盟，迫使他们开口说出真话。FBI 特工在培训中特别强调阅读别人的内心，从人的内心世界的变化中找到犯罪嫌疑人犯罪的蛛丝马迹，这也是蒂斯克成功的关键。在这个案例中，蒂斯克成功寻找到了他与"伪证人"之间的共同利益，即"拿不到钱，那就立刻翻供"，结果他成功地破获了这起暴力凶杀案。

我们现在生活在一个竞争异常激烈的社会中，不但要时刻超越对手，还要从对手的手中获得想要的东西。因而仅仅依靠提升自身的实力，已经无法在当代社会脱颖而出，更多的时候还需要我们在竞争中与对手合作，即"竞合"制胜。

所以，通过阅读别人内心找到双方的共同意向就变得至关重要了。这本身并不是一件难事，只要我们向 FBI 特工那样去做，我们也可以成为一个攻心术高手。那么，FBI 特工是如何从别人身上找到共同意向的蛛丝马迹呢？

1. 生活习惯上蕴涵巨大玄机

FBI 的犯罪心理专家尤德利说过："一个人的生活习惯中有很多的内心密码，我们需要从他们的生活习惯中去分析解读他们的内心密码，这样有利于我们发现他们做事的动机。"

作为现代生活中的一员，每个人无论是吃饭、穿衣、购物还是健身，各种生活细节中都蕴涵着丰富的"内心密码"，在激烈的竞争中，我们应该留心对手的生活习惯，从中挖掘出背后的含义，解读出他们与我们之间的共同意向，从而以双方的共同利益为基本点，实现双方利益的最大化。

2. 共同利益就是共同意向的起点

有句俗话说得好："世界上没有永恒的朋友，只有永恒的利益。"竞争之所以存在，就在于资源有限，而双方都想要获得自己想要的利益。换句话说，利益是世界上一切竞争的导火索。

在一场竞争的角逐过程中，竞争双方都有一个彼此接受的利益实现的底线，抓住这个底线就抓住了双方的"共同利益"，就实现了双方的共同意向。所以，当我们在日常生活工作中面对强大的竞争对手时，千万不要去孤军奋战，而是应该学会"在竞争中合作"——在找到双方合作的共同意向的基础上，一边竞争一边合作，从而将风险最小化、利益最大化，实现两者的共赢互利。

3. 对方的谈话透露着共同意向的信息

FBI 资深警官布鲁杰密斯说："在审问犯罪嫌疑人的过程中，其实就是和他进行对话的一个过程，两人谈得越深入就越可以获得更多的信息，如果在刚开始的时候就找到了两人之间的共同话题，这样就会很容易得到有用信息了。"

人与人之间也一样，每一次谈话都是内心想法的展示，谈得越深，内心想法表露得也就越多，也就越容易捕捉到有关共同意向的信息。在我们的实际生活工作当中，要想和竞争对手产生一种"竞争合作"的双赢模式，我们一定要利用与竞争对手谈判的机会，在谈判桌上从彼此的交流中找到利益的共同点，从而实现共同意向的达成。

投其所好，用对手的兴趣点引蛇出洞

FBI 高级警官谢克曼·亨利曾说："只要是犯罪嫌疑人感兴趣的话题，他们就会多说上几句，而他们多说的话中往往包含着很多的破案契机。"对方感兴趣的点就是我们做心理进攻时要抓住的要害，利用好它会给对手以致命一击。当我们在与人展开一场竞争时不妨"投其所好"，用对方最感兴趣的事情去麻痹对方，会帮助你实现目标。

截至 2011 年 1 月，FBI 已经高度监视了俄罗斯间谍安娜长达 6 个月，在这半年时间里安娜以一家房地产网站负责人的身份生活和工作，没有露出一点的蛛丝马迹。如果只是被动地监视已经无法打开她的突破口了，心理专家们决定利用她的兴趣点，引蛇出洞。

第一个回合的较量在悄悄地部署。FBI 派遣了一名特工，假装成为一个房地产商通过业务机会不断地去接触安娜，希望可以在日常的交往中打开她的心理防线找到安娜的罪证。但是安娜很认真并尽职地接待了这名 FBI 特工派出的"房地产商"，没有表现出一点特别之处。FBI 只能下这样的论断——安娜是一名接受过高等训练的特工人员。

一招不成，第二个回合的较量随之展开。FBI 特工决定继续投其所好，引蛇出洞。FBI 专家们分析，安娜作为一名间谍，在长期按兵不动的伺机等待的过程中，最急切想要得到的莫过于上司交给她的新任务了，因而最有可能引诱她现出原形的就是她的上级。于是 FBI 选择了一名男特工伪装成为俄罗斯的驻外官员，通过秘密接触向安娜透露有新任务要交给她。安娜表现得非常兴奋，当即给这位驻外官员打电话，并约好地点见面接头。FBI 特工在和安娜接头之后，交给了她一份伪造的任务。

安娜立即雄心勃勃地开始着手实施任务，立刻更换了姓名和地址，更换了联系方式，着手实施行动。而 FBI 特工也搜集到了她的罪证，将她一举抓获。

FBI 成功抓捕安娜的过程中，最为关键的因素就是找到安娜的兴趣点，投其所好，最终引蛇出洞。可见，每一个人所感兴趣的事物都是其"致命死穴"。利用这一点就可以诱导对方的行动，陷入我们事先布好的局，操纵对方的思维，实现自己的目的。

由此看来，用投其所好作为心理进攻策略是人们赢得竞争的一个制胜法宝。但是这个方法能否行得通，还有一些关键点不可掉以轻心，FBI 的专家们在长期的实践中对此进行了总结和提炼：

1. 投其所好的前提是找出对方"所好"

FBI 资深探员查普曼说："不要急着去审讯，最先做的应该是知道犯罪嫌疑人最喜欢什么。因为绝大多数的犯罪嫌疑人都是因为得不到自己最感兴趣的事物才去冒险的，这个关键因素非常有助于我们去破案。"

这个道理不仅在破案中适用，在竞争中也屡试不爽。找到对手最感兴趣的事情，这是我们成功地控制对方心理的一个关键点。FBI 特工们在训练中通常从以下几方面入手，以达到这一目标。

（1）了解对手的成长环境。世界著名心理学大师西蒙曾经说过："一个人有着什么样的爱好，他的成长环境几乎起着决定性的作用。"一个人在成长的过程中，他周围的人有什么样的特点，他经历过什么样的事情，会对他的性格和喜好产生决定性的作用。比如说，一个歌唱演员的孩子，从小在音乐的环境中长大，自然会对音乐有着特别的鉴赏和敏感。找出对手对哪些方面比较感兴趣，了解他的生长环境可以作为操纵其心理的"武器"。

（2）从生活习惯入手。习惯就是一个人生活中的惯常轨道，观察对手的生活习惯就能找出其最喜欢的事物，从而实现自己的目标。如同FBI 心理专家所说的："每一个人的生活习惯就像一台投影仪，清清楚楚地反映出了一个人的真实面目，他喜欢什么，他不喜欢什么，都反映得淋漓尽致。"抓住细节往往能事关成败。

2. 把握对方的沉迷心理

FBI 资深特工在对新人培训时常说的话就是："你能够和犯罪嫌疑人很好地交谈，这是一种成功，但是仅仅获得这种成功说明你还不是一个出色的侦查员，因为你还没有找到让他出现沉迷心理的话题，任何人在沉迷心理状态下都是戒备心理最弱的时候。"对 FBI 特工来说，把握对方的沉迷心理并不是依靠天赋或灵感，而是有迹可循的。掌握了下面的规则，你也可以像他们一样探究人的内心。

（1）用最感兴趣的事物使其迷失判断。在 FBI 的审讯中，特工着手一个案子通常并不是直接切入话题，而是会先给犯罪嫌疑人讲个笑话，聊几句天，让其精神逐渐放松，然后才开始切入正题；而且在整个审讯过程中，特工们也时刻注意引导犯罪嫌疑人，让犯罪嫌疑人卸下伪装，放松高度戒备的心理。所以，当我们进行谈判和利益协商的时候，也切记不要目的性太强，直奔主题反而更容易暴露自己的意图。利用对方的兴趣点混淆对方的判断往往会出奇制胜。

（2）主动示弱，消除对方戒备心理。世界著名心理学家埃克尔曾经指出："因为每一个人从内心深处对周围环境充满恐惧，所以其在做每一件事情的时候都会受到危机意识的影响，所以人们总是拣最重要的事情去做。"现实生活中，人们在面对利益冲突时都是有自制力的，在面对自己最喜欢的事物和最重要的事物之时，稍作判断都会坚定不移地选择后者。因此在竞争中，我们常常要主动示弱来消除对手的戒备心理，有效地降低竞争对手的危机意识，卸下戒备，产生安全感，将心神投入在其感兴趣的事物上，从而成为我们手中的"猎物"。

沉着冷静，不紧不慢步步紧逼

有条不紊地说话，代表了一种风度和涵养，更是一种心态的体现。在我们日常的认知里面，思维缜密的人说话通常慢条斯理，句句珠玑。这样的人最突出的一个特点就是城府深，将想法深深藏在自己心中，不会轻易透露，在不动声色中达到自己的目的。

FBI 特工哈斯克说："在审讯犯人的过程中，你不要着急先说，而是让犯人多说，自己在说话的过程中尽量少说一点儿，慢一点儿，不要急于得出结果，这样才能够让罪犯将罪行交代清楚。"不要小看说话慢，这也是一种有效的"攻心术"，可以使自己在谈话过程中处于有利位置，控制谈话节奏。

杰瑞是 FBI 的一名探员，在长达 20 多年的 FBI 生涯中他训练出了说话慢的审讯技巧，成为了一名审讯高手。在每一次审讯过程中，杰瑞总是想办法刺激犯罪嫌疑人的情绪，等到其急不可耐、逻辑混乱的时候，他才开始不紧不慢地展开审讯。

有一次，杰瑞遇到了一个让他和助手都束手无策的犯罪嫌疑人。面对这样的一个犯罪嫌疑人，杰瑞决定一个人审问，而方式就是——沉默。

"你怎么老是这样，你要是不想问什么的话，那麻烦给我弄点吃的，然后再回来看我。"犯罪嫌疑人懒洋洋地说。

又是沉默的 5 分钟，犯罪嫌疑人又接着说："你别老是这样啊，能给我弄点儿吃的吗，我实在有点扛不住了。"

45 分钟之后，面对还是保持沉默的杰瑞，犯罪嫌疑人说："我饿了！"

"看起来大家都饿了。"杰瑞说。杰瑞之所以选择在这个时候开口，是因为他已经从犯罪嫌疑人的语气中听到了对方的不耐烦——显然对方的心理防线已经开始崩溃。

"饿，这可不是什么重要的事情，我认为现在你就要……"

显然，犯罪嫌疑人很难接受杰瑞这种慢慢悠悠的语气，他有点慌乱了。

"请你直接讲一下，我到底将会经历什么？"

对于这样的情节，杰瑞是早已明白的，于是他接着说："你能告诉我，在 5 月 3 日的晚上 10 点多钟的时候，你是不是和大卫·斯科尔在德希莱酒吧喝酒？"

"是的，我们当时是在那里喝酒，那请你现在告诉我，我现在要面临什么？"

"哦，不要迫不及待，你所要经历的就是一次正式的审问。就从你和大卫·斯科尔喝酒开始说起吧！"

当然，故事的结局最终是杰瑞破获了这个案子。可以看出，犯罪嫌疑人的心理防线就是在杰瑞的沉默和慢慢悠悠的说话声中，一点儿一点儿地崩溃的。

显然，这个真实故事告诉我们，当你在慢慢说话的时候，你会变得更加冷静，而别人则会变得急躁，用冷静对待急躁，胜利的当然是你。

当今这个社会，生活节奏的变快，使得人们处于一种浮躁之中，想要慢下来说话显然不是一件容易的事情，这样做的后果就是自己的心理意图赤裸裸地暴露在别人面前，心理的弱点被利用就很容易实现了。

FBI 一位资深心理专家曾说："那些讲话不快的人，他们都有着一双睿智的眼睛，能够在别人说话的间隙中读懂别人的思维，并搞清楚自己接下来怎么说话更为妥帖。"说话慢不仅可以有充分的时间去理清思路，同时还可以避免自己犯错，我们平常所说的"言多必失"正是这个道理。这些都告诉我们，在与人相处的时候，要尽量将语速慢下来，这样做就可以像 FBI 特工一样，不仅保护了自己，还可以准确找到对方说话中的漏洞，慢慢地了解别人的真实意图以作出有利于自己的判断，实现让自己满意的结果。具体在操作的时候，我们该怎么办呢？来看看 FBI 特工们是怎样做的：

1. 说话时要慢，但是思维一定要快

一位资深的 FBI 特工曾经说过："话说慢了，但是思维不能慢下来，高速运转着的思维，才可以让你在与对方接触中，抓到问题的核心。"说话慢的根本原因，是为了让自己能在与人相处的时候占得先机。

在我们的日常生活中，有些人总是说话很快，思维却很慢，这样的直接后果就是自己费了半天劲儿，别人还是没有听懂他的意思。这样显然是不行的。

2. 说话可以慢，但是不能不专心

FBI 特工安东·杰丽斯说："说话慢是很好的一种品质，要知道你缓慢的语速不仅可以让对方听得更清楚，还能让对方了解得更明白。但是在交谈的过程中，始终不去看对方的脸，这其实也是一种轻佻的表现，谈话也就很有可能因此而终止。"

讲话比较慢，是沉稳和睿智的一种表现方式，但是由于没有专注于谈话而表现出来的说话慢，那就是另一回事了，这种情况会引起谈话者的不适，从而让对方有被看不起的感觉。所以，与人交谈时语速可以放慢，但是注意力还是要集中，眼睛要懂得适时地看对方的眼睛，同时还要时不时对对方的讲话进行回应，这样两人的交谈才能良好地进行下去，从而获得更多自己需要的信息。

3. 说话慢的同时，要注意配合自己的肢体语言

身体语言是另外一种重要的表现形式，它就像是一面镜子一样，可以让人们看到很多想要知道的信息。而身体语言包括手势、表情、站姿、空间距离等，这是非语言行为所表达出来的内心意识。

著名心理学家艾宾浩斯说过："聪明的骗子不但是语言会骗人，而且是身体和心灵都会骗人，他们的一举一动在透露出真实的同时，也欺骗了其他人；那些不会骗人的人，就是那些总是被自己的身体语言给揭穿的人。"通过这个就可以看出，我们在试图用慢慢讲话的方式来掩盖自己的内心真实想法的时候，也要注意到自己的肢体语言，不要让自己的身体出卖了自己。

换位思考，将心比心以心换心

FBI 资深心理研究员罗斯·鲍勃说："不管怎样，犯罪嫌疑人也是人，换个立场思考问题，给予他们同情，让他们明白我们是善良与热情的，这样我们就可以在心理上得到通畅的沟通了。"其实换位思考有着很重要的作用，想要让别人接受你，就需要懂得换位思考了。

世界著名心理学家艾宾浩斯认为，换位思考其实就是与其他人在心理上建立一种相互体验的过程，这种将心比心的心理转换显然是人们之间沟通的重要心理条件。换位思考从客观上需要我们将自己和对方的内心感受联系起来，思维方式、情感体验等都需要和对方很好地联系，从而为沟通奠定理解的基础。所以，站在对方的角度思考问题是双方相互信任和理解的前提，只有将心比心才能够形成融洽的合作模式。

一位从越南战场上归国的 FBI 高级特工，从纽约给旧金山的父母亲打电话，电话一接通他就说："亲爱的父母，我已经到旧金山了，要不了多久就可以看到你们了。"

"这一切都是真的吗？我们太开心了，感谢上帝，你终于平安归来。"父亲在电话的另一头已经是泣不成声了。

"亲爱的爸爸妈妈，我还有件事情要告诉你们，在战场上的一个战友由于踩到了一颗地雷，很不幸受了重伤，失去了一条胳膊和一条腿。他现在无家可归，我想将他带回咱们的家中，想让他和我们一起生活。"儿子在电话那端高兴地说。

"很遗憾，孩子，听到这件事情我深感抱歉，我们可以给他提供很多帮助，但是让他和我们住在一起，这太不现实了。毕竟他是个严重残疾的人。"

"他可是和我一起出生入死的战友啊，如果不是他踩了地雷的话，现在也许已经没有我了，请让他和我们一起生活吧。"

"不，不，不，孩子，听我的，我们对他的遭遇感到很同情，但是我们有我们的生活，他的到来必然会给我们的生活带来很重的负担，我们可不能让他影响到我们的生活。"

"爸爸，难道你真的忍心这样决定？"电话中传出来的几乎是儿子的哭声了。

"孩子，把他忘掉吧，回来，我们开始新的生活。"

但是没有等到父亲的话说完，儿子就已经挂掉了电话。

在后面的日子里，他们再也没有接到过儿子来的电话，而就在他们动身准备去纽约找儿子的时候，他们接到了警察的电话："根据信息确定，你们的儿子从十七层高的楼上坠下失去了生命，警方认定是自杀。"悲恸欲绝的父亲和母亲立刻飞往纽约，在医院的停尸间里，他们意外地发现，他们的儿子只有一条胳膊和一条腿。

这个故事其实就是在说明着换位思考的问题。不懂得换位思考的父母，害怕儿子带回来残疾的战友影响自己的生活而拒绝了儿子的请求，就这样打碎了残疾儿子继续生活下去的信心。不懂得换位思考，必将带给人们意想不到的恶劣后果。

如何做到换位思考呢？这是个复杂的学问，下面我们就看看 FBI 特工们都是怎么做到的：

1. 换位思考，思维应该先到位

换位思考，先要做到思想意识的换位。也就是说，拥有正确的思想意识是换位思考可以进行下去的首要条件。在我们的生活和工作中，换位思考尤其显得重要。当我们学会设身处地为别人考虑时便会减少很多伤害，一方面可以让对方免受伤害，另一方面还可以让自己收获更多的感激和善意。

其次，人对自己的保护是肯定的，如果停止了对别人而做的某件事情，但是这种停止行为会给自己带来巨大的影响，甚至让自己受到巨大的损失，这时我们就要对这件事情果断喊停。只有思维意识到位了，我们才会意识到换位思考的必要性和重要性，从而让我们更加有效、更加合理地进行换位思考。

2. 换位思考，更多的是一种职业习惯

美国 FBI 特工汤姆·里维斯说过："当我们一定要去做某件事时，首先要想一想应不应该去做，以及做了以后对别人有什么不利的影响，要养成这种做事前先考虑别人的思维习惯。"

我们在生活中形成换位思考的习惯也不是一件不可能的事情，只要我们拥有同情心，多一些善意和理解，做事情之前先考虑到对方，懂得站在别人的立场上去考虑问题，慢慢地也就会养成了换位思考的好习惯。

任何事情一旦形成习惯之后，在生活中就会很难被抹去。所以如果我们都能够养成换位思考的思维习惯，这种好的习惯最后将会成为我们的职业习惯，并一直保持下去。

3. 换位思考要有"度"

不管什么事情，在做的时候一定要注意好度的把握。著名心理学大师弗洛伊德说过："当真理向前迈进一步的时候，它自己可能也会向后退回一步。"其实，换位思考也是一样的，如果不考虑度，不管不问，在任何时间、对象和场合都考虑到换位思考，这样做的结果便是"错位思考"了。有些事情和场面是无法换位思考的。比如说，如果我们看到一个穿

着并不是很好的小偷在偷窃东西，难道就要我们换位思考考虑到对方的生计很糟糕才选择偷盗的吗？这样的思考之后，我们到底是捉这个小偷呢，还是不抓呢？如果换位思考了，那即是不折不扣的"错位思考"了。

换位思考要有"度"，其实所谓的"度"也就是对事情好与坏的把握。一件事情，如果明显知道是坏事情，一旦换位思考了，我们就很容易产生同情心，从而会让错误的事情进行下去。换位思考要有度，而对于好坏的辨别一定要注意。

20世纪90年代初，5名FBI特工乘坐一辆吉普车外出执行任务。半路上，其中两名FBI特工突然肚子疼，他们不得不下车去附近的医院检查。为了不耽误执行任务，剩下的3个人继续前往去执行任务。

但是不幸的事情就在这个时候发生了，那3个FBI特工在途经一座山坳的时候，被山顶上滚落的巨石砸中，车毁人亡。失去了3个同事，这让在病房中的两名FBI特工陷入了深深的哀思之中，在很长时间的沉默之后。特工A先开口了："这真是太意外了，他们是那么年轻，那么优秀，却不得不过早地离开我们。"

特工B说道："早上我们还在一起吃早饭，现在却人鬼殊途了。"

"不过，对于他们哀悼的同时，我们还应该感到庆幸，还好我们没有和他们一同前往，要不然停尸间又要多两具尸体了。"特工A用一种庆幸的口吻说道。

"可我和你的观点恰恰相反，试想如果不是我们肚子疼，我们就不会来医院，那么他们就不会在巨石滚落的那个时间点正好经过。"

这个故事同样告诉了我们，在生活和工作中要懂得换位思考，换位思考可以让我们对自身重新审视，可以让人们更深刻地了解事情。

FBI高级特工谢普杜拉说："一般情况下，当你想到一个主意的时候，别人同样也会想到。所以，当我们的主意不错的时候，千万不要扬扬自得，先换位思考一下，想想别人的想法是什么。"

在日常生活中，换位思考同样是有着重要的意义的。无论做任何事情，先尽可能地换位思考，设身处地为别人考虑，这样我们就能够获得别人的信赖与尊重，让别人更愿意和我们一起合作。换位思考是人与人之间相处和信任的必要条件。

FBI 第十三章

虚张声势，故弄玄虚
——FBI特工的心理博弈攻心战术

FBI特工通过实践指导我们，攻心术的目的不仅仅是为了保护自己和让自己在处理问题、与人相处的时候占据有利地位，要想直接瓦解对手的心理防线，还需要对对方的内心变化过程进行解读，从而加以运用和控制对方的思维方向，以达到掌控大局的目的。

在本章讲到的虚张声势的心理技巧，可以让对方对你摸不着头脑，无法看清你的底细，进而因为怀疑而产生动摇，你就可以通过对方的这种动摇的心理缝隙，将自己的观点、意见灌输到对方的思想当中，从而控制对方的思想，从对方的思想中取得自己需要的信息、情报，最后获得想要达成的结果。下面，将会介绍到FBI特工在审讯的实践中经常会用到的虚张声势的心理技巧，希望这些技巧能够对我们日常的学习、工作和人际交往有所帮助。

让对手感受你的强大气场

FBI特工认为，在与别人交谈的时候，如果想让对方关注你，认真听你谈话，那就必须找到对方所感兴趣的内容，这时候气场和气势就显得很关键了，它可以很好地感染听者并带动对方的情绪发生变化。很显然，在与人交往的表达过程中，语言的表达和说话的气势尤为重要，因为它不仅可以影响到对方的听觉感受，同时还将他们的情绪带动起来，使其受到你话语的感染。另外，需要注意的是，说话时候语调的把握也是很重要的，说话的时候能够做到抑扬顿挫以及声音洪亮，那么对于说话者的自信心都是有所提高的，不仅如此，还可以对说话者的气势有所提升。

但是不同的人有着不同的性格，而这种性格上的差异同时也在他们说话时的气势上也有所表现。

对此 FBI 特工做了大量的调查，他们发现通过一些信息可以判断一个人说话时的气势，而通过他的气场是可以对他们有全面的了解的。

1. 说话软弱无力、语调低沉

这种人给人的第一感觉就是神秘，让人无法捉摸清楚他们的心思，也有人因为他们的这种无法捉摸，断定他们是阴险的，甚至于产生恐惧感。

这种人大多数时候都会选择沉默，缺乏和其他人的沟通，从不轻易接受别人的意见，做事情总是依靠着自己的判断。在本性上，他们是具有很大的疑心的，他们对任何人都不会愿意敞开心扉，总是会保持一定的距离。

通过他们的说话气势，可以了解到他们实际上是占有欲较强的那一类人，对待别人总是会有着很高的要求，甚至有时候在与人交往的过程中有点让人费解。

这样的人是不很容易被别人看透的，他们说话时所表现出来的气势并不是很足。这种人如果想要在人际关系、工作、学业上制胜的话，FBI 特工建议他们应该对公益活动热心一些，多参加这样的活动，在与别人沟通和交流的过程中学会适当提高说话的速度和语调，这样会提高他们与人沟通的效果，从而提升自身的价值。

2. 说话速度快且语调强有力

这种人是天生的自信者，他们做事情总是自信果断、精力充沛，当然有时候也会有一点急躁鲁莽。他们总是拥有着远大的理想，并且会为了这个目标而坚持不懈地努力下去。他们不愿意墨守成规，对于别人做不到的事情，他们总是有着浓厚的兴趣，并且在做了之后，会取得巨大成功。

这种类型的人一般是比较喜欢智力以及体力上的锻炼，这也和他们天生的反应迅速有关，在处理事情上他们能够做到当机立断，但是他们的弱点也很明显，那就是耐性不好。

这种人在语言的气势上是占有优势的，往往他们会成为人际交流中的主角，能够很好地引导对方，他们要做的就是将自己这种优良的说话方式保持下去，这样他们就会获得更大的成功。

要想在和别人的交流中获得最佳的效果，就一定要懂得用自己强有力的语言去感染其他人，在整个谈话的过程中保持非常饱满的精神状态，并将这种状态一直持续到讲话结束是很重要的。同时做到声音洪亮，语调抑扬顿挫，这样就可以引起别人的共鸣了。

另外，在和人交谈的过程中，总是有些人喜欢将谈话的声音拉长而且说话声音非常小，这样的谈话是很难展现出其内在的气势的，话语权也会很快落入到对方的手里。正如上一段所说的，想要对方感觉到自己的气势，在交谈的过程中说话声音不仅要洪亮，交谈的话语也要简短有力，简短有力的语言是可以让对方感觉到你无处不在的气势，同时深深地感染对方的。

巧用对比让对方摸不着头脑

什么是通过对比的方式让对方摸不清头绪呢？其实很简单，就是通过实际环境，借助着不同的沟通技巧和表现方式，以让交流着的对方不能很好把握住你所要表达的真实想法，在这个过程中，你可以很好地把握住话语主动权的效果。

我们先来看这样一个实验，在我们面前放上两盆水，一盆水是热的，而另一盆则是凉的，我们首先将自己的手放在冷水中，过上 5 分钟拿出来放到热水中，这个时候，手就能明显感觉到从冷变成热的过程；同样，如果把手先是放在了热水中，过上几分钟，然后再放到冷水中，手同样是会感觉到很明显的变冷过程的。这其实就是一个比较和对比的过程，两盆水就像是交流的两个方面一样。

　　其实生活中有不少这样对比的例子。比如说人们在吃水果的过程中，会品尝到水果的香甜，但是假如在你的苹果上面撒上些胡椒面的话，这样的水果就再也品尝不到香甜的味道了，代替它的则是一种令人作呕的味道，其实这个过程就是香甜的味道与令人作呕味道之间的对比。

　　这种对比的方法在我们的生活中是无处不在的，只要我们很好地利用就可以做到让对方摸不清头脑，从而丧失主动权。

　　我们来看一个 FBI 特工请假的故事。

　　有个 FBI 特工家中有事，想要请假，但是他知道那段时间是他们工作很集中的一段时间，假如他要直接告诉领导说要请假，领导肯定会以最近工作忙、缺少人手为理由而拒绝，准假几乎是不可能的，于是他想了一个办法。

　　这天他来到领导的办公室，告诉领导说："我这里现在有一些事情，可能需要和您好好进行一番研究，我希望这个事情能够引起您的重视……"说完话，这个 FBI 特工就站在那里，很明显，他的话让领导紧张起来了，神经也开始紧绷起来。

　　领导好半天才问他说："到底怎么回事？"

　　这位 FBI 特工一看，领导掉进了自己设下的"陷阱"，就对领导说："这个月我家中有一些事情，所以我想在这个月把剩余的年假休完。"此话一出，领导紧绷的神经也开始松弛了下来，口中还说道："我当有什么事情呢，如果就是这件事情的话，那我批准了，你好好休息。"

　　在这个实例中，这名 FBI 特工就是通过对比的办法，让领导批准他的休假的。当他设下陷阱让领导掉下去，此时领导的心情是焦急和恐慌的，他会认为有什么重大的事情发生，可是一旦知道对方只是为了请假的话，心就立刻松弛下来了。在这里，这个领导就将请假和那件幻想出来的"大事"作了一个比较。

　　我们再来看一个 FBI 特工讲述的案例，继续通过案例来说明这个问题。

　　为了选择本公司的 LOGO 设计，就此问题，美国某大型超市的董事长召开了全体中高层的谈论会议。其实在召开会议之前，这位董事长的心中已经确定了自己心仪的 LOGO，但是，他还是召开了这次会议，为的是让大家感觉到民主。于是大会一开始，他就向众人说道："各位，今天召集大家来，主要是就 LOGO 的事，向大家征询一下意见。我个人是比较中意这个的，我的想法就是用这个 LOGO，大家看怎么样，大家可以各抒己见。"

在董事长的这段话中，已经明确表态了，谁又敢说"不"呢，不过董事长看重的那个 LOGO 事实上的确不是很漂亮。

接下来，这位董事长直接向下面坐着的几个部门主任询问，这几个人异口同声地赞赏董事长选中的 LOGO。直到最后问了一个叫做斯特朗的部门主管，她所担任的是出口部的副主管，由于出口部的主管临时出差，所以她临时参加会议。

这位叫斯特朗的副主管的答案却让所有的人为她捏了一把汗。

"董事长，您选择的这个 LOGO 确实很不错，是非常经典的设计，但是这个 LOGO 并不是很适合用在我们公司。"斯特朗对董事长的选择作出了肯定，也是直接表明了自己的观点。但是她的内心并不是这样想的，斯特朗曾经接受过专业的绘画和设计，所以对于这个缺乏艺术水准的 LOGO 一点好感都没有，但是她知道她不能这样说出来，于是她在向董事长陈述理由的时候，她隐瞒住了自己内心的真实想法。她很聪明地想到了一个绝妙的借口，她说："对于这幅画我是很喜欢的，对于整体的这个 LOGO 设计，我也很喜欢。但是我们对它的欣赏不能只简单停留在对画的欣赏上，它是能够代表我们公司的文化内涵，但毕竟无法很好地体现国家文化，甚至有点和国际文化环境格格不入。假如我们真的要将它作为 LOGO 来代表我们公司的话，我想我们的海外订单不会增多，估计就连以前订的货都有可能被退回。国际市场肯定是不愿意容忍这样一个不伦不类的 LOGO 出现在市场上的。现在是全球经济回暖的阶段，各个国家对于商品文化的要求也变得越来越高了，我们要是采用这样一个不能体现国际文化的 LOGO，我们又如何去占领全球市场呢？您觉得呢？"

董事长被这位副主管的话打动了，他思考了一下，果断接受了这位副主管的建议，更换了 LOGO。不到半年的时间，这位部门副主管就成为了出口部经理。显然，并不仅仅是因为她的见解比较独到，很大一部分还是因为她懂得通过对比让交流的对方自己作出选择，这其实也是对比的作用了。

在我们日常交往过程中，一定要灵活使用语言并巧妙地进行对比，力求做到完美，这样不但坚守了自己的原则，又保全了对方的感情和面子，让对方可以在高高兴兴的情况下，接受你所表达的每一个意见或建议。用对比的方式去委婉拒绝某一件事情要比直接拒绝的效果要好很多，这样的拒绝也不会让对方陷入到尴尬的境地。

保护自己，从隐藏自己的真实意图做起

FBI 资深心理学专家哈里奇说过："隐藏自己的真实意图，不被其他人看懂，这是我们在社会上生存下去的关键。"就像上面所说的，当今社会日益复杂，与人交往的过程中就需要既看懂别人，同时又要很好地伪装自己。在激烈的竞争中，我们越是显得高深莫测，别人对我们的顾忌就会越多，这样我们往往就会在竞争中占据优势地位。

在现实生活中，我们遇到的最不懂得隐藏自己的人就是那些性格非常急躁，动不动就火冒三丈的人，即便是很小的事情也能触动他们的神经，从而将自己的真实意图暴露了出来，而别人也正是利用这一弱点很好地操控了他们的心理。

威廉姆斯是一名 FBI 高级特工的女儿。威廉姆斯在大学毕业之后，进入了一家大型企业工作。刚开始的时候，作为新人，她很努力，兢兢业业，取得了一些成绩，因而深受上司的青睐。

一天，同为新人的卡琪娜邀请威廉姆斯一起吃午饭，在餐厅里，卡琪娜便将一些自己从老同事口中打听来的"小道新闻"告诉了威廉姆斯。起初，威廉姆斯对于卡琪娜说的话半信半疑，但是越往后，她渐渐开始相信了卡琪娜的话。最致命的是心地善良的威廉姆斯在卡琪娜的故作神秘中，将对方当做了自己的知心朋友，于是她也将自己内心的一些对公司的不满意说了出来。

这件事过后没几天，威廉姆斯发现周围的同事都开始躲着她，而且他们会用奇怪的眼神打量她，这让她感到心神不安。终于有一天，一位年纪大一点的大姐告诉了她实情，原来卡琪娜已经将威廉姆斯那天说的

话全部写进了邮件，发给了所有人。

知道真相的威廉姆斯难受极了，同时也感觉到了和同事之间的尴尬，不久也就主动提出了辞职，因为她知道她已经待不下去了。

从这个案例中我们可以看出：威廉姆斯之所以最后离开工作的地方，就是因为她对别人太相信了，在和同事交流的过程中，没有很好地隐藏自己的真实心理，将自己的秘密告诉了对方，而卡琪娜也正是利用了这一点。由此看来，即使对方是你很相信的人，也不要轻易将自己的真实意图全盘托出，谁也不能保证对方是不是会有一天伤害到你。

世界著名心理学大师艾宾浩斯说："欺骗就是对事实的歪曲，但是隐藏并不是欺骗，隐藏只是让别人不了解你，二者的性质可以说是完全不同的。"当然在人们看来，"隐藏"这个词语听起来不够光明磊落，但是至少这样就可以保护到自己。

另一方面，将自己的真实意图隐藏起来还可以操纵别人的心理。因为别人无法了解你的真实意图的时候，他们往往会对你作出错误的判断，这样我们也可以抓住别人的错误从而反击对方。

既然如此，那么我们又如何做一个隐藏自己真实意图的高手呢？我们来看看 FBI 的心理训练课是如何解释这一点的。

1. 控制自己的情绪，情绪会将你的真实意图全盘托出

每个人，在做任何事情的时候都是被自己的情绪所控制着的，用著名心理学大师弗洛伊德的话来说就是，"每一个人都是情绪的奴隶。"在我们的工作和生活中，人们总是因为无法控制自己的情绪，从而导致一些不希望发生的事情发生了。

FBI 高级特工安顿奥斯说："要懂得控制自己的情绪，因为别人很容易从你的情绪中获得信息。"事实上，人们对于自己的真实意图无法掩盖的原因，就在于总是不能控制好自己的情绪，在别人有意或者无意的"激将"下，就会很容易暴露出自己的真实意图，这样做的直接后果就是让对方操纵了自己的心理实现了对方的目的。所以说，在与人交往以及竞争中，懂得适当掩藏自己的真实情绪和真实意图，这样做可以很好地保护自己，甚至有时候还可以误导对方，最终实现自己的目的。

2. 隐藏自己的隐私，不要把自己的把柄暴露给别人

FBI 资深心理专家哈里奇说："每一个人都有隐私，而这些隐私往往都是一个人内心深处最难言的痛楚，而且这些隐私还是别人攻击我们的最有力的武器，就像一柄匕首可深深地插进我们的心窝。"

人们一般情况下都是可以将自己的隐私隐藏起来的。但是在有些场合，人们就会一时头脑发热在不经意间就将自己的隐私告诉给别人，这样做就会引来一些小人的利用，从而被狠狠攻击。所以，无论在任何场合，我们一定要注意隐藏自己的隐私，不要给别人留下任何攻击自己的把柄。

3. 隐藏自己的目标，不要让自己的"底牌"外露

FBI 特工指出，在当今社会，竞争是无处不在、无时不在的，每个人的心中都有一张"底牌"，也就是我们的最低目标，这是我们应对竞争对手博弈的底线。

FBI 高级探长奥斯里克说："底牌就是底气，是你在和别人博弈之时的一切力量的源头。如果你在博弈中没有底气，那么你肯定是个输家。"在与人博弈中，很多人就显得草率让对手很轻易地就摸清了自己的真实意图，自己的竞争目标全部暴露在对方的面前，这样对方就会直接攻击你，让你在整个竞争中处于劣势，甚至一败涂地。

给对方留有余地，引诱对方向自己靠拢

FBI 特工在审问犯罪嫌疑人的时候，一些犯罪嫌疑人语言和行为会过激，往往会用侮辱性语言来攻击 FBI 特工。这种带有侮辱性的语言损害到了一个人的尊严，会让人们的心理遭受到伤害，如果 FBI 特工无法忍受这种语言的时候，很有可能将陷入反唇相讥之中，那么这个案子基本上可以断定是无法破获了。所以，在这种情况下，FBI 特工就懂得该冷静下来，对他们的这种挑衅性行为进行软处理，以及软性反击，以维护自己的尊严，打击犯罪嫌疑人的嚣张气焰。

在此方面，FBI 调查人员会采用如下的方法：

1. 不回避，顺着对方说下去

当对方进行语言上的攻击的时候，不要动怒，因为动怒就是上了对

方的当了，我们应该顺着他们的意思讲下去，直到对方没有词语的时候。例如，当有人说出侮辱性的语言的时候，就可以很直接地反问他道："你想知道，有人将这些话说到你的身上的时候，你会有怎样的反应？"或者也可以给对方进行解释："不要绕来绕去的，你直接一点说就是了。"……这样就可以让对方感受到你的反击了。通常，这样一来，他就会觉得无趣，不会再对你进行骚扰。这也是一种不错的办法。

2. 放平心态，避免负面情绪

面对侮辱性的语言的时候，一般人的反应都是气愤，但是想清楚了，你就会发现，他们的讲话是没有任何的意义的，尤其是自己的地位明显比对方高的时候，对方的话就变得更加没有意义了。他们这样说，只不过是因为嫉妒，对于此，完全是可以不用放在心上的。这样的情况，是可以给对方一个微笑，因为这种时候的微笑是有着这样的作用的：第一，你很无聊，我不想答理你。第二，你的语言，你应该自己都不知道是什么吧？不管怎样，你们的这种语言以后是都不能再说了。这种看似平静的反应，对于那些侮辱人的人来说，其实是有着很大的压力的，他们以后的语言将会有所收敛的。

3. 态度温和，让对方不知不觉靠近你

对于别人的直接的侮辱，其实都是有着一个共同的特点，那就是说话者都很冲动，所以他们的语言，自己都是没有经过长时间的考虑的。如果双方在这个时候都不能保持理智的话，那么一场斗争就会因此而起，所以面对侮辱最好的办法就是保持冷静，然后借助理性进行巧妙反击。

我们现在的生活中，是离不开和别人进行交流和沟通的，但是在一些特殊的场合，懂得会说话的艺术，这样的人却不是很多。要知道在很多时候，人们想要获得成功，或者维护自己的利益和尊严的时候，使用语言这个武器，是非常重要的，说话的时候，就要把握好分寸，就可以逐渐提高自己说话的艺术，这样就可以更好地接近别人，获得他人的认可，进而达到自己的目的。换句话说，人们想要成功，想要在社会中有一定的地位，就需要在说话上注意方式，从而获得别人更大的帮助。

想要自己的语言能够被别人记住和认可，在说话的过程中一定要懂

得融入友善、温和的态度，让别人在你的语言里读出来善意，这样就更容易让谈话氛围变得融洽，解决事情也就变得很简单了。而在这个过程中，语言是否礼貌和恰当都是很重要的，它们是双方良好沟通的一个重要保证。如果人们在事情面前总是选择用争吵、咆哮的方式来解决，那么这件事情多半是没有办法解决了。

在社会生活当中，如何使用语言，如何让语言显得灵活，这些都是一门学问，这样做一方面可以坚持自己的原则，维护自身利益，另一方面还可以给对方留下余地，让对方保留面子，在心理上不会产生排斥感。留有余地的委婉的解决方法要比直接拒绝更有效，也更能够使事情向着自己既定的方向顺利发展。

灵活设置悬念，让对方洗耳恭听

FBI 的心理学研究表明，让人们在接受自己之前没有想到过或者没有听过的话时，人们的注意力就会集中，尤其是那些意想不到的语言可以让一个人心生怀疑而惶恐不安，他们会因为内心好奇心的缘故，一心想要探个究竟。FBI 特工人员对人们的这个心理就掌握得非常好，他们在和对手进行心理攻防战的时候，就可以很好地抓住他们的好奇心，让对方认真聆听，他们就会从对方听话过程中的细微变化中找到案件的突破口，将犯罪嫌疑人绳之以法。

我们来看看 FBI 特工惯用的方法吧。

1. 不按常理出牌，让对方产生恐惧心理

2002 年年底，美军在伊拉克附近遇到了一起离奇的事件，"毛驴托运火箭袭击巴格达"事件。12 月 7 日清晨，在巴格达市中心，两家高级酒店突然遭到了火箭弹的袭击，造成了巨大的人员伤亡，酒店也遭到了毁灭性的破坏。当时在这两家酒店下榻的是世界各国的战地记者和美国的工作人员，警力措施是相当完善的，为什么袭击人员可以轻松做到袭击呢？

而这起案例最让人意想不到的就是，袭击者居然突破了常理，通过毛驴托运火箭弹。

FBI 特工也参与了这起案件的调查，他们发现，袭击者是将所有的

爆炸装置都安放在一辆毫不起眼的农用毛驴车上，通过这种方式运到了两家酒店，他们在对两家酒店进行破坏之后，丢弃毛驴车迅速撤离。

美军士兵和伊拉克警察，以及 FBI 特工们一起展开了联合搜查行动，他们意外地在其他酒店附近又找到了几辆毛驴车，在车子上面分别装着能够发射 30 枚火箭弹的发射装置。紧接着又在被袭的两家酒店门口也找到了同样的毛驴车，而且上面装满了用来隐藏的农作物，这也使得袭击者通过了安全检查。

案发之后，FBI 特工指挥官诺维尔认为，这种方法就是说借助毛驴车将火箭弹运到案发地点，这种破坏的行为他们还是首次遇到，也正是因为这个原因，警方才放松了警惕最后造成了如此出人意料的结局。的确是这样，谁又会把火箭弹发射装置与那些老旧的毛驴车联系到一起呢？更不用说是将其当做火箭弹发射的平台了。

这其实用之前讲过的心理学方面的知识是可以解释的，当人们的行为是按照既定好的计划去做的话，那么别人的心态是平静的、可以抵御的，人们就可以通过他们的行为当中找出破绽；但是对方的行为如果不按常理出牌，那么就会让别人心慌意乱，失去原本应该有的清晰意志和理性，就会导致事情的失败。

皮尔诺德是 FBI 的新特工人员，他好学上进，在工作中也时刻不忘总结经验提高自己的能力。

一个周末的晚上，皮尔诺德在聚会之后回家的路上，在经过家门口一条小巷时，突然从阴暗的角落里跳出来两个蒙面大个儿，而且手里拿着枪，他们用枪指着皮尔诺德。皮尔诺德本想掏枪自卫，但是由于是去参加朋友组织的 party，所以出来的时候并没有随身携带武器。一般人在遇到这个情况的时候，总会想着大叫一声，但是皮尔诺德却没有。此时他很冷静，当然他也没有向歹徒求饶，而他却给歹徒说："先生，您这是第一次参加抢劫吧，因为你拿枪的方式不对，你现在瞄准的根本不是我的心脏，你应该朝这边偏一偏。"他一边用手拍打自己的胸膛，一边说，"你的枪难道不应该瞄准的是这个地方吗？来吧，瞄准这个地方，开枪吧。"这是蒙面歹徒没有想到的事情，皮尔诺德的这种做法和语言让歹徒震惊了，竟然忘记了自己要做的事情，就在这时皮尔诺德突然之间惊呼："上帝！你这个笨蛋，你的枪连保险栓都没有打开，你怎么开枪?"歹徒一听，赶紧将枪拿回去检查，趁着这个机会，皮尔诺德一脚将歹徒的枪踢飞了，接着上手给了歹徒一拳，歹徒被打倒在地，很快就被皮尔诺德制伏了。

2. 人为地制造"珍贵信息"

这里再介绍一种和上面所讲的截然相反的方法，那就是出乎人们意料、使用悬念的方法。人为地制造一些"珍贵信息"，通过这些信息中的价值量，利用人们的好奇心和欲望让人们带着兴趣去猜测、探求和倾听，这样需要解决的事情就可以水落石出了。

FBI 特工讲过，不同的价值对于不同的人是有着不同的效果和作用的，而对象的关注度也是不相同的。我们可以找到那些自己需要沟通的对象所认为的弥足珍贵的信息，然后让他认真聆听。用这种方法做对应场合的开场白，对于抓住一个人的注意力是很有帮助的，并且这种注意力可以保持很长时间。

在犯罪心理学中，当 FBI 特工对犯罪嫌疑人进行审问的时候，犯罪嫌疑人为了保护自己的利益，必然会对调查人员抱有敌对态度和抵触情绪，他们经常就 FBI 特工的提问，胡乱回答，有点答非所问。一些和他们的利益有关的问题出现的时候，他们的自我保护意识就自动开启，然后声音明显压低，说出的话模糊不清或者闪烁其词。FBI 特工当然明白，从犯罪嫌疑人的嘴里掏出这些有用的信息是很难做到的一件事情，这个时候他们就会从犯罪嫌疑人的背景、喜好中找到下手的地方，通过长时间的调查，从而慢慢诱其落入陷阱之中，与 FBI 展开合作。正所谓"说得多，错得多"，只要他们开口了，即便说的东西和案件没有直接的关系，但是 FBI 特工同样是可以通过从这些信息中再提炼出有用的地方，然后再次用到对他们的审问之中，使犯罪嫌疑人承认犯罪的事实，交代犯罪的经过。

3. 预先"通知"，使对方集中精神

人们之间的相处，他们相互注意的时间是不会很长的，因为时间一长，他们就会超出了忍耐范围，相互之间也就失去了兴趣和耐性，等到再遇见的时候，明显就有了排斥心理。所以，人们相互之间沟通的火候，

一定要把握好沟通的火候，沟通过于啰唆的话，事情并不会达到理想的效果，更容易使对方产生抵触、烦躁、思想放空等注意力不集中的情况。这样，你的话对于对方来说是没有任何意义的，也是得不到对方的认可的。

以话套话，让对方主动摊牌

FBI 犯罪心理研究专家表示，当我们想去做一件事情的时候，我们的合作者未必想要去做；当我们想通过对方知道一些信息的时候，对方却并不打算和你合作，告诉你事情。在这种情况下，如果我们还执意要进行下去，是不会有好的结果的。假如我们能够换个角度，从对方的心理入手，找到对方的需求点，通过诱导的方式，是可以轻松让对方主动讲出你所要的信息的，或者让对方配合你工作，而这就是所谓的"心理控制术"。我们来看看 FBI 特工怎样运用这一方法来达到这样的目的。

1. 故意讲错话、做错事

故意说出错的话，然后等待对方纠正，这种做法在实施之前，首先要对对方有一定的了解，找到他们的真实想法，以及之前对方都做过什么事情。这种方法可以被称为"以话套话"，也是一种"心理控制术"。比如，当 FBI 特工审问案件的时候，假如直接把犯罪嫌疑人犯的罪全部说出来，然后再讯问，这个时候的效果就不会很好，那些老奸巨猾的犯罪嫌疑人当然是不会承认自己的罪行的，这样直接的讯问方式，反而会打草惊蛇，从而没有任何破案的可能性了。假如这个时候 FBI 特工故意说错话，用这种"套话技巧"，反而会让对方放松精神，在不经意间他们是会将自己的犯罪行为进行交代的。

FBI 特工在之前的实战中，捉获了一名连续犯案的强奸杀人犯，可是没有直接的证据可以证明他的罪行，而犯罪嫌疑人又矢口否认，这使得案件的审问陷入了僵局。通过长时间的了解，FBI 特工们终于了解到这名案犯对数字极为敏感，而且他还具有轻微的顺序强迫症状。换句话说就是，这个犯罪嫌疑人受不了一些既定的顺序被打乱的折磨。

这个时候，参加审问的 FBI 特工就准备从这一点入手，争取找到破绽。审问的时候，FBI 特工将犯罪嫌疑人所杀害的所有女性的照片拿了出来，并且把所有的照片都按照先后顺序贴起来，但是将其中的三张打乱了次序。这个次序的打乱，没有逃过犯罪嫌疑人的眼睛。审问的时候，FBI 特工只是对其谈案情，对于错乱着的照片只字不提。犯罪嫌疑人对于所有的问题都回答得有点心不在焉。他的借口也在不断变换，眼睛却一直盯在错位的几张照片上。过了很长一段时间，这个变态的犯罪嫌疑人终于受不了了，他呼吸急促，要求抽烟。又过了一段时间之后，他更是焦躁，猛然从座位上跳起来，指着照片，大声说："你们这些白痴、废物！那个女人是死在这个的前面的，而这个女人，是应该摆放在这个位置上的。你们怎么可以将他们的死亡顺序打乱呢。"FBI 特工们这个时候笑着说："哦，是吗？看起来我们是真的弄错了，谢谢你的纠正，可是这些案情都是没有公布的，你又是怎样知道的呢？而且还对时间知道得这么准确和仔细。"这个时候，犯罪嫌疑人才知道自己的冲动，暴露了自己的罪行。

这个案件就是凭借着用错话、错事的方法让犯罪嫌疑人认罪的。

当然这种方式，在我们的学习和工作当中，同样是适用的。

比如，当你想知道某人是不是已经结婚了的时候，就可以询问其他人："听说 XXX 已经结婚三年了，他们的生活应该是很幸福吧，通过他的保养就可以看得出来了。"

"不是啊，他结婚才半年啊！"

"啊，那可能是我记错了。"

这样一来，故意的说错话，却得到了自己想知道的情况。

这种做法，其实还是建立在一些人总是喜欢表现出自己比别人知道得多，自己的渊博多识的前提下的。说出"错误"的话或者做出"错误"的事情，让那个"知识渊博"的人来做"纠正"，这样，你想知道的就从对方的嘴里全部说出来了。

其实，这种套话技巧的作用还很多，有时候还可以用来扩大人际交往或者活跃气氛。

比如，会议室里一片安静，大家都在开会，正在接受着老板的讲话，大家都屏气凝神地静听。讲着讲着，老板却老是说错话，下面坐着的人中，终于有人大着胆子指了出来，老板听到这个之后，反而笑了出来，他说："我肯定是有不知道的东西的，而且我也是会犯错误的，我还是需要别人对我提醒和提意见的。好了，终于有人讲话了。"这样一来，原本很沉闷的会场气氛，立马变得活跃了起来。

通过上面的实例，我们可以看到，这种故意"说错话"实际上也是一种"示错"的艺术，把我们语言或者行为中的错误，拿来做文章，从而引起听话者或者合作者的注意和反思。

2. 利用"中场休息"，夺回话语主动权

一些竞技体育，比如说足球、篮球等运动，往往会有个中场休息，而在这段时间里，教练会为自己的队伍安排新的战术，结果，在暂停回来之后，原本落后的一方，却会表现出很好的气势。当然，另一方也不会甘于失败的，他们同样得到了教练的指导，他们会趁着上半场的优势，而更加努力地进攻。这样整个场面就会更好看了。

FBI 特工认为，在人们的交流中，也是可以利用这种"中场休息"或者人为制造"暂停"的方式，从而使谈话的内容回到自己的计划轨道上，或者在谈话处于优势的时候继续巩固自己的话语权。这种凭借着谈话的暂停方式来抢夺话语权的方法，在心理学上被称为"时间拖延法"。

在你和某人进行交流的过程中，如果对方总是说个没完没了，对你的感受一点都不顾及，你的耳朵在不断接受着攻击，这个时候，你可以巧妙地利用一些道具进行暂停，从而抢回话语权。你可以将手中的笔、硬币、笔记本等物品故意掉落在地上，然后发出大一点的声音，让对方吓一跳，这样他的讲话就会停止，等你捡起东西的时候，就可以重新开始其他话题的讲话，从而收回发言权。

FBI 特工在长年与犯罪嫌疑人的较量当中，也是不断总结经验，终于找到了运用"拖延时间"的战术来抢夺问话先机的注意事项：如果你想要抢回话语权，那么你就需要制造一些"意外动作"，因为这样才不会让对方感觉到突兀，引起对方心理上的不满情绪，同时还可以很好地抢回话语权。另外一点要注意的就是，当你的意外动作结束的时候，开始新的谈话，一定要抢先开口，要不然你又需要再来一次"意外事件"了。

FBI 第十四章

说到心坎，突破心防

——FBI 特工的无敌说服攻心术

在我们的生活中，有很多人有着丰富的社会生活经验，也会时不时有些与众不同的想法，假如这个时候他们再有良好的口才，并将这些想法有效地表达出来，这就足以吸引身边的人。而在我们的生活中，还有一部分人虽然有非常新颖的想法，但是他们不懂得也不会用生动的语言来表达，这样就使得他们无法博得别人的欣赏，在交往中更无法抓住对话的主动权。

FBI 特工们在工作中得出经验，懂得使用说服攻心术，这样不仅能让自己在与人接触的过程中处于优势地位，还可以在面对不好对付的人时有目的地从心理上瓦解对方的防线。而且掌握了说服别人的攻心术还可以快速解读一个人内心世界的变化情况，并且掌握和了解事情的发展变化情况。

语言是最有力的攻心武器

不管是出于什么样的原因，人们在社会生活中总是会碰到或者遭受到一些来自于别人的带有侮辱性的语言，当然有时候我们也会因为各种原因给予别人侮辱性的语言。无论这些语言的发出者是上司、同事、朋友或者是家人等，这些语言有的是有意，还有的是无意，总之，这些侮辱性的语言是一种无形的武器，它的存在可以伤害和贬低别人。

这些侮辱性语言的出现是没有办法避免的，如果人无法忍受这些侮辱性的语言，双方很有可能坠入反唇相讥的恶性循环中，带来的后果简直不堪设想。

当然，面对这些问题的时候并不是没有办法，也更不需要一味接受，其实还是有很多办法可以加以利用从而避开这些伤害人的话的，这样做既维护了自己的尊严，同时也展现了个人的语言魅力，对自己的人际关系也有很大的帮助。

1. 找到问题的根本原因，并理性思考

其实每个人都应该知道，侮辱性的语言的出现并非全都是刻意的。有些人天生就是一副"刀子嘴豆腐心"，他们在表达的时候本身就是口无遮拦的，甚至于有时候一句话还没有经过大脑思考便从嘴巴里蹦了出来，他们有时候也不知道自己在说什么，即便是伤害到了别人，那他们也是无心的、不知情的。

当这样的人说出带有侮辱性语言的时候，其实我们没有必要太当真，最好是将他们的话置之不理，或者选择一些幽默的语言回击，也可以带着开玩笑的口吻去回应对方，化解尴尬。

来看这样一个小故事。一个"刀子嘴豆腐心"的人，在看到别人买的新家具的时候，嘲笑着说："哎呀，您看看，您看看，您买的这些新家具怎么看着那么旧啊？这些样式也太俗气了，您真是一点品位都没有。"按理说这些话应该足以让对方生气了，但是对方却处理得很巧妙，他说："是吗？看起来阁下的品位倒是挺高，我们实在是不能相提并论啊。"对方的语言，既化解了当时自己的尴尬，同是也体现出了自己没有和嘲笑者计较，显示了自己大度的气质。这也是在告诉我们在面对一些侮辱性语言的时候，不要太较真，要懂得用自己的幽默和机智去化解对方的侮辱，这其实是最高明的方法。

2. 直截了当不回避

面对别人侮辱性的语言时，有时候也没有必要一味谦让，也可以选择不回避，直截了当地反问对方的方法。比如，"难道你不知道，你的话

会让对方很不舒服吗？"或者也可以反问对方说："你讲这些话是什么意思？我必须弄明白一件事情，我是不是误会你的意思了？"在这种语言的逼迫下，说话者就知道，你已经生气了，所以他也就会感到无趣，在后面的相处之中也不会再骚扰你了。在面对别人侮辱性的语言时，你不要轻易动怒而是要按照他的意思把话接下去让他无话可说。这也是一种巧妙的抗拒方法。

3. 以微笑面对侮辱性的语言

还有一种办法，当侮辱性的语言冲着自己来的时候，你不妨在心里面就想，这些话其实并没有什么实质性的意义，也就会变得平心静气了，这个时候不妨给对方一个微笑。

这种场合的微笑，其实是有着多层意思的：第一，它会传递给对方，你的话真的很无聊；第二，它也在提醒对方，你的话的意思真的以为别人都不懂吗？以后请不要再说这样的话了；第三，也可以告诉对方，你这样的话，假如是别人跟你说，你会有什么感觉？

当把这些意思传递给对方时，对方也就会感到无趣了。如果你的这个微笑对方还是不能直接理解的话，那么，在微笑之后，不妨跟对方直接讲出来。

4. 先道歉，然后巧妙地反问对方

曾经，FBI 教官在训练新手的时候，突然间有个新人内急，想要去洗手间，这个时候他站出来说："对不起，我想打断一下，我现在有些内急，我一会儿就来。"这个时候执行训练的 FBI 教官却显得非常生气，他火冒三丈说："怎么这么没礼貌，真不知道你的父母是怎样教你的！"他的语言里面牵扯到了对方的父母，这句话显然惹恼了对方，但是这个新来的 FBI 特工并没有表示出生气，他知道对方的话只不过是随意说的，并不是有意侮辱，他也认为可能自己的这种行为有不礼貌之处。这名 FBI 新特工很聪明，他为了化解这个场面，有点装傻充愣地反击道："哎哟，还真是让您说着了，我从小是由爷爷奶奶看着长大的，父母也很少教导我，我倒是想知道您的父母是怎样教您的，也让我好好学习学习。"在这个场合中，那个新 FBI 特工就显得很聪明。

　　有人对别人说出侮辱性的语言时都有一个共同点，那就是说话者都比较冲动，所以当他冲动时，你万万不可因为对方的冲动也让自己失去理智，这样一来两个人就很容易发生争吵。面对这样的情景最好的办法就是保持冷静，这样才能想到应对的办法，然后巧妙地反戈一击。

　　两个FBI特工在工作的过程中，突然其中一个说了一句话："你在说话之前就不懂得先过过脑子吗？"这句话很让对方接受不了，但是对方却很冷静，因为他知道，对方的语言并不是有意在责骂他，只是对自己的观点不够赞同，所以一时语言失控而已。他明白以后还需要和这位同事一起工作，如果贸然和对方争吵只会破坏目前的和谐状态，两人以后的合作与工作就很难进行了。思考了这些之后，他心情平静了下来，但是他又不愿意这样默默地承受，万一这个同事以后把自己当做出气筒怎么办？

　　这时，他想到了前两天和朋友聊天时候的事情，当时朋友交给了他几种面对这种场合可以采取的办法，他一一回想了那天的办法，看哪一个可以用在今天的场合上。

　　第一种解决方案，将问题的回答放在时间上："唔，话这么说了以后该怎样呢？"

　　第二种解决方案，表面上接受了对方的"好意"："哦，是吗，那我尽量做到吧，不过，你应该知道，我一向在说话之前先动脑子的。"

　　第三种解决方案，也可以采取幽默的办法选择为自己打抱不平的方式："如果我说话之前动脑子了，但是你却没动，这样对于我来说，岂不是很不公平。这样吧，从今天开始，我们两个说话都先过一遍大脑再说。"也可以跟对方说："面对事情的时候，总是我一个人过脑子，这样对你也有点冷落了，太失礼了。"

　　第四种解决方案，给对方报以微笑，然后静下心来默默不语，当看到对方不耐烦了，想再次说话的时候，就打断他："嘘……我现在正在动着脑子呢！别打扰我。"

　　这个FBI特工想了想，决定选择最后一种，他认为最后一种方式非常有幽默感，而且在自嘲之中带有不露声色的反抗，这样做既可以给同事一个台阶下，以便今后共事，也可以将自己的不满意表现出来。

于是这名 FBI 特工很好地化解了和同事之间的冲突。

当人们能够做到巧妙化解尴尬的时候，其实也就掌握了运用语言的最高技巧，也就在实践中学会了如何聪明地处理事情，而只有这样才是离成功最近的人，并且是人际交往中障碍最小的人。

无论人们在生活中还是工作中都离不开语言。但是在不同的场合中做到真正会说话、敢说话、把话说得恰到好处的人并不多。如果想成功成为一个懂得使用语言艺术的人，就需要不断提高自己的说话能力，同时要借助于语言的力量保护自己。只有这样才能在提高说话能力的同时又最大限度地得到别人的认可，从而让自己离成功更近一步。

语言是人们相互连接的纽带，纽带的质量好坏将对人际关系起着决定性的作用。而且纽带的良好应用还会对一个人的事业发展起到正面的影响。

卓越的口才、有技巧的说话方式，不仅是增强我们事业的竞争力以及使自己获得幸福的一大法宝，还可以增加自身魅力。毫无疑问，语言的艺术是我们生活与工作中不可缺少的重要砝码。

这其实也是在告诉我们，要想让自己所说的话得到听者的认可，那么在说话的过程中就要注意不要使用带有侮辱性的语言，而是要融入温和、友善的态度。当你改善自己说话的方式和态度时，就会发现所有的事情解决起来都会轻松许多。

而在人们的交往过程中，如果说话的双方都能保持温和友善的说话态度，这样是可以保证双方的语言和思想的良好交流的。当这样的良好交流形成之后，双方的事情都可以很好地处理，从而促进双方共赢皆大欢喜。咆哮的话语对于事情的解决是没有任何帮助的，友善、温和的话语才是解决问题的关键。

每个人在交往的过程中都希望得到别人的尊重，这种尊重是一种心理上的需要。所以，在处理事情的时候，说话要给予对方足够尊重，但 FBI 特工也指出，语言也是保护和维护自己最有利的武器，我们在与人交往的过程中也要很好利用，保护自己的利益和维护自己的尊严。

说服也要讲方法，该出手时就出手

FBI 特工在审讯的过程中，很少用不断劝说的方式让对方招供，要知道这样做只能适得其反，他们会给犯罪嫌疑人摆出铁的证据，最终让他们低下那颗不肯接受忏悔的脑袋。在我们的日常生活中也是一样，当我们和竞争对手进行博弈的时候，不要妄想自己声情并茂的劝说可以让对方做出让步，因为在竞争中是不存在同情与怜悯的，竞争无比残酷，当你一旦确定好自己的目标时就要全力以赴，通过自己的努力改变对方，实现成功。

FBI 资深特工德怀恩·西里斯图斯就是一名逼迫犯罪嫌疑人说出真相的高手。有一次，他在审问一个犯罪嫌疑人的时候，对方无论如何都不愿意招认，一直处于抵赖状态。于是，德怀恩·西里斯图斯让其他 FBI 特工带进来一张很长的记录单。

在这张犯罪审判结果记录单上，很清楚地记载着和这个犯罪嫌疑人犯了同样罪行的人，无疑都是百般抵赖、拒不承认，但是在事后他们都接受到了更为严厉的判罚。当看到这张记录单时，这名犯罪嫌疑人的心理防线瞬间就被击溃了，接着只好一五一十地说出了自己的犯罪经过。在这则实例中，那个拒不承认自己犯罪的人能在记录单面前乖乖交代自己的犯罪罪行和经过，就是因为德怀恩·西里斯图斯给了他逼迫——"不交代，那么将会得到和那些人一样重的惩罚。"

其实，对大多数人来说，在竞争中总是不愿意去逼迫对手，事实上这的确是很难做到的，谁都希望在愉快的气氛中去做事。可是，我们一定要明白，如果对你的竞争对手仁慈了，那其实就是在对自己残忍。在处理事情的过程中一定要理性，我们来看看 FBI 特工都是怎样做的。

1. 逼迫也要讲方法，并不是说要"硬来"

FBI 警官特兰特·格勒黑说："犯罪嫌疑人同样是拥有着尊严的个体，在审问的过程中我们会注意到对方的情绪，一般情况下是不会用过分强硬的手段让他们认罪的。"

在日常生活中，总有很多人试图以"霸王硬上弓"的方式逼迫他人遵从自己的想法，其结果却是引来更大力量的反抗。要知道，做任何事情都应该讲究方法，因为讲究方法能够让我们节省更多的精力并且起到事半功倍的作用。

所以说，逼迫也要讲方法，一味"硬来"并不是最好的选择。那么，我们可以采用哪些方法呢？

（1）学会软硬兼施。在逼迫对手的过程当中，可以采用一边逼迫一边劝说的方法，即"一手大棒，一手胡萝卜"，让竞争对手在感到压力的时候也找到释放压力的出口，从而接受我们的意见，让我们实现自己的目标。

（2）"巧"用方法。众所周知，做任何一件事情都需要讲究一定的方法。同样，逼迫对手说出真实意图之时也要使用合理的方法，方法不合理，那么对手很可能就会因此而发怒，从而导致出现"鱼死网破"的局面。此外，在使用方法的过程中，一定要记得使用一个巧妙的方法——"四两拨千斤"，往往能够收获更大的效果。

2. 不断跟自己强调，该逼迫之时千万不要仁慈

在面对竞争时，刚开始人们还可以强硬，一旦时间长了就有点忘记了，这就需要我们不断提醒自己：多一份理性少一份感性。

FBI心理专家安德烈·布雷克认为："让自己总是充满足够的理性是保护自己让自己少受伤害的重要条件。但在生活中太过于理性的人总是容易吃亏的，这种人的对手就经常可以占到便宜了。"的确，这段话对于每个人都是有指导意义的，要想赢得竞争就应该积极地去为自己争取条件，而不是将希望保留在对手的妥协上。

让自己多一份理性少一份感性，这是在我们处理竞争的过程中不断需要提醒自己的，该逼迫对手之时就逼迫，是我们成功赢得竞争的关键。

占据话语权的撒手锏——连珠炮式提问

FBI特工多年的实践经验告诉人们，要想很好地掌握话语主动权，连珠炮式的提问方式是个不错的选择。对此，具体的解释是：在日常的交往中，人们如果想要占据主动权就必须在事前做好准备，等待面对对方的时候，直接不断发问，问出一些让对方感到猝不及防的问题，当对

方面对这些提问时便很难回答了，这个时候也就占据了话语的主动权。

当然，并不是说在人际交往中所有的人都要采用连珠炮式的发问。我们先来看哪些人比较适合用这种方式。我们的生活中是肯定有一些人是处世比较圆滑的，他们总是在一些事情上想办法做到面面俱到，而这种人本身又是爽朗乐观的，所以他们的朋友很多。但是他们对于朋友并不是一视同仁，他们会把朋友分为"三六九等"，哪些是需要表面敷衍的，哪些是要把心掏出来真心对待的，他们都会处理得很好。

对于这样的人，当我们和他们交往的时候，就很容易被对方占据主动，为了抢回主动权，我们就需要采用连珠炮式的提问来占据话语的主动权。因为这种人是喜欢提问题的，他们本能地懂得如何占据主动权，而一旦让他们占据了话语的主动权，他们就会喋喋不休，而在他们面前占据话语的主动权就显得非常有必要了。

根据观察，连珠炮式的提问方式和蜜蜂飞行在空中不断抖动翅膀的声音是比较相似的。用连珠炮式的方式在对方还没有准备好的状态下发出声音，对方在没有准备的前提下就会对问题表现出目瞪口呆、语无伦次，慌里慌张地回答你的问题，这样一来也正好落入了你的圈套，你也就轻松地占据了话语主动权。

但是在使用连珠炮式的发问的时候，一定要注意的一点就是，当你接连问出几个问题的时候，未必就能将对方问倒，甚至于对方面对你的问题的时候表现得从容自若，而且对答如流。如果遇到这样的情况，那一定不要放弃，继续问下去，在你强大的攻势下，对方终究是会哑口无言的。

其实在很多人眼里，他们都知道一个人实施连珠炮式的提问是驳倒对方颇具成效的方法。这一点在 FBI 特工身上体现得尤为突出。FBI 特工在处理犯罪嫌疑人的时候，一旦他们掌握的证据不足，他们就会对犯罪嫌疑人进行大量的发问，这样就可以从他们自己的嘴里掌握到有价值的信息，也可以在心理上占据主导地位，还能在话语上占据主动权。

当然，FBI 特工在实际的办案过程中掌握了大量证据时，同样是会对犯罪嫌疑人进行连珠炮式的发问的，因为这样做可以打乱对方的思绪，让对方失去继续和警方周旋的决心。

要知道，语言是一种很有效的武器，FBI 有时正是通过成功运用语言攻势对别人实施了攻心策略，从而达到既定目的的。

FBI 特工曾采用不间断发问的方式，成功铲除了位于美国科罗拉多州首府丹佛的一股黑恶势力。破获这个案件不仅让民众因为黑恶势力的被铲除而大快人心，同时彰显出连珠炮发问心理战术的魅力。

这股黑恶势力真的是无恶不作，在当地他们大肆进行军火交易，并且垄断了当地的交通运输业，有时候还要参与毒品交易，他们的恶行简直是数不胜数。为了给这个地区一个安宁稳定的生活，FBI 特工做了充足的准备之后，下决心对黑恶势力实施重拳打击。其实这股势力的影响力很大，而且拥有众多人员，这让一般的打击手段显得很无力，而且还会换来对方的报复，到时候政府议员以及普通民众都将会是报复的对象。为了避免这些情况的发生，聪明的 FBI 特工决定用心理战术瓦解该黑恶势力。

通过讨论后他们得出一套最好的处理方法，那就是对他们的核心人物实行"斩首"行动。在这项方案实施之前，最先要调查清楚的就是该组织的核心人物，对这些人采取措施将会在心理上给予对方沉重的打击，以最终从内部瓦解该黑恶组织。

FBI 特工经过一段时间的调查后发现，这个核心人物常常肆无忌惮地出入于各大娱乐场所，于是决定迅速对其采取行动。

有一天，当核心人物如同往常一样进入某家大型娱乐场所时，被 FBI 特工"请"到了警局。

一到警局，FBI 特工并没有给对方喘息的机会，迅速采取了连珠炮式发问的方式对其进行了审讯：

"姓名和职业？"

"杰克·汉斯，一家经纪公司的负责人。"该核心人物显得很是心不在焉。

"家庭住址？"

"丹佛市 32 区 221 号 5 楼。"

"知道今天来这里的原因吗？"

"不知道。"

"你被控告非法参与并领导黑社会犯罪！"

"我可是个守法的公民，我是不会做违法犯罪的事情的，不要乱诬陷我。"该核心人物狡辩着。

"要知道你的掩饰只能让人看到你的害怕，对于你们的犯罪我们已经做了大量研究和调查，你现在最应该做的就是老实交代！"

"我是清白的。"该核心人物还是死不承认，做好了抵抗到底的准备。

FBI特工并不理会这些，也不做任何的停顿："2004年在丹佛市中心发生的那起谋杀案的幕后凶手到现在还逍遥法外，你是如何看待这件事情的？"

这个时候，刚才还嚣张不可一世的杰克·汉斯什么话都不说了，静静坐在那里。

FBI特工继续说道："你一直都在欺骗我们，你的真实名字根本就不是什么杰克·汉斯，你的名字叫保罗·丹，你家住在丹佛市23区456号21楼，不管什么事情你都想隐瞒我们，殊不知我们早已做足了调查，2004年发生在丹佛市中心的谋杀案幕后的操控者就是你！"

在这些话面前，这名核心人物显得更加没有信心了，他被惊呆了，他根本没有料到对方居然对自己有这样清楚的了解。这很明显，他的心理防线被击破了，在短暂的沉思之后，他终于交代了自己所有的犯罪经过。

当保罗·丹交代后，FBI特工将他的犯罪过程，以及认罪的消息通过各种方式发布了出去，借此给予整个黑恶组织的成员一定的警示，当然这是他们采用心理战术击溃对方的一种手段。在大约一个月的时间里，几乎所有黑恶势力的重要人物都出现了，并且一一交代了自己的犯罪事实，而这个黑恶势力也迅速解散，并且没有任何报复行为的发生。

这件案子的破获被媒体报道后，人们对于FBI特工在破获过程中所采取的攻心策略津津乐道，FBI特工所采用的连珠炮式的发向，让对手毫无思考和反击余地，致使对手束手就擒。

1. 不间断地向对手发问

在之后对其他犯罪嫌疑人的审问中，FBI特工同样是用到了连珠炮式发问的方式，而这种做法让那些犯罪主体感到莫名的恐惧，这样的问法让他们无法独立思考与编造谎话，心理上的压迫迫使他们说出实话，一一交代了自己的犯罪经过。

2. 打断对手的思维，让对手的思维错乱

其实在这次破获案件和审问的过程中，同样是碰到了一些思维缜密、精神集中的家伙。FBI 特工在这种情况下要想占据主动，就必须要在他们没有实施"攻击"前就扰乱他们的思维。

因为，一旦让对手占据主动，那么接下来在与他的交锋过程中就很有可能会被他牵制住，如此，胜利的天平自然会更倾向于对手。

研究结果表明，一个人的思维一旦被梳理开，随之而来的就是高度的集中力与敏锐的观察力。这种无形的力量产生的功效非常高，可以轻而易举地将一个人的心理防线击破。对付这种力量最有效的办法，就是不让对手形成完整的思维，要对他们的思维进行"骚扰"。

当别人向你灌输他自己并不认可的长篇大论时，比如："这样做才是最完美的方式，你不用持怀疑的态度……"此时可以这样打断他的思维："你的这种方式方法还敢说最完美？简直可笑至极。据我所知，就连爱迪生都不敢这样说，更何况你还只是个崭露头角的新人。"

如果对手还是一意孤行地阐述自己的观点，并想让别人接受他的观点，那么此时你可以按照打断对手思维的方式打断他们，让他们不能形成完整的思维方式，最终出现思维错乱，从而使其丧失继续阐述观点的决心。这样做要不了几个回合，对方的心理防线就会被你击溃，自然你在心理上就占有了优势。

在我们的生活中，这些同样是有着指导意义的，当我们在谈判或者交流中，一旦对方是经验比较丰富的人，自己又感觉到没有足够的自信心时，不妨通过"连珠炮式提问"的方式来为自己解围。当然如果在这样做的时候，能够抓住对方的破绽，以这个破绽为突破口从而对其进行连珠炮式的提问，让对方没有时间缓神儿，效果往往事半功倍。

与其矢口否认，不如坦白从宽

在现实社会中，很多人对自己做的事情没有信心时，就会抱有一种极力否认的态度，他们的想法很单纯，就是想通过这种顽强抗争的方式，从而表现出自己的无辜。FBI 的攻心策略告诉我们，对于一件事情越是

矢口否认，那越是说明这件事情的背后存在着一些不可告人的秘密，在他们的内心深处是想通过这种矢口否认的方式，作为抗争的最后方式以此蒙蔽别人，但是这种招数自然是逃不过有经验的 FBI 特工的眼睛的，他们往往能够快速识破隐藏在否认背后的动机和目的。

在我们的生活中，总是会遇到一些人，他们很优秀，在各个方面都做得很好，但是这并不代表着他们就没有错误的时候。这些人一旦碰到牵涉到他们切身利益的事情时，他们就会选择矢口否认的态度来逃避。但是，细心的 FBI 特工通过研究证明，人们在面对事实的时候如果矢口否认，事态的发展并不会像他们预想的那样发展，他们的这种做法很会容易激起别人的反感，让其他人产生怀疑，他们越是矢口否认，别人也就越会怀疑他，事态也就会朝着相反的方向发展了。

我们先来看一看，FBI 特工们在面对这些事情的时候是怎么处理的。

曾经在美国的加利福尼亚州的一所大学里发生了一起抢劫案，该校的一名物理学教授是这次犯罪的嫌疑人。FBI 特工很快介入了调查，但是通过调查却发现这位教授并没有什么异常的行为。

为了了解清楚情况，FBI 特工深入到大学中，在这名教授的同事以及教授所教的学生中进行调查，但是这名教授的同事对他的评价很高，根本不相信他会是犯罪嫌疑人，学生们就更不用说了，他们认为教授是个很好的人。

FBI 特工于是对教授进行第二次审问，在这次审问的过程中，他们终于发现了问题。因为教授表面上虽然表现得非常平静，可是一旦被问到抢劫案件的时候就显得有点紧张，而且对于所有的问题都摇头表示一无所知。

FBI 特工问这名教授，抢劫案发生的那个晚上，他在什么地方，在做着什么？这名教授显得异常烦躁，不断摇头还大声说自己什么也不知道。在这次的审问中，虽然没有得到任何有价值的信息，但是因为教授矢口否认的态度，让 FBI 特工对他的怀疑增加了不少。但是对于是不是真的是教授作的案，他作案的动机和目的是什么以及他是如何作案的，这些都是 FBI 特工需要调查清楚的问题。对教授的调查是不会停止的。工夫不负有心人，在一个星期里，FBI 特工们终于找到了一位重要的目击证人和一些重要的证据，根据这些资料可以肯定，教授就是抢劫案的主犯，面对这些，教授再也没有作出狡辩，承认了自己的罪行。在这个案件中，FBI特工就是通过细心观察，通过教授的矢口否认，看出了教授是在撒谎，从而从教授身上入手，最终破获了这起案件。

无论是在社会中还是在一个家庭中，对一件事情总是矢口否认的人也是没有责任心、不愿意承担责任的人。如果一个家庭中的老大是个这样的人，那么就不要指望他在长大后可以负担起抚养兄弟姐妹的责任，甚至他们的表现还要比兄弟姐妹更糟。在生活中这种人就很难负担起工作的责任和重担，但是这种人又对于权力和财富很热衷。

无论怎么说，那些在生活或者工作中，总是抱有矢口否认态度的人，他们这样做不但不能让别人相信他们，反而更容易引起别人的怀疑，而这种怀疑一旦继续发展下去，他们的处境就会变得越来越糟糕。所以，无论在遇到任何事情的时候都不要急着否认，要想办法去解决问题，而不是只懂得矢口否认。

掌握谈话内容才能掌握主动权

语言是个重要的武器，合理地利用可以吸引他人的注意、控制他人的思维，而且还可以展现一个人完整、清晰的思想，起到增进人际交往的作用。这就是在告诉我们，在与人交往中要学会掌控谈话内容，这样才能掌握主动，从而达到自己的目的。

1. 利用声调调控他人情绪

FBI心理专家认为，在和别人说话的时候，对于自己的语调和声音的不断变化是会影响到对方的情绪的，不要去管内容是什么，说话的音调和音量都是具有强烈的影响效果的，这对人际沟通能起到明显的作用。而这就是所谓的"锣鼓听声，听话听音"。这就告诉我们，在与他人交流的时候，对于对方语言的语气、声调的变化也要注意到，关注到对方语言的声音高低、音量大小以及说话时的转折、停顿，通过这些领会其真正要表达的"弦外之音"。当然，我们同样可以采用这种方式让别人产生误解，从而使事情按照你原本计划的方式进行。

2. 施加压力，说服顽固对象

在我们的日常生活中，经常会碰到一些固执己见不愿意改变的人，倘若他们正好持的是错误的观点，那么不管别人怎样劝说，他们仍旧是不愿意悔改的。FBI特工认为，当你面对这样的人时就需要通过对方的心理变化，揣摩出对方的真正意图，然后运用心理战术对对方施加压力，这样会收到不错的效果。

FBI在实战中常用的一种方法，就是给对方设定时间界限进行施压。其实这种方法在我们的日常交往中同样是可以适用的。例如，"今天聊了很多，我们在五分钟后结束这次谈话吧。""你认真考虑考虑，一小时后给我答复。""这件事情暂时先搁置起来，一个月以后我们再重新讨论。"等等之类的话，这些话就是在通过设定时间上的界限，从而给对方压力的，这样就可以让对方重新审视和判断与你所进行的谈话内容的价值，认真思考你提出的意见。

还有一种情况就是，当谈话陷入僵局的时候，如果还想在短时间内让对方给出答复，这很有可能会引起对方的不满甚至恼羞成怒，事情就会进入不可收拾的局面。FBI特工认为，在这种情形下，退让就是一个最佳选择了。此时，一句"我们还是暂时不讨论这个话题，双方都仔细考虑一下再作决定吧"就能缓和双方之间在沟通上的紧张情绪，有利于事情下一步顺利发展。

这种方法更多用在商务谈判中，这将会是个不错的做法。用这样的方式，一方面比较柔和地给对方施加了一定的压力，另一方面又给谈判留下了缓冲的余地，为日后的顺利进行埋下了伏笔。

3. "交往空间"的运用

FBI特工在审问犯罪嫌疑人的过程中发现，很多犯罪嫌疑人都会具有这样的特点，他们都会在FBI的紧逼下，显得越来越慌张，甚至有点手足无措，而且追问得越紧，嫌疑人就越会感到浑身不自在，尤其是被问到与案情有关的细节的时候，他们就会表现得思维混乱、破绽百出。心理学家就此专门进行了研究，发现犯罪嫌疑人之所以这样，是因为他们在被别人讯问的过程中，随着问题的不断深入，他们的心理防线也就被击溃了，而当对方紧逼到他们内心最深处的时候，他们就只能放弃抵抗，低头认罪。针对这样一种心理现象，美国著名人类学家爱得·霍尔就曾经说过："空间会说话。"这就是说每个人都拥有着一个独立的私密空间，不论是心理上的还是身体上的。

霍尔曾经做过这样一个有趣的实验——让一个热情开朗的南美人与一个内向羞怯的北美人，在一个空旷大厅的一端进行交谈。南美人按照自己觉得与人相处时应该保持的最适宜的距离不断向北美人靠近，而北美人则按照自己的习惯应与人保持的距离不断向后倒退。就这样，当谈话结束之后，两个人已经在不经意间从大厅的一端转移到了另外一端。而这就是人类心理学所说的"交往空间"效应。

人们在交往的过程中，总是会和对方保持一定的距离。随着人们性格的不同，所保持的距离也就有着一定的差距，人们在谈话的过程中，与对方保持的距离是可以看出两者之间的关系的，而也是因为人与人之间距离的不同，是可以很好显示他们之间的熟悉程度的。通常，这种距离被分成四种类型：亲密区、个人区、社会区以及公众区。全世界范围之内，由于各个民族国家之间存在文化传统上的差异，因此每个人在心理上和身体上所需要的独立空间也有所不同。例如，法国人和英国人交谈时，法国人更加热情，喜欢与人保持较为亲近的距离，以呼吸能够喷到对方脸上为标准，而这样的方式就让相对冷淡的英国人非常不习惯，为了保持自己需要的距离而步步后退。这样就容易出现霍尔所做实验中的南美人与北美人谈话中的有趣现象：一方"步步紧逼"，而另外一方则"节节后退"。

这就是在提醒我们，在平常的生活和工作中要懂得维持对方的私密空间，根据与他人的亲疏关系决定在对话时你应该保持的适当距离。如果距离过远，很可能会让对方误认为你不愿意亲近或者进一步交往，给他人留下冷漠、孤僻、不好相处的印象；保持距离太近，也会让对方感觉到不适应，从而感觉到对方的不礼貌，这也是对他们的不尊重。

由此看来，掌握"交往空间"的运用技巧是人们改善人际关系的重要武器，同时也在我们的工作生活中有着重要意义。

4. 控制对话，直入主题

在我们的日常交往中，当面对自己不感兴趣的话题时，我们总是喜欢用表情或者肢体动作表现出情绪上的不耐烦，这就是一种有效的心理暗示，通过这种表达方式可以有效地控制对话的进程。

那么，人们具体要如何做才能够有效控制谈话内容和进程呢？FBI特工通过审讯的实践经验，给出了不同情况之下的几种利用面部表情和肢体姿势来控制对话的方法，给人们的有效谈话提供了范例。

（1）对方表述意见过多时，让其停止说话的技巧。在我们身边不乏一些具有强烈社会责任感的人，他们对任何事情都会形成自己的观点和看法，而且自鸣得意，认为自己的观点有思想、有深度，当然这些在别人那里都是没有意义的。这种人在交谈时会有两种表现：一类是极其爱说话，不断发表自己的意见；另一类观察力和理解能力都很强，善于察言观色，但是过于敷衍和顺从。显然，这两种人的性格都是无法让人坦然接受的。

对于这种类型的人，FBI特工认为，想要让他们停下来可以直接一些，"你的谈话内容我真的很不感兴趣，我有些不耐烦了"，或者可以采用将手指放在嘴唇前、故意调整手表的时间等动作，如果对方聪明的话，会停止他的讲话的。

（2）加快谈话速度，使对话直入主题。很多人都会因为自己性格方面的原因在谈话的时候变得慢条斯理，甚至不停变换对话的内容，而不是直入主题，有浪费时间的嫌疑。谁都没有太多的时间去听一些没有必要的话，面对这种情况的时候就可以采用快速点头的方式，从而传递给对方信号——我不想听了。当说话的人看到你做出的这种动作之后，也会在无意识之中感受到应该加快说话的速度，直奔主题，尽快结束谈话。

还有一部分人，他们在谈话过程中，语速会越来越快，讲话的内容也是天南海北，乱说一气。他们之所以这样，主要还是因为自己内心的优越感所致，他们不懂得重视和尊重别人的感觉。他们常常自私、虚荣，做一切事情都首先考虑到自己的利益，而从不顾及他人的感受和得失，而且又具有很强的嫉妒心理，在别人的成绩或者功劳面前，甚至会说出一些具有挑衅的话。他们在和别人讲话过程中所表现出来的滔滔不绝、唾液横飞、满口大道理，主要也是为了给自己争得一些利益而已，完全不顾他人是否愿意继续倾听。当遇到这种情况时，你可以做出不耐烦的表情，或者是频频看手表或手机上的时间。不要太在乎对方是个极度自私，而且不尊重他人的人。这类人对于别人的看法倒是很在意，当听者表现出不耐烦的时候，他们是会明白的，他们也会主动放慢谈话的步调，或者暂时中止谈话的内容，留下缓冲的余地。这样，对方一旦暂停了说话，你就可以接过话语权开始说出自己的意见。但是，千万要注意的是，不要顺着对方的话再说下去，要重新找到一个话题再谈下去。改变谈话的内容，明确让对方知道你对刚才的谈话内容完全不在意或者不感兴趣，不想再继续下去。

　　还有一些人，他们的主要特点是天生聪明灵巧，性格开朗，爱出风头，具有一定的领导能力。这种人的做事风格是极其自信的，所以他们锋芒毕露，表现出自傲矫情的样子，这样就引起了别人的反感。这一类人在和别人进行沟通的时候，就很难做到把握谈话时间和内容，他们会不断去表述自己的观点，这样更会给他人留下自以为是的印象。当面对这种不准备结束的讲话时就要注意了，你可以采取动作或者通过表情，让对方知道你对谈话没有兴趣，想要结束谈话，甚至是可以直接与对方说出你的想法。比如："我想，我可能需要打断一下您的讲话，我对您所讲的这些都没有任何的兴趣，我们还是换个话题或者改天再谈吧。"或许很多人会觉得这样很没有礼貌，但是如果你没有给出控制谈话的动作或表情的话，那么他人根本不会想要主动停下来或者是听取你的意见，而是自以为是地认为谈话内容很吸引人，别人都很乐意继续倾听下去。所以，权衡一下两方面的利弊，那还是不要让自己的耳朵和自己的心灵受到摧残，在遇到这种人的时候就不要太过于顾及面子问题，而是要大胆地把你的想法和不情愿表现出来。

　　（3）适当交出话语权，倾听对方的声音。谈话和沟通不应该只是其中一方观点的表述，而是两个人之间相互做出的观点和意见的互换和融合，这需要双方的参与。

　　在谈话过程中，任何一方在对对方不够了解的情况下过多地表达自己的观点，其实是毫无意义的。在交流的时候，一定要让对方开口说话，这样才能够找到双方的利益共同点，两人达成一致的意见，完成谈话的目的就不是一件难事了。当遇到对方没有说话的时候，就可以将自己的说话速度、频率和音量都降低，也可以用眼睛看着其他的地方，甚至可以直接一些说："你是怎么认为的呢?"这些方法都是可以让对方开始讲话的，这样就可以倾听和了解对方的意图，增进彼此的了解，使彼此所谈的事情能够顺利进展。

表情和姿势是控制对话的得力帮手

在我们的日常交往中时常会遇到这样的情况，如果有人对正在交谈的话题不感兴趣，或者对交谈的内容不耐烦的时候，他们就会习惯用表情的变化或者身体的姿势表示出来，他们可以通过这种方式很好地控制住正在展开的对话，从而慢慢渗透，让对方知道这些表情或者身体动作所代表的含义。

FBI 特工告诉人们，在与别人进行交流的过程中，有效调整和控制对话是很有必要的一件事情，这样做既可以节省对方的时间，也可以节省自己的时间。一旦和对方的对话有了与自己思想相抵触的情况的时候，就要学会通过运用表情和姿势的变化控制住对话，借助这样的方式使对方在接下来的沟通中可以放低说话声音、收敛说话时的态度，甚至结束本次对话。

对于在和别人交谈的过程中，如何做到用表情和姿势来控制对话，这是很多人都想知道的问题，同时也是很多人都在探索的问题。对此，FBI 特工从社会环境出发，为我们总结出一些在不同的情况下，借助表情和姿势来控制对话的方式，他们的这些建议或许可以给我们一定的启发。

1. 积极互动，适时把话语权交给对方

有效的沟通不是一个人的事情，这就像踢足球，不是靠一个人踢的，你要让你的队友接到球，或者如果没有了对手，都是没有任何意义的。

在我们的生活中，总是有些人在沟通的时候不愿意主动说话，这个时候，我们就要注意到，要让对方开口，适时地把话语权给对方。

FBI 特工从实际的审问中得出经验，在与别人谈话的过程中，要不断观察对方的变化，不管是外表的还是内心的，观察到他们的变化，适当让他们开口，谈话不是一个人的事情，双方都要参与进来，这样才可以做到有效。在实践中，比如降低说话的音量、眼睛开始下垂，这些其实都是示意对方发言的动作，这样做就会把你让对方发言的信息传递出去。

2. 让对方直入主题并加快谈话的语速

也有这样一种人，他们在谈话的过程中，不管是对谁，不管是在什么样的情况下，总是慢条斯理地绕上一大圈还是没有进入主题，这让听他们话的人感到很无奈，谁都不愿意听别人啰唆来啰唆去的语言。其实面对这种情况的时候，人们可以采用快速向说话者点头的方式来传递信号。当对方接收到你的这个信号的时候，他也就会明白了你的意思，从而加快自己的语言直奔谈话主题了。

其实，这样说话的人，大多都有着一种莫名而又强烈的自我优越感，有时候还会对别人表现出不敬。这种人是极端自私自利、嫉妒心强而又爱慕虚荣的，他们在做任何事情的时候，总是先考虑到自己，从自己的利益出发，对于别人的利益可就管不了那么多了。

这种人的性格特征造就了他们在和别人交流的过程中，不管别人的感受和别人的时间，只是自己一味地讲下去。FBI 特工提醒人们，面对这种人，看到他们根本没有意识打算停止住谈话的时候，听话者就需要做出能够控制谈话的动作，听话者也没有必要怕伤害到他们的面子而一直勉强听下去，这样的迁就会使对方不断讲下去，他们是根本不愿意主动停下来的，他们甚至会觉得听话者对他的谈话很感兴趣，并且很愿意继续听下去。

3. 对方谈话过于频繁，想办法让他停下说话

我们仔细观察，就不难发现，在我们的生活中，会有一种人自认为是挽救世界的英雄。也就是说，这种人的性格特征是比较激进甚至有点自命不凡，这些都是外在的表现；他们内心却保守、拘泥于传统。拥有着这样特点的人，一般有两种情况：一种人脾气暴躁；而另一种，则是

有比较强的洞察力，善于察言观色。但是无论是哪一种，他们都有着相同的让别人无法接受的特点，那就是说起话来没完没了。

巧妙地借助表情和姿势，从而做到控制与对方的谈话，对整个谈话做到有效把握，使谈话完全掌控在自己范围内。这是一个复杂但又不是很难的技能，我们可以借助上面的经验，不管在任何场合、任何时间都可以采取这些方法，从而使自己掌握住和对方交谈的主动权，让整个交谈过程按照自己的意愿进行下去。

让别人倾听并被别人认可

在一些社交场合或者正常的交往中，我们都需要经常面对别人然后讲话，通过语言拉近和别人的关系。这个时候，得到别人的认可和关注就很关键，而要想做到这一点就需要在讲话的时候，表现出对谈话内容足够的真诚与重视，而且懂得从听者的角度去考虑问题和设置谈话内容，也需要通过听者的行为举止去揣测他们内心的变化。这样做会让他们感觉到听你的讲话是有价值的，同时他们也就会产生听下去的兴趣，而最终会给予你赞誉与认可。

与人沟通是必不可少的，在沟通的时候能够做到让对方倾听你的讲话，对你的讲话产生一定的兴趣，而最终成为你最忠实的听众，这些其实都是有方法的。下面是 FBI 的心理专家和特工们给出的一些沟通中让别人成为你的听众的方法，按照这些方法去做，就会给我们很多的启发。

1. 学会用衬托手法

在工作的过程中经常会遇到这些和特工一样的情况，公司领导让你计算出一组数据，如果你只是简单地给了他诸如"45％"、"1/3"之类的纯数值的话，领导是肯定不会满意的，因为他们更希望看到这些数值后面所包含着的具体情况。其实这时候就可以用到 FBI 心理专家所讲的衬托的方式了。比如，你可以说在公司中，甲所占的股份是 45％，而乙占的则是 15％，其他人则占到了剩下的 40％。这样的回答，一方面是数据清晰明朗，另一方面会将自己注重工作效率的一面展现给领导。

2. 学会预先告知，让对方有个心理准备

FBI 特工指出，人与人在最开始的相处时注意力持续的时间不会太

长，长了则会让人失去耐心。这也就是在告诉我们，和别人沟通，对于时间的把握一定要做到适可而止。时间太长，最终的结果绝对不会让自己满意。因为，时间太长容易让听者产生情绪烦躁、左顾右盼的情况，试想这样又怎么可能打动他们的心呢？更不可能得到他们的认可了。

其实，为了避免这种情况出现，这就需要我们在事先做一个预报的工作。FBI 特工认为，在与人沟通的时候，做好事先预报的工作会让对方更有兴趣听你讲话。就比如说，我们经常看电视的时候，电视台就会将几个时间段要播放的节目全部预报出来，19：30《天下足球》，20：30《体育之窗》，22：00《篮球公园》……假如我们没有在电视上看到预报，那么就不会去关注接下来要播放什么电视节目了，当在预报中发现了自己喜欢的节目的时候就会选择等待，以便看到自己喜欢的节目，这就是简单预知的效果。

这种方法在我们的工作和生活中是会经常遇到的，学会了预告的技巧便可以牢牢抓住对方的心，从而做到成功沟通。我们仅举一个投资的例子来说明这种方法的具体实施和效果。

在招商引资中，投资者的时间都是很宝贵的，他们不希望自己的时间被随便浪费，他们也不想听到没有意义的话，他们只是想知道投资方面的风险与收益等众多问题。在这种场合下，我们就需要做到预先告知，将所做的投资计划告知给对方，具体可以采用这样的语言："对于您来做投资之前的考察，我们很开心，在您考察之前，我想用大概 5 分钟的时间来介绍一下这次投资的前景，再用大概 10 分钟的时间来向您报告一下投资面临的收益和风险，最后我们则将用大概 15 分钟的时间和您探讨一下这次投资中所需要注意到的事项。"当这些话说出去的时候，肯定不会带给对方厌烦心理的，相反对方还会很认真听你讲下去。假如在和他们沟通的过程中，他们总是说："你的报告太长了，可不可以简短一些，请尽快结束吧。"当这样的话出现时，那说话者就需要改变一下自己的讲话策略了。

其实预先告知所能产生的效果和优势还很多，比如，当你预先告知了对方的话，对方就会认为你尊重了他，为他节约了时间，这样你们之间的距离就被拉近了，为今后的有效沟通打好了基础。

3. 要学会视线的缓慢平移

当与别人进行谈话的过程中，很多人都喜欢将眼睛死死盯住对方，这样做其实是不礼貌的；但也有些人在和别人交流的过程中总是喜欢东张西望，这样同样会给对方传递出心不在焉的信息。其实，在与人交流的过程中，视线的缓慢平移是最好的一种做法，这样可以有效达到最佳沟通的目的。在与人沟通的过程中，当你的视线移动到一个人身上的时候，他的内心就会充满感激，因为他认为你尊重了他，不过一定要注意停留的时间，停留时间不宜过长，否则也会让对方感觉到不自在，这样效果反而就大打折扣了。这个时候，你就需要将视线继续移动到另外一个人身上，给下一个人被尊重的感觉。

有关这一点，FBI 心理专家也给出了解释，在视线平移的时候一定要注意：当与别人的目光相遇的时候，先要做到对这个人微笑，当从别人的脸上看到同样的微笑时然后再将视线移开来，这样的做法会赢得别人的好感；在听众比较多的场合是很难做到对每一位听众进行视线平移的，当遇到这种情况时最好的办法就是将视线停留在中间位置，这样同样是可以得到有效的沟通的；最后要注意的一点就是视线平移的时间不宜过长，大约是在 15 秒左右，这个时间也就是一个人可以完整叙述完一句话的时间。

4. "信息珍贵法"的有效运用

我们看这样一个有趣的现象，当老师面对很吵闹的课堂时就会很生气地说："都给我安静下来！"喊完的瞬间老师的语言似乎起到了很大的作用，可是过不了多长时间，大家又开始继续大声说了起来，老师对此都会很郁闷，只能愤怒地离开教室。其实这个时候，这名老师就可以采用"信息珍贵法"的方法，从而很好地避免这种情况发生。

"信息珍贵法"用最简单的话说就是，让听众感觉到信息的珍贵，以让他们在内心深处不敢错过听的机会。这位老师在这种情况下就可以说："我接下来要讲的这道题目是很重要的，我也只将解答方法讲一遍，如果有同学不巧没有听到我讲的题目，那可就要做好考试不及格的准备了。"老师此话一出，敢肯定所有的学生都会聚精会神地听老师讲课的。

FBI 特工通过大量实践调查发现，从某种意义上来说，几乎所有的人，对于只能听一遍的信息都会表现出认真的态度。因为在他们的潜意识里会认为这些被说话者只讲一遍的信息肯定是很重要的、是弥足珍贵的，一旦错过了就没有了再听一次的机会，也许就会错过更多信息。

其实，这种方法用在一个讲座开场的时候是最好不过了。这样做可以很好地吸引听者的注意力，不管下面有多少个听众都可以抓住他们的心。

这些方法，最先是在 FBI 特工犯罪心理学中得来的，当 FBI 特工审问一名犯罪嫌疑人的时候，犯罪嫌疑人会对所问的问题有抵触的情绪，有时候还会对问题答非所问，让人摸不着头脑，大大延误了审问的时间。有时候，犯罪嫌疑人也会口齿不清地说上一些含含糊糊的话，期望可以蒙混过关，因为这些问题的答案恰恰是他们犯罪的证据。FBI 特工也知道，他们是无法轻易从犯罪嫌疑人嘴里得到这些信息的，所以他们经常在问一些问题的时候会告诉对方，他们的话只说一遍，问题也只问一遍，如果对方错过了这次机会，那他们就丧失了自首的机会，从而会在量刑的时候，采取重判。这个时候，犯罪嫌疑人一般都会将自己的犯罪经过如实交代的。

5. 说服难以说服的对象

在人们讲话的过程中，最容易遇到这样一种人，无论说话者怎样努力，对方都不怎么愿意配合，都对讲话者所讲的内容提不起兴趣，而且这些人往往是比较顽固的，无论讲话者说什么，他们都不会为之所动。FBI 特工认为，这个时候有必要从他们的角度来思考和出发，从而对他们发动攻击，通过心理战的方式以做到对他们的改变。

向对方施加时间压力，就是 FBI 特工通过实践总结出来的一种行之有效的办法。在沟通过程中，倘若遇到上面那种人，或者遇到阻碍，以及在事情没有丝毫进展的时候，采用时间压力的方法是可以收到良好的效果的。在采用这种方法的时候，可以借助这些语言"我希望在 5 分钟内可以结束这次谈话"，"请在一小时之内给我一个明确的答复"，"我一个月以后再来，希望那个时候，你可以兑现你的承诺"等，明显在时间上给听众压力，这样可以提高他们的兴趣从而重视到谈话的内容。

另外，一旦事情进入了僵持阶段，陷入僵局之中时，如果还是不改变自己的初衷，一味逼迫往往会使对方产生恼羞成怒的情绪，事态也会朝着不好的方向发展下去。FBI 特工认为，这个时候要学会退让，可以借助这样的语言："为了能够让我们双方都满意，我想我们还是好好考虑考虑吧。"这样的语言会让对方更加认真地思考问题，从而缓和事态。

上面所讲的都是 FBI 特工们通过实践总结出来的行之有效的方法，除了这些之外还要注意对已经达成共识的地方进行提醒。因为人们在交谈的初期所达成的共识未必会持续到最后，这就需要不断提醒和加强了。

FBI 第十五章

糖衣炮弹，威力巨大

——FBI 特工的人情投资攻心术

通常在我们帮助别人的同时，自己内心的虚荣心和自尊心也随之得到巨大的满足，而别人给予我们恩惠或者对我们进行帮助的时候，我们的内心也会伴随一种歉疚感和负罪感。FBI 特工很好地研究了这一点，并且借助人的这种"歉疚感"在审问犯罪嫌疑人的过程中，大打"人情战术"，从而获得成功。

在我们一般人的生活和工作过程中，也可以借助 FBI 的这一"人情战术"，对他人的人性加以利用，以此来控制对方的心理，从而和他们较好地相处，或者解决矛盾。

情感投资，打开对手的心门换取回报

已故心理学大师阿德勒曾经说过："每一个人都是感情的宠物，他们获得的感情越多，他们就越希望获得更多的感情，而人在过多的感情宠溺中能够变得温和、善良，愿意和大家分享这个世界。"人类是感情丰富的生物，获得关怀和爱护往往比获得经济上的利益更令人感到欣慰，因此情感的投资会给你带来巨大的收益。

FBI 心理学专家霍尔斯·艾伯特说过："当你将犯罪嫌疑人当做朋友，愿意和他们倾心交流的时候，他们很少会拒绝你。因为每一个犯罪的人都是某一方面感情的受挫者，当你和他们一起面对挫折的时候，他们总是会选择对你打开心灵之门。"

FBI 特工在犯罪审讯中很少会运用刑讯逼供，而是更像一个心理医生，一步一步地引导和打开犯罪嫌疑人的"心门"，打动对方，让其在忏悔的过程中自愿地交代犯罪事实。战胜对手的最好办法就是将他变为朋友。在竞争中合作，在合作中竞争，这样才是实现利益最大化的最有效方式。当代社会的竞争如此激烈，变对手为朋友，何乐而不为。所以，我们可以向 FBI 特工学习——用情感投资的方式换取成功。

在美苏冷战时期，苏联曾派遣了一批特工潜入美国。FBI 获得了内幕消息，将这一批特工一举抓获，只有一名叫做契约维科夫的人逃脱了。契约维科夫连夜逃到了苏联大使馆，驻使馆的尼尔聂诺娃是一名年轻漂亮的克格勃高级特工，她温柔而体贴地照顾着惊魂未定的契约维科夫，并负责帮他安排回国的事宜。契约维科夫一时间从地狱回到了天堂，几天的朝夕相处之后，他疯狂地爱上了这位同行。

作为一名克格勃高级间谍，他深知他们两个人的恋情一旦被发现，将会面临着组织的处决，日日担惊受怕。虽然逃回了苏联，但为了给爱情寻找更好的出路，契约维科夫最终决定投靠 FBI，他的想法获得了恋人的支持。于是他回到了苏联的克格勃内部，积极窃取高级情报，然后贩卖给美国，期待着有朝一日返回美国和尼尔聂诺娃共度余生。短短几年间，契约维科夫就为 FBI 的间谍活动创造了奇迹般的成绩。

事实上，契约维科夫从一开始就陷入了 FBI 的陷阱中。他之所以能够逃脱，是 FBI 故意给他创造的机会。而促使他背叛组织的美丽爱人尼尔聂诺娃表面上是克格勃的高级特工，真实身份却是 FBI 安插在俄罗斯大使馆中的卧底。苏联到最后才发现自己一手培养出来的高级间谍竟然为美国人工作了 4 年……

契约维科夫之所以会选择叛逃，就是因为他陷入了爱情的纠葛中。利用情感投资的方式去换取回报，常常被人理解为中国古代的"美人计"，但这对于尔虞我诈的特工来说已经不算是什么新鲜事了。但是，我们却能从这个故事中学到不少生存之道——当面对强大的竞争对手时，我们用情感投资的方式常常可以俘获对手的心。我们不妨跟 FBI 的特工学学，从他们的案例中寻找技巧：

1. 情感投资，贵在真挚

"鳄鱼的眼泪——假惺惺"，说的是如果有人试图硬挤出几滴眼泪去感动别人，那么往往适得其反。对一个人来说，真正能够感动他的感情只有真挚的感情。如同 FBI 心理学专家霍尔斯·艾伯特所说："世界上最锐利的武器就是真挚的感情，因为它能够在瞬间摧毁一个人的内心世界。"

那么，是不是 FBI 特工们经常欺骗人的感情？事实上，很多特工在自己的回忆中都认为自己是欺骗了别人，但是自己付出的感情绝对是真挚的。FBI 已故特工埃利亚·特纳曾说："很多时候，我总以为我付出的那些感情都是假的，可是现在我发现，那些感情都是真的。因为我会在某一个时间段想起那些被我感动过的人，虽然他们最终可能非常恨我，但是我想那个时候我是认真的。"

真挚的感情就是最厉害的"杀伤性武器"，只要付出真挚的感情，就不难获得别人的信任。

2. 积极主动，久经考验

在进行情感投资时一定要积极主动，并经受得起考验。因为没有人会相信一个在困难面前选择放弃的人是真诚的。真正的 FBI 特工在每一次活动中都会遇到困难，但只要能够挺过来，那么接下来等待自己的就是成功。

但是积极主动不等于过分讨好竞争对手，在积极主动的过程当中要把握好度的问题，以免让对手变本加厉，在竞争中得寸进尺。积极主动是一种策略，像 FBI 的高级特工一样，利用自己真挚的感情投入，使竞争对手转变为合作伙伴。

先讲道理，再摆利益，大打人情战术

FBI 特工在工作的过程中，总是会碰到各种各样的人，如果这个时候他们想要赢得对方的好感和信任，就一定会从对方的心理出发采用相应的战术。他们很明白每个人都是有着不同的兴趣爱好的，只要留心观察并牢记他人在细微事物上的好恶，适当的时候，给他们一些利益上的诱惑，这样他们内心的敌意就会消失，进而就可以从他们的口中获得需要的情报了。

　　著名的 FBI 特工乔治·斯托克斯在退休之后，准备好好享受自己的晚年，他决定先把自己的房子整修一番。那个时候，他们家里的东西都被挪到车库里存放，房间里也没有办法住人，所以他们都在外面的草坪上露宿，到最后整修地板和草坪的时候，他们更是搬了出去，住在离家不远的汽车旅馆里暂住。

　　就在他们搬到汽车旅馆之后不久，FBI 总部打电话到当地的警察局，想找到乔治·斯托克斯。当警方与乔治·斯托克斯联系上时，对方告诉他：“我们在执行任务的过程当中，发现了一些你的财产。”乔治·斯托克斯对此感到非常吃惊，他随即赶到了警察局。在警察局里，他看到了应该存放在他们家的车库里的一个大木箱子，因为箱子上写着“FBI”的字样，所以总部认定箱子是乔治·斯托克斯的财物。这是怎么回事呢？原来，乔治·斯托克斯的房子在维修期间遭到偷盗，家中的很多财物都被偷了出来，只不过乔治自己不知道罢了，因为他好几天没有在家里过夜了。

　　但是，偷盗乔治·斯托克斯家的小偷并不是当场被捉获的，所以小偷拒绝承认东西是他们偷的，他们只是在黑市上买到那些东西的。乔治·斯托克斯赶紧检查箱子里的物品，发现除了一把退休时候的配枪之外，其他的东西都在。看到这里，乔治·斯托克斯先是慌张了，因为其他东西丢了也就丢了，那把枪可不能丢。这个时候，乔治·斯托克斯决定亲自上阵，来审问这个小偷。

　　这些小偷其实都是些孩子，为首的是一个 19 岁的孩子。乔治·斯托克斯先是了解到了这些孩子的基本资料，以及他们的家庭背景。令人意想不到的是，这个为首的男孩，居然曾经是个品学兼优的好学生，高中刚刚毕业的时候，就被大学提前录取，况且他们的父母都是大学里面的教授，这样的孩子怎么可能是小偷呢？在第一次审问的时候，这个孩子依旧不承认是自己偷了东西，坚称东西是他们买来的，他们连箱子都没有打开过，就被带到这里来了。但是乔治提到枪的时候，那个孩子明显地犹豫了一下，乔治据此断定，丢失的枪绝对和这个孩子有关系。

乔治不愧是老 FBI 特工，他短暂思考了一下之后，决定对这个孩子换一种方式审问。乔治说："你们的这种行为，其实也已经触犯了联邦法律，这样做可是会为你们的人生留下污点的，以后，你们的升学就很存在问题了。你们现在把真话讲出来，还是可以得到机会的，起码我可以保证你们不会受到什么损失，甚至连你们的父母都不会知道你们所做的事情。你现在只要说实话，有没有偷这个箱子，有没有动过箱子里的手枪，好吗？"

这时候这个男孩有些动摇了，过了好长一段时间，他终于向乔治·斯托克斯说了实话，箱子确实是他们偷的，他们起初只是因为在车库里玩耍，慢慢就产生了把箱子搬出来的想法，当他们发现里面还有一把枪的时候，就知道自己闯了大祸了，他们就带着箱子跑掉了。乔治·斯托克斯更关心的是手枪的下落，那个孩子说："扔进湖里了。"于是乔治和其他人一起去湖中打捞，果然找到了手枪。

这起案件在乔治的帮助下，不到半小时就告破了。

在以上这个案例当中，FBI 特工乔治·斯托克斯就是很好地利用了孩子们惧怕留下案底的心理，然后告诉了他们事情的严重性，并且保证他们的事情是不会让别人知道的，也不会对他们留下任何的影响。这样就打消了孩子们心中的顾虑，他们就愿意说出真相了。

人际关系大师卡耐基曾经在《影响力的本质》一书中写过这样一句话："任何人，不论是国王、面包师傅还是屠夫，都喜欢那些欣赏和关心他们的人。"其实，在与人交往的过程中，只要能够给对方关心，只要能够尊重和认同他们，这种积极的情感是会感染到对方的，他们也愿意消除和你之间的隔阂，从而对你讲出真话。这在心理学上被称做"情感互惠"原理。

每个人在接受到别人的恩惠、帮助的时候，都会想着有一天可以将这些都回报给对方，因为这样做了，他们的内心才会好受一些。也就是说，人们都是通过"情感互惠"来促使自己的内心达到某种平衡的。

这其实就是在告诉我们，在日常生活和工作中，一定要注意处理事情和对待人的方式，注意做好人情投资，等到有一天，这个投资终究会给你带来巨大的回报。

FBI 特工的最佳心理战术：动之以情，乘虚而入

　　FBI 心理学家曾经做过这样一个实验——在情人节快到的时候，他们找来了两对恋人，A、B 和 C、D。这两对恋人的爱情故事，几乎是相同的，FBI 心理学家对他们的送花心理进行心理实验。第一组的男孩 A 被要求在情人节之前的每一个周末都给自己的女朋友 B 送上一枝玫瑰花；第二组的男孩 C 只用在情人节的当天对自己的女友 D 送上一枝鲜艳的红玫瑰。接下来就要观察，两个女孩 B 和 D 在收到花时候的表现了。

　　由于送花的时间和送花的频率是不同的，所以两个女孩儿表现出来的表情自然是不一样的。B 因为最近一段时间天天都能收到 A 的花，所以在情人节收到玫瑰花的时候，并没有太过于激动，而且还嫌那天的花不够鲜艳；但是 D 就不同了，当她看到花的时候，表现得很激动，一个劲儿地感谢 C。

　　为了更加证明实验的准确性，实验人员又做了另外一组几乎相同的实验：让一个自愿参加实验的人，站在地上，然后蒙上他的眼睛，在他的右手上放一个 300 克的砝码，左手上放一个 305 克的砝码。这个人并没有感觉到差距，当将左手的砝码加重到 306 克的时候，那人就感觉到了重量的差异；但是，如果在他的右手放一个 600 克的砝码，左手的砝码至少是 612 克的时候，实验者才能够感觉到差异。这个实验表明，砝码的重量越重，人们对于差异就越"麻木"，直到有很大的差距的时候，才能够觉察得出来。

　　第一次世界大战结束之后，德国的威廉皇帝成为众矢之的，是全世界人民心中的一个大恶人，即便是上一百次绞刑架，都不能安抚愤怒者心头的怒火，人们对他是恨之入骨，本国人民更是希望把他抓起来，烧死于公众面前，以消除人们的怒火。为了保全性命，威廉皇帝不得不离开自己的国家逃亡到荷兰避难。这个时候，威廉皇帝接到了一个小男孩的信，在信中，小男孩将自己对威廉皇帝的尊敬和喜爱表达了出来，而且还劝告威廉皇帝应该勇敢起来，继续做皇帝。小男孩说："你永远是我心中的英雄，我只想你一个人做皇帝。"威廉皇帝被这份稚子之心所打动了，他通过各种方法终于见到了这个孩子，令人意想不到的是，他见到

了这个孩子的母亲，才知道这个孩子是个没有父亲的单亲孩子，最终他和男孩的母亲结了婚，做了孩子的"皇帝父亲"。

威廉皇帝因为一封信，因为一个孩子的童稚而改变了自己的生活，在他心灵最脆弱的时候，是希望得到别人的支持的，所以小孩子的一句话，对于他来说就如同雪中送炭一般的莫大恩惠。

FBI 特工在处理毒品、帮会案件时常常会遇到这样的情况，因为担心自己的家庭受到迫害，所以犯罪嫌疑人是宁死也不会讲出毒品贩卖的源头或者帮会的内幕等内容的。面对这样的场面，如果一味地去逼迫他们，绝对是收不到好的效果的。FBI 特工在这个时候就会去调查他们的家庭背景，通过家庭的因素，去劝诱他们。一般他们都会提出给犯罪嫌疑人的家人实行全天候的保护，甚至还可以帮助犯罪嫌疑人的家人换一个生活和工作的环境。对于犯罪嫌疑人来说，他们其实是不害怕死亡的，但是他们担心自己的家人受到伤害，FBI 特工也就是抓住了这一点，从而改变了犯罪嫌疑人，以获取所需要的宝贵线索。

其实，在我们的日常生活中也是一样的，我们要主动帮扶处于危难中的人，这对于他们来说，无异于雪中送炭，对他们的感动也就是很大的了，这样也有利于树立自己良好的形象。

FBI 特工攻心"必杀技"——夸人夸到点子上

赞美是每个人都渴望得到的，赞美别人是一种良好的社交方法。想要让赞美发挥最大的功效，还需要不断努力和提高。赞美要是不得要领，夸不到点子上，听起来就像谄媚了，这样的赞美不仅收不到良好的效果，反而让人感觉虚伪和不真诚，从而对你产生反感。

就比如说，在你和一个没有交往过的人接触时，第一次见面你就说："您长得真是太帅了，我知道您还是一个心地善良、待人真诚的人。"这句话一说，对方不仅不会被你的赞美打动，反而会对你提高警惕。因为你的话的确听起来有些虚伪，毕竟你和他只是第一次见面，又怎么可能对他的为人了如指掌呢？即便你很会通过观察对方的细节来判断对方的性格特征。

当然，这样也让我们感到很委屈，本来是想拉近距离的，但反而拉大了距离，造成这样的局面究其原因就是没有夸到点子上。

其实，在赞美的时候，能够明确赞美，尤其是对某个细节的赞美，往往更容易让人接受，让人感到真诚与坦然，从而使赞美效果达到最佳。就比如说，同样是赞美一个人的外表，不要只会说"长得漂亮"，你可以就她的某个细节进行赞美，你不妨可以说"你的眼睛真有神，清秀的脸让人看上去感到很亲切"；对于一个人性格的赞美也可以改变以往的赞美方式，可以试着说："和你在一起让人感到轻松与快乐，相信你的朋友一定很多。"

那么我们该怎样把这种赞美方式用到我们的生活中呢？

1. 从具体事实中说出感受

赞美无论是对谁都一定要注意，从事实出发，并由此引申出对对方气质、才华、性格等多方面的赞美。

如看到一个男人佩戴腕表，可以这样对其进行赞美："你很有品位，那些成功人士大多喜欢佩戴腕表……"

当向对方列出事实，并给予具体的赞美时，对方才能感觉到你的赞美之情是发自内心的，从而使对方更容易接受你的赞美。下面即是对他人的具体赞美：

"您确实是个有社会责任感的企业家，得到您帮助的人大多已经摆脱贫穷。"

"您真是教子有方，孩子的考试成绩每次都名列前茅。"

"这件衣服您穿着非常合身，更显出了您与众不同的气质。"

"非常喜欢您唱的歌，尤其是那浑厚的高音部分，与那些专业歌手比起来一点儿也不逊色。"

"从您优美的站姿中就可以看出您是个优秀的舞蹈演员。"

……

2. 指出赞美的具体部位并对其特点加以说明

对于一个人的赞美最简单的方式就是从对方的外貌入手，比如可赞美对方脸形好看、头发乌黑、衣着得体、身材苗条……抓住对方的一个闪光点，具体地加以描述，再把自己的观点摆出来，并由衷地对其进行赞美。

当然这样做最基本的一点要注意，要实事求是。如果对方不具备某方面的特点时，一定不要盲目赞美，要知道这样的赞美不仅不会让对方开心，达不到赞美的效果，还会让对方认为你是一个虚伪的人，给你扣上"虚伪"的帽子。

3. 赞美时用名人或成功人士与对方做比较

对于那些成功人士和名人，大家都很崇拜他们，假如你对对方的赞美可以和这些人物进行挂钩与之做比较的话，对方的内心会很快接受，还会认为你是一个真诚的人，会使你更容易获得对方的好感。比如，最常见的就是用某种大明星的长相来说明你的赞美对象，你就可以告诉他，他长得很像某某；对方口才好，你就试试找一些优秀的演讲家和他比较，这样一来，对方的优点就都可以展示出来了。

FBI特工在实际办案过程中，往往要遇到一些在各方面尤其是人格方面存在缺陷的犯罪嫌疑人，这些犯罪嫌疑人的性格大多难以捉摸，而且他们经常会做出一些极端的举动。

美国华盛顿的一个博物馆接连发生文物被盗事件，当地警察锁定了一名犯罪嫌疑人，并将该嫌疑人抓获。

为了尽快将丢失的文物找回，当地警察使用了各种方式审讯犯罪嫌疑人，但犯罪嫌疑人却始终没能提供有用的信息。情急之下，警察局电话联系了FBI，请求他们援助，以便尽快破获此案。

经验丰富的FBI特工并没有直接审讯犯罪嫌疑人，而是向警察局长问了一些问题："你们是如何审讯这名犯罪嫌疑人的？"

"我们对他采取高压措施，日夜审讯他，可他却像块石头一样，始终不说出犯罪的过程。"

他略微思考后回答道："对付这样的犯罪嫌疑人要用心理战术。"

来到审讯室审问犯罪嫌疑人时，通过多年的实战经验，FBI特工得出，犯罪嫌疑人的人格存在一定的缺陷。随即他翻阅了这名犯罪嫌疑人的个人档案。果然，这是个13岁便失去父母的孤儿，此后他便一个人流浪在大街上，以盗窃为谋生手段。

从对该犯罪嫌疑人的询问中得知，这名犯罪嫌疑人外表看似强悍，其实其内心深处却无比软弱，而他盗窃文物只是想卖个高价钱，然后用来买药救治一名身体残疾的流浪老人。

FBI被这名犯罪嫌疑人的举动感动了，同时也意识到用温情执法的方式才是对他实施攻心战最有效的方法。

为了能尽快摸清犯罪嫌疑人心里更多的想法，FBI特工放慢了说话的语速，对犯罪嫌疑人说道："你是我见过的人中最有责任感与爱心的人，如果你能改邪归正的话，一定会为社会贡献不少力量的。"

当说完这句话以后，犯罪嫌疑人流下了悔恨的眼泪，并向FBI特工供述了自己犯罪的过程以及文物藏匿的地点。

显然，FBI特工通过对犯罪嫌疑人的攻心——夸人夸到点子上，达到了破获案件的目的。

FBI特工攻心最强手段——给足对手面子

人们对于面子无疑都是非常重视的，每个人都希望自己有面子，也希望别人给自己面子。无论在任何场所，要学会给对方保留面子，这一点是至关重要的，一旦给足了对方面子，对方也就会在心理上接受你是他同一条战线上的朋友，从而增进了解，使彼此的关系更加融洽。相反，如果没有给对方足够的面子，那就会让两个人的关系越来越僵，甚至对方会做出对你不利的事情来。

FBI特工在实战中，总是会给对方保留面子，满足对方的虚荣心，即便对方是一个犯罪嫌疑人。恰恰是这种行为使得FBI特工成功摸清了对手的心理，为实施攻心术提供了便利。

我们来看下面的这个例子：

纽约的大街上拥有世界最多品牌的商业聚集区，每天在这里购物的游客数不胜数。

斯坦德迈尔就是这一区域负责经济和社会稳定的FBI特工，凭借丰富的实战经验，他将这个地区的治安维护得很好，不少媒体记者都来采访他，想一探究竟。有名记者向斯坦德迈尔问道："斯坦德迈尔先生，您的优秀是有目共睹的，我们对您取得的成绩深表钦佩，希望您能告诉我们您是如何取得如此好的成绩的。"

听罢此话，斯坦德迈尔不紧不慢地说道："我给足了别人面子，那么别人同样也会给我面子的啊！"采访的记者并不能明白他这句话的真正含义，于是斯坦德迈尔紧接着对记者讲述了这样一件事情：

2008年美国爆发经济危机，使得商业区也失去了往日繁荣的景象。有一天，在斯坦德迈尔负责的片区里，一家大型珠宝店被盗，丢失珠宝的总金额高达300万美元。斯坦德迈尔迅速赶到现场，通过调查，斯坦德迈尔发现该店的防盗窗并没有明显被砸毁的痕迹，在现场也找不到任何可疑的痕迹，斯坦德迈尔知道这并不是一个简单的案子。

斯坦德迈尔经过三天的调查，判断实施这起抢劫案件的就应该是珠宝店内部人员，但是斯坦德迈尔苦于没有证据。后来珠宝店店长给他提供了一条重要情报："在我们店里曾经有位叫加纳德的员工，但是案发之后就再也找不到了，而且他的手机还一直处于关机状态。而据我发现，加纳德在这两个月内的情绪很不正常，好像发生了什么大事一样，整天闷闷不乐。"

斯坦德迈尔敏锐地意识到，加纳德有着很大的嫌疑。于是斯坦德迈尔翻阅了加纳德的个人信息档案，找到了加纳德的居住地，可当他赶到时，已经是人去楼空了。从邻居那里了解到，加纳德在两天前就已经搬离了这里。

经过认真分析后，斯坦德迈尔认为，加纳德现在最应该干的一件事情就是将珠宝换成现金。于是斯坦德迈尔赶到了纽约的一家大型珠宝交易市场，在这里斯坦德迈尔发现了一名男子长相酷似加纳德。当时斯坦德迈尔并没有对加纳德进行抓捕，以他多年的经验，这位小伙子只不过是一时的犯罪，他想先给对方面子，以便首先做到从心理上占据优势。于是他对这名男子说道："你应该是加纳德先生了，您要的出租车已经到门外了，我来帮您提东西吧。"说着他还将一整袋的珠宝背在身上，面对这一情况，本应该拒绝的加纳德却不知道为什么乖乖跟着斯坦德迈尔走了出来。

斯坦德迈尔将加纳德带上车以后，还没有揭穿他，只是说："加纳德先生，我知道一个高价回收珠宝的市场，我可以带你去，要知道你身上带这么多的珠宝是很不安全的。"

此时的加纳德只想快速甩出这批珠宝，完全没有多想，在车上他还对斯坦德迈尔说："老兄，实话告诉你，这些珠宝是我盗窃来的，假如你能帮我卖出去，我可以给你40％的提成。"

斯坦德迈尔答应了加纳德的要求，当然他这样做只不过是为了稳住对方的情绪。斯坦德迈尔一直将车开进了警察局，直到这个时候加纳德才猛然意识到自己落入了法网。

在对加纳德的审讯中，加纳德对于自己的犯罪事实供认不讳，同时他还对斯坦德迈尔进行了赞扬。他是这样说的："为了能抓获我，斯坦德迈尔给足了我面子，这样是让我在心理上放下了防线，对他的警惕性也是大大降低了，他的这种方法真的是让人防不胜防。"

这个案子就是FBI特工通过满足对方的虚荣心而将对方成功抓捕的典型，那么通过这些案件，我们可以学到什么呢？

1. 抓住对手感兴趣的话题，以分散他们的注意力

有些人希望别人按照自己的兴趣爱好思考，这种人很有虚荣心。对待这样的人最好的办法就是跟他们谈他们感兴趣的话题，并且耐心听下去，这样就可以隐藏好自己的真实目的，可以最大限度地分散他们的注意力，进而实现自己的终极目的。

2. 满足对手好面子的虚荣心

人们都是希望别人能够给他们面子的，当他们得到面子以后，会极大地满足自己的虚荣心。在他们眼中，能给予他们面子的人是自己的朋友，是与自己站在同一条战线上的人。如此一来显然你更容易接近对手，从而洞察到对手的心理特征，实现一些目的。

FBI在实战中经常会遇到一些思想顽固的对手，起初在审讯过程中他们通常会用常规的方法，可始终得不到有价值的信息。为此，他们决定用心理战术对付对手。具体做法就是满足对手好面子的虚荣心。比如，当对一名盗窃犯进行审讯时会这样说："你盗窃的手段非常高明，如果能用在其他方面的话，我敢保证你将是个不错的人，你这样认为吗？"

当盗窃犯听完这些话以后，原本想负隅顽抗的决心往往会出现松动，

这种攻心策略，最终使盗窃犯供述出自己的犯罪过程。

以上两点便是 FBI 特工在实战中总结出的攻心技巧。由此我们就不难理解 FBI 特工这样评价道："其实对一个人实施攻心策略非常简单，那就是要抓住他的性格特征，满足他好面子的虚荣心，从而对其实施出其不意的心理攻击，达到自己的目的。"

附　录

FBI 在行动
——FBI 大事绝密档案

FBI 与珍珠港事件

1941 年 12 月 7 日清晨 7 点 55 分，约有 400 架日本战斗机拥至珍珠港，还没等美国士兵反应过来，飞机上投下的弹雨将美军两艘战舰和两艘驱逐舰击沉，13 艘军舰立时变成了残骸，2400 名军人丧生。

一时间，美国上下陷入一种莫名的恐慌之中。当时的总统罗斯福命令要不惜一切代价找到日机偷袭的真相。

对于这次珍珠港事件，据报道，美国的国内在一年半之前就已经通过方方面面的了解和调查，有了一些察觉。

第二次世界大战的战火烧遍了整个欧洲。"美国握有或战或和的钥匙，"法国外长乔治·博内如是说，"如果他们明确表明站在我们一边，那么，就足以切除战争这个幽灵。"此时的美国总统罗斯福也很想拯救欧洲免遭纳粹的蹂躏，但是在国内一股强大的反战势力的干扰下，他不敢公开表示援助，他毕竟还是要考虑美国的民意的。但是，此时罗斯福早已和英国海军大臣丘吉尔秘密通信了好几个月，丘吉尔也挑选了威廉·史蒂芬森作为他在美国的私人代表处理一些事物。

1940 年 4 月，丘吉尔和史蒂芬森在英国海军部的 309 号房间商讨战事，在面对德国入侵的情况下，英国军方一片混乱。但是，此时英国弄到了破译德国军事通信机密的破译机，这将会影响到整个战争。丘吉尔让史蒂芬森将此事告诉罗斯福，还要求他将每天的情报摘要通过 FBI 传递给总统。

但是 FBI 局长胡佛拒绝了史蒂芬森的要求，胡佛说，没有总统的特别命令，他也无能为力。史蒂芬森将这一情况报告给了已经出任首相的丘吉尔。

在丘吉尔的授意下，史蒂芬森和罗斯福在白宫见面，总统于是下令：FBI 同英国情报局进行最密切的合作。

FBI 多次帮助史蒂芬森，为他提供了一台发报机，以便他同伦敦进行直接联系；协助防止了英国轮船在美国港口遭到破坏、帮助史蒂芬森截获一些电报和信件；将从德国间谍那里得来的文件转给英国等。

但是好景不长，这种合作关系没有维持多久，就因为胡佛以及军界不断忙于扩大自己的势力范围而终止。当时各个部门都争吵不休，这让罗斯福大为光火，于是他建立了一个新的情报特务机构，并任命威廉·杜诺万担任总头目。此举也惹怒了 FBI 局长胡佛。

由于杜诺万和史蒂芬森的私交很好，所以英国人对胡佛领导的 FBI 失去了兴趣。1941 年 6 月，杜诺万被任命为情报协调官，从此彻底丢开 FBI，双方进行了密切的合作。这使胡佛大为恼火，以至于后期的工作陷入个人的愤怒之中，错失了挽回珍珠港事件的机会。

1941 年 8 月 14 日，即珍珠港事件发生前 4 个月，一名高级 FBI 特工接收到杜桑·杜斯科·波波夫的报告。这个波波夫是一个同时为盟国和德国服务的双重间谍，他发来的报告意在告诉 FBI 总部，日本打算袭击珍珠港。而且他还亲自赶到美国告诉胡佛这一切，但是很显然当时的胡佛并没有在意。

事情是这样的，当双重间谍波波夫搞清楚日本将有所行动的时候，于 1942 年 8 月 12 日赶到纽约，很快和 FBI 的助理局长厄尔·康内利、纽约特工头子珀西·萨姆·福克斯沃思等多名领导见面，并将关于珍珠港问题的报告提交给他们。

福克斯沃思对这份报告很谨慎。他说："这个报告太过于详细具体，时间、地点、方式等都很仔细，我担心是个圈套。"于是他们决定还是由胡佛作出最终决定。

波波夫火速赶往纽约的 FBI 办事处，并见到了胡佛。波波夫在回忆录中写道："没有人介绍、没有寒暄、没有礼仪，我走进福克斯沃思的办公室，胡佛已经坐在写字台后面，像抢大锤的人寻找铁砧一样。福克斯沃思一声不吭地坐在一张安乐椅上。"但是胡佛对于波波夫的报告用讨厌的眼神瞅了一眼，然后咆哮着说波波夫是个"假间谍"，并很快就结束了这次会见。

在一段时间里，FBI 内部只是将波波夫带来的微缩技术进行广泛研究，而忽视了报告的内容，丝毫没有做任何的预防和布置。

1941 年，在檀香山担任舰队情报官的埃德温·莱顿海军少将对那次日本的突袭进行了广泛的研究。他认为，胡佛很草率地处理了波波夫的情报，而这个行为是失误的。莱顿说："他的失误'造就'了珍珠港悲剧。"

FBI 与马丁·路德·金之死

1968 年 4 月 4 日下午 6 时左右，马丁·路德·金和往常一样，和几名助手在下榻的洛兰宾馆 306 房间内进餐。他们吃得很慢，不时交谈几句，这晚的金始终话不多，好像是在思考着将要举行的集会。

晚饭后，金独自走到阳台上，臂肘支在栏杆上面，远方的余晖慢慢隐去，黑暗即将来临了。

就在这个时候，一声刺耳、清脆的枪声响起，就在这一声枪响之后，金腰身挺了起来，随即用手捂住自己的脖子，一脸的愤怒，徐徐倒了下去。

随即，一辆白色救护车疾驰而来，撕心裂肺的笛声划破长空。

但是，这已然于事无补。下午 7 时零 5 分，医生宣布：子弹射穿了大动脉血管和颈椎，金经抢救无效，死亡，当时的金还不足 40 岁。

FBI 对此事介入了调查。房客查尔斯·史蒂芬斯告诉 FBI 特工，他听到枪响后，打开房门想了解一下情况，正好碰到一个 30 多岁、身高 5 尺 10 寸左右、胖瘦适中、穿着一套深色衣服的男子拎着一个包袱慌慌张张地跑过。

据此 FBI 特工们展开了调查，4 月 5 日凌晨，他们就正式宣布已掌握破案线索。

洛兰旅馆对面的一家名叫贝西·布鲁尔的公寓是发出枪声的地方。房东布鲁尔太太回忆说，4 月 4 日下午 3 点 15 分，曾有一个男子要求租住洛兰宾馆对面的房间，她按照他的要求租给了他房间，他是用约翰·维拉尔德的名字登记住宿的。

布鲁尔公寓不远处有一家卡尼普游艺场，它的老板也作证说，枪响后他曾看到一个身穿深色衣服的人沿街向南奔去，并且掉下一个包袱。不一会儿，出现了一辆白色"野马"牌的小汽车朝相反方向疾驰而去。

FBI 特工找到包袱，打开发现了一支雷明顿公司制造的 760 型"打猎能手"式步枪、一架望远镜和一个拉链式蓝色手提包，而在提包里装着一条男短衬裤、洗漱用品、两罐啤酒、一个标有田纳西州孟菲斯约克枪械公司字样的纸袋以及一支约克枪械公司售货发票，日期是 1968 年 4 月 4 日。FBI 对包袱内的物品进行了检查和鉴定。

由于马丁·路德·金影响力很大，当时的美国总统约翰逊责成 FBI 迅速查明真相，将凶手及时捉拿归案。

根据包袱内物品的调查，"雷明顿"牌步枪是在亚拉巴马州伯明翰市的一家海空军需商店卖出的，购买者名叫哈威·斯塔尔沃·格拉特。

而根据纸袋和约克公司的发票，特工人员同样找到了卖出望远镜的商店，店员回忆说，在马丁·路德·金遇刺的那天下午大概 4 点多的时候，有一名男子来买望远镜，而店员所描述的来人的面貌特征也与特工人员掌握的情况吻合。

特工人员还调查了那辆白色的"野马"牌汽车，它出厂于 1966 年，在 1967 年 8 月 29 日一个叫哈威·斯塔尔沃·格拉特的人买走了它。而此时亚特兰大的警方报告说找到了那辆小汽车，车里遗留下一本地图册，马丁·路德·金的住址以及金领导的南方基督教领导人大会总部都在地图中被画了圈。

指纹专家通过对贝西·布鲁尔公寓和汽车上的指纹进行仔细辨认，发现是同一个人，而且这和 FBI 档案馆中的"405, 942G"号档案的指纹卡吻合。卡片显示："詹姆斯·厄尔·雷，1928 年 3 月 10 日生，伊利诺伊州奥尔顿人。"

FBI 锁定了犯罪凶手，但是通缉令下达之后，并没有得到任何詹姆斯·厄尔·雷的消息。特工们怀疑他很可能要逃往国外，在和各国驻美国大使馆的合作中，终于发现了一名叫拉曼·施奈德的赴加拿大的人，长相酷似雷。

1968 年 6 月 8 日，在伦敦机场候机厅，两名 FBI 特工抓住了拉曼·施奈德，并在他的身上搜出了一支子弹满膛的左轮手枪，通过指纹鉴定，确定了他就是杀害马丁·路德·金的凶手詹姆斯·厄尔·雷。

在这次破案和追捕中，FBI 总共投入 3014 名特工人员的力量，花费了 140 万美元，累计行程 50 万英里。

1968 年 10 月，在人民的愤怒中，孟菲斯法庭对詹姆斯·厄尔·雷进行了审判。

FBI 与肯尼迪被刺

1963 年 11 月 22 日，中午，约翰·肯尼迪总统和夫人乘坐林肯牌高级轿车前往贸易中心。在汽车行至埃尔姆大街的时候，突然响起一声枪响，一颗子弹射中肯尼迪总统背部脖根部位，从他的身体穿过，并射穿前面康纳利州长的背部，打伤了他的大腿，紧接着又响起了几声枪响。

总统夫人杰奎琳还没有明白过来发生了什么，只看到一脸迷茫和沉思的肯尼迪，突然举起右手颤抖着想抓住后脑勺，但是手却落了下来。霎时间，鲜血伴随着白色的脑浆喷洒而出，杰奎琳手足无措，她一边俯到肯尼迪身上，一边朝着窗外大声喊着："我的天哪，这是怎么回事！我的天哪，他们杀死了杰克，他们杀死了我的丈夫。杰克！杰克！"

车队迅速开到了附近的帕尔克林德医院，尽管医生们还想努力，但是这已经是无法改变的事实，肯尼迪总统已经去世了。

FBI 特工们根据肯尼迪总统被袭的部位进行分析，认为子弹是从那条街上的得克萨斯州教科书仓库大楼的一个窗口射出的，在展开搜索的时候，他们在 6 层的一个窗台上找到了一把 M. C. 毫米步枪。

一小时后，FBI 特工捕获了一名叫奥斯瓦尔德的试图枪杀警察的嫌疑犯，而通过指纹鉴定，发现他的指纹和那把 M. C. 毫米步枪上的指纹完全一致。

看起来，奥斯瓦尔德就是杀害肯尼迪总统的凶手，他被抓了起来。11 月 24 日早晨，达拉斯市警察局准备将其转移的时候，有人掏枪射杀了奥斯瓦尔德。这让此案变得扑朔迷离，因为 FBI 特工们认为，这绝对不是单纯意义上的刺杀事件。

继任总统的林登·约翰逊迅速组成了一个 7 人的总统特别委员会，目的是要调查清楚肯尼迪被杀事件的真相。

这个小组历时 10 个月的调查，走访了 552 位证人和 25000 名其他人员，终于在 1965 年 9 月 25 日，委员会做出了一份长达 912 页、近百万字，包括照片、证据、图表、证言和其他文件共 25 册的调查报告——《总统特别委员会关于肯尼迪总统被暗杀的调查报告》。

该报告中称，奥斯瓦尔德行刺肯尼迪是一个"孤立的事件"，他的刺杀行为完全是个人行为，没有任何的政治色彩在里边，而且有医院资料证明奥斯瓦尔德还是一名精神病患者。当时他藏身于得克萨斯州教科书仓库大楼，在车队经过的时候，他连开三枪，射杀了肯尼迪总统。

但是外界的猜测和调查与总统委员会的报告相反的有很多，一时间众说纷纭。

被质疑的主要是开枪的次数。

总统的汽车有录音系统，但是当时场面很乱，录音十分模糊，很难分清哪是枪声，哪是噪声。

在录音中可以听到明确的三声枪响，但是经过 FBI 特工详细测算，判断出这三声枪响和总统中弹的时间明显有着间隔。

再仔细听录音，却发现了一些很像是枪声的噪声，而这种声音却和总统中弹时间吻合，这样的话，枪声就应该是四声了，也就是说有四发子弹。

但是，FBI 的武器专家指出，凶手用的是一支 1940 年意大利制造的旧式步枪，这种枪在袭击总统的五六秒内，最多只能射出三颗子弹。

这就是说，当时应该至少有两个人对总统的车队开了枪。刺杀肯尼迪总统的凶手不是奥斯瓦尔德，而是另有其人。但是这些都是推测，没有确凿的证据证明，都被总统委员会一一推翻了。

被质疑的另一个方面是总统的遗体和大脑上的伤口。

负责解剖肯尼迪遗体的海军医疗中心 X 光师摄影师称：他所拍摄的底片都被 FBI 特工们带走了，但是后来这些底片全都失踪了，剩下的全都是"曝光"了和模糊不清的。

而在这些模糊的照片中，有一张显示验尸台上的肯尼迪总统脸部毫无损伤，好像还带着笑容。

协助验尸的警官保罗·奥康纳也曾说，他在抬总统的尸体时，碰到了肯尼迪的头部，发现总统的头部后面被射穿，但脸部却完整无伤。

而武器专家也分析说，如果被远处射来的子弹击中，子弹强大的冲击力会大大破坏脸的右前侧，总统的脸应该是不完整的才对。

在这些疑点面前，医生对总统的遗体又一次做了解剖。但是此时却发现总统头部的伤口大概有 10 毫米×20 毫米，颅腔内却空无一物，连大脑都不见了。

肯尼迪解剖时的照片和 X 光片后来都被保存到国家档案馆，但 1966 年 10 月，这些资料统统不翼而飞。

1992 年，当时参与抢救总统的帕尔克林德医院的医生克林绍出版了《约翰·肯尼迪——打破沉默》一书。在这本书中，他讲到了他在总统遇刺事件中所看到的一切，他说：总统被送到医院的时候，整个大脑右半部都没有了，经过分析可以断定，子弹是从右边太阳穴射入的，沿着切线打穿颅骨，并损伤了头顶和后脑勺骨；而且在总统的喉结下部有第二处伤口，有自来水笔直径一般粗。在他的书中写道：总统的伤口都是前面的两次射击造成的。

而在后来公布总统尸体的照片上，总统的伤口却跑到后面去了。

最令人不可思议的是，在肯尼迪遇害的 10 年间，180 多名与此案有关的重要证人都相继丢掉了性命。

奥斯瓦尔德曾试图枪杀的警察蒂皮特是其中一个。他被一名长着黑色鬈发的青年男子杀害。

目击同事蒂皮特被杀过程的警员也成为了被杀害的对象，他在一次巡逻时被一颗子弹击中要害部位，不治身亡。

一位证明总统被刺现场有神秘人物的铁路工人，在工作的时候被一辆疾驰而来的汽车撞死。

罗杰·克雷格也是一名现场目击者，在总统被刺事发不久遭到枪击，但侥幸躲过。可是 12 年后，他还是被几个陌生人闯进家中杀害。

多茜西是一名记者，曾经采访过枪杀奥斯瓦尔德的凶手杰克·鲁比，而在采访后不久也在家中神秘死亡。

1967 年 1 月，鲁比因患癌症在监狱中死亡，在临死时，他透露在入狱的时候，有人对他做了手脚。

《达拉斯时代先驱报》的两名记者吉姆·莱德与杰克·亨特，曾经到鲁比的家中进行过调查采访，不久之后，吉姆在家中被枪杀，而杰克则死于警察的手枪"走火"。

证人的先后死亡，让整个案件变得更加扑朔迷离，但是人们相信，总统遇刺绝对不是奥斯瓦尔德的个人作案。

有人说，1962 年，赫鲁晓夫承受不住肯尼迪总统的压力，被迫将苏联部署在古巴的导弹拆除并运回，此举让古巴领导人卡斯特罗的共产主义事业受到损害。

而奥斯瓦尔德则是菲德尔·卡斯特罗的疯狂崇拜者，他的刺杀行为是为了向古巴方面表示忠心。但很快古巴驳斥了这种无端的猜想。

也有人说，当时的 FBI 的老大胡佛自恃势力强大，对任何人都不放在眼里，很多国家官员和总统也都因为有隐私和把柄握在胡佛手中而让他三分。肯尼迪对此却不屑一顾。1961 年，他迫使 FBI 服从司法部的领导，限制了胡佛的权力，甚至将撤换 FBI 局长的决议提上了总统的工作日程。这让当时不可一世的胡佛心里很受不了，于是酿成了这桩惨剧。

……

说法虽然很多，也千奇百怪，但是到底是谁下令杀死了肯尼迪？直到今天人们仍然没有找到答案。

FBI 与梦露之死

美国好莱坞影星玛丽莲·梦露于 1962 年去世。她去世后的几十年里，人们对于她的死因众说纷纭，但是一直没有一个确定的说法，她的死因依旧神秘。在她去世后的长达 46 年里，所有有关她死因的调查文件都是高级机密。直到最近，《华盛顿邮报》调查记者乔·史蒂芬从 FBI 那里获得一份 FBI 解密文件，将梦露的死因揭了开来。

对于梦露的死因主要有两种版本：官方认为梦露死于服药过量；民间却流传着梦露被美国情报机构暗杀而死的说法。

《华盛顿邮报》调查记者乔·史蒂芬获得的部分绝密文件倾向于第二种说法。

这份绝密文件是围绕着一个名叫诺曼·梅勒的美国犹太裔著名作家而展开的。他在 1973 年夏天出版了一本新书，这本书披露 1962 年梦露死前曾给白宫打过电话，而这个电话被 FBI 窃听，暗示着梦露的死因与 FBI 有种种联系。

而在书中诺曼·梅勒还暗示，联邦调查局（FBI）和中央情报局（CIA）都有谋杀梦露的强烈动机，他们的目的当然不只是针对玛丽莲·梦露，他们是将矛头指向了肯尼迪家族，是想让他们难堪。而在这份资料中显示，FBI 的内部讨论想要对梅勒书中的问题进行辩解，但是他们并没有找到合适的办法。最终他们什么都没有做，因为他们知道，这样做就会中了诺曼·梅勒的圈套，他就是试图点燃公众的怀疑，而不管 FBI 怎样解释，最终只能是让民众越发怀疑。

虽然这些文件都在说明着玛丽莲·梦露的死和 FBI 有着千丝万缕的联系，但是玛丽莲·梦露到底是怎么死的至今还是个谜。

FBI 与尼克松下台事件

尼克松执政时和 FBI 的紧密合作是有原因的。尼克松刚上任时，正在爆发的灾难性战争遭到国内普遍的抗议和反对，而政府中同样有不少的官员对他的政策持反对意见，这使得他只能寄希望于联邦调查局。

其实，尼克松得以扬名的"阿尔杰·希斯事件"就是 FBI 一手导演的，所以刚入主白宫的尼克松想要得到 FBI 的帮助自然是很容易理解的。尼克松的内务顾问埃利西曼就曾经说过："对于尼克松来说，胡佛不仅是情报源泉——他是尼克松听信的政治顾问。"尼克松也知道他可以从与胡佛的密切交往中在政治上得利。

不过，尼克松虽然和 FBI 的胡佛关系不同寻常，但是他们之间并不是亲密无间的。尼克松对胡佛就像是对待艾森豪威尔或者戴高乐这些年长有经验的人一样，尊敬他们、渴望得到他们的赞同、羡慕他们的能力，但是却还是无法忍受他们沉闷缓慢的工作方法、过分的谨慎小心和贻误时机。尼克松对胡佛的这一态度，也使他的办公厅主任霍尔德曼、总统内务顾问约翰·埃利西曼和那些年轻助手们产生了同感。

总统内务顾问约翰·埃利西曼，就曾经公开表示对胡佛以及其领导的 FBI 表示不满。在他刚开始担任胡佛与白宫的联络官的时候，他经常要去处理来自 FBI 的所有报告。他回忆说："基本上可以说，我所了解的 FBI 的调查工作，质量低劣。他们在处理事情的时候，总是喜欢听信流言飞语，凭推测猜想；而他们的报告也有很多问题，他们经常会说"情报来源保密"，当然这是指他们电话窃听或窃听器窃听的委婉用语。即便是这样，他们的很多情报也是道听途说居多……对于他们糟糕的报告，我退还给了胡佛。但是，他们在随后的工作中并没有什么进展。"他还曾经讽刺说，雇用一名退职的纽约退役警察，估计会收到更好的效果。

即便是这样，尼克松总统对于胡佛还是礼遇有加的。1969 年 9 月，尼克松居然超乎寻常地拜访了胡佛，而且还和他共进午餐。尼克松总统很少接受别人社交性的邀请，即便是内阁成员的邀请也很少接受。在进餐期间，胡佛暗示了他将要做的一些事情，尼克松总统对此并没有做出反对，胡佛所要做的就是使用窃听器、电话窃听和其他侦破手段，去调查一些重大的事情。

其实，尼克松也知道防止泄密现在是他必须解决的问题，任何一位领袖都绝不会在做好准备之前，就让自己的对手或公众了解自己的计划。

尼克松的担忧并不是没有必要的。1969 年 3 月 17 日，尼克松下令在柬埔寨轰炸北越军队，这次行动要严格保守秘密以防该国国内抗议。尽管柬埔寨的西哈努克亲王同意了这次轰炸，毕竟还是不能走漏风声。但是令人意想不到的是，1969 年 5 月 9 日，《纽约时报》第一版刊登了记者威廉·比彻关于这次轰炸和西哈努克没有抗议的报道。尼克松和基辛格迅速碰头，他们一致认为此次战略计划遭到政府中持不同政见者的破坏，而破坏者很有可能就是内部的工作人员。

面对这个问题，尼克松将希望寄予了 FBI，胡佛给他介绍了当时流行的三种防止泄密的办法：调查背景、电话窃听、跟踪盯梢，而在这几种方法之中，想要查出泄密者窃听无疑是最好的办法。尼克松火速制定程序和列出嫌疑人名单，并让亨利·基辛格将这些交给了胡佛，当然他还一再强调，这次行动一定要"最大限度地保密"，他可不想被反战派"抓住把柄"。

在这张嫌疑人的大名单中，就包括对 18 人的窃听，其中 4 名是新闻记者，而有 13 名是白宫、国务院、国防部的官员。

这次行动并不是一般意义上的行动，胡佛交代助理威廉·沙利文，不得保留任何有关本次行动的复制材料，同时也要将本次活动的记录文件和其他的一般性档案分开管理。而且他还一再强调，这次行动 FBI 只是提供技术方面的支持。尽管这样，他还是紧张不安。他还找过司法部长，企图请求他让白宫方面拆掉窃听器。谁都知道安装窃听器是一个具有爆炸性的"危险游戏"，但是胡佛的请求没有被同意。

胡佛深感这次行动的鲁莽，他很清楚，在 1969 年如此动荡的环境下，一旦有人发现他们在新闻记者或者政敌身上使用窃听手段，后果将是不可想象的。而白宫的工作人员们却因为胡佛的小心谨慎而愤怒，他们在尼克松的指挥下继续以窃听的方式调查泄密问题，他们已经不去管合法不合法了。

胡佛的担忧最终成为现实，虽然当时他已经离开了人世。

1972 年 6 月 18 日，《迈阿密先驱报》第一版的一条新闻引起了社会各界的关注。报道说：昨天夜里，在位于民主党全国委员会总部的水门大厦当场抓捕了 5 个人，其中有一名自称是 FBI 特工的人，还有 4 个古巴人，当时他们正在安装窃听装置。在他们的身上也找到了携带的照相机和电子侦察等设备。

当时，尼克松是在位于佛罗里达比斯凯恩湾的寓所内的沙发上看到这则新闻的。他当时感觉这条新闻很荒谬，他认为古巴人到美国来安装窃听器，这本身就是个笑话，对此他还认为有助于自己的连任，因为竞争对手民主党总统候选人麦戈文一向对古巴卡斯特罗政权采取谦让政策，他还想着借此好好打击一下民主党。他没有再想下去，只是把报纸丢到一边忙自己的事情去了。

但是经过调查，那名自称是 FBI 特工的人就是尼克松"争取总统连任委员会"的安全顾问麦科德，其余的人也不是什么古巴人，他们都是受雇于"争取总统连任委员会"的特工人员。这个调查结果一经披露，使"水门事件"很快变成了新闻界热炒、全国关注的爆炸性新闻。

更让尼克松受不了的是，6 月 20 日上午，《华盛顿邮报》的一则消息报道说，在被捕的人员随身携带的通信录中，找到了霍华德·亨特即尼克松的高级顾问科尔森的手下的联系方式。

霍华德·亨特随即被捕。

虽然尼克松两次向公众信誓旦旦地保证，声称他和他领导的白宫和水门事件没有任何的关系，他们是经得起调查的。但是很显然，他在民众面前的公信度已经大大降低。而就在这个时候，他的法律顾问迪安突然"反戈一击"，使他和白宫狼狈不堪。

迪安指出，白宫的几名重要人物和水门大厦案有关，还坦白了自己以及白宫在案发后所做出的一些列企图掩饰真相的想法。而白宫的办公厅主任霍尔德曼、总统的内务顾问埃利西曼以及他自己都卷进了此案，他们都在不同程度上有"阻挠司法的举动"。他还透露，总统的私人律师坎姆巴克受命为水门事件的被告筹款。

此时，霍尔德曼和埃利西曼这两位曾经在尼克松总统竞选中立过汗马功劳的功臣，以及总统的得力助手和多年的忠实朋友，只得成为替罪羊，辞职以保全总统。迪安以及司法部长克兰丁斯特也同时辞职。

尼克松原本以为这样可以让自己的日子好过一些，但事实并不是这样，联邦地方法院似乎打定主意要和总统过不去。而在这场较量中，尼克松也是打起了十二分的精神来。

但是随着调查的深入，尼克松总统的身体也扛不住了，他在拒绝了以萨姆·欧文为主席的参议院水门事件特别调查委员会提出的出席作证要求后，也因胸部剧烈疼痛，住进了海军医院。

在尼克松住院的这段时间，他的副助理亚历山大·巴特菲尔德将他的秘密透露了出来，他说自 1971 年 3 月以来，白宫内都是安装有录音系统的，也就是总统办公室里的谈话都是有录音磁带的。

此消息一出，特别检察官考克斯表现得异常激动，这个磁带可是重要的证据，他们要求白宫方面交出这份磁带。在一场旷日持久的诉讼中，尼克松的一段磁带落入了检察官的手里。在这段磁带中却有一个 18 分钟半的空白，而这个空白的时间正好是前一年 6 月 20 日下午尼克松同霍尔德曼交谈的时间，在那段时间里，他们正好谈到了如何处理水门事件各路媒体根本不会放过这个机会，对此大肆报道，在尼克松总统的内心里，他的防线也是因为这个磁带而崩溃了。

而这个时候，专管总统录音的女秘书罗丝也发表声明，对此，她一无所知，她从来没有对任何的磁带做过"技术处理"，即便是她的工作疏忽，那最多也就是 5 分钟左右，不会有这么长的空白期的。

18 分钟半的空白，虽然这段磁带没有任何的证据，但是它的空白恰恰就是一种无形的证据，这下子尼克松总统的心情糟糕透了。

1974 年 4 月 30 日，尼克松总统接到了传票，按照要求，他提交了其他的录音磁带给众议院司法委员会。提交的这些磁带，虽然有很多是经过白宫剪辑过的，但是，根据整理出来的资料抄本就足足有 1300 页，放在一块儿就是厚厚的一本书了。这些材料是铁的证据，有关于水门事件的真相逐渐暴露了出来。对于这种真相，虽然公众已经有了种种猜测，但是对此还是表现得很震惊，连参议院共和党领袖休·斯科德都认为这件事情是"可悲的、可鄙的、令人作呕的"。

7 月 30 日，民主党众议员彼得·罗迪诺主席主持了众议院司法委员会的会议，会议的主要内容就是对弹劾尼克松总统的问题进行表决。这次会议进行了电视转播，全美国乃至全世界都在关注这次会议，关注这次事件的最终结果。而面对这一切，尼克松总统只能选择辞职，这也是他唯一能走的一条路了。要不然等到众议院通过了弹劾他的议案，那么他所接受的就是被参议院审判而下台的事实。

1974 年 8 月 8 日，这天对于总统尼克松来说，是非常刻骨铭心而又倒霉透顶的日子。在这一天晚上的 9 时 12 分，尼克松坐在各路媒体的镜头前面，面色凝重，黯然神伤，他此刻通过电视向全国发表告别演说。

"没有打完仗就下战场，对我来说是一件困难痛苦的事情。"尼克松总统开始了他的讲话，但很显然这次讲话已经没有了他以往的气概，他的讲话里带着几分凄凉，几分羞惭。

在全世界的关注下，尼克松总统结束了他的告别演说，也结束了他的总统生涯。但是在告别讲话中，他只是认为自己犯了个用人不当的错误，并没有对国会对他的指控进行解释和承认。在他的辞职告别演说中，他是这样解释他辞职的原因的："现在，我们的国家的全部重心，应该是在国外的和平和国内没有通货膨胀的繁荣上，这两个问题才是至关重要的。现在这样的对我个人的争辩和讨论是没有任何意义的，这样做只能耗尽国会以及国家的时间和精力。"在讲到这里，他停顿了一下，然后接着说，"所以，我将会辞去总统的职务，这个决定将会在明天中午的时候生效。"

说完尼克松一脸疲惫，他也说过，最后的这句话是他"有生以来最难说出口的一句话"。

FBI 与克林顿性丑闻案

要说美国历史上最风流的总统，那非克林顿莫属，就算是当年的肯尼迪也不得不排在其后面。拒不完全统计，在克林顿身上发生过的、被公开的与性有关的事件就多达五起。

1994 年，曾经在阿肯色州州政府担任女秘书职位的葆拉·琼斯，对克林顿进行了控告，理由是克林顿对她进行过性骚扰。葆拉·琼斯声称在 1991 年克林顿任州长期间，在一家私人的旅馆里，他对她暴露下体，同时"强行求欢"，葆拉·琼斯要求克林顿对她支付 70 万美元的损害赔偿费。在这次控告中葆拉·琼斯是否受人指示，FBI 的特工们通过调查后给了否定答案。而克林顿方面对此事进行了坚决否认，但是让人想不到的是因为这次指控，而牵扯出了莫尼卡·莱温斯基案。克林顿对此比较担心，他不想因为葆拉·琼斯的事情再上法庭，所以在 1998 年 11 月 13 日，决定和葆拉·琼斯私下和解，而克林顿也为琼斯支付了 85 万美元作为补偿。

但是，事情过后不久，一名叫珍尼佛·弗劳尔斯的女人突然站出来，说她和克林顿有长达 11 年的恋情。克林顿对于这个"11 年的恋情"还是采取了否定的态度。但随着 FBI 特工的调查，发现两人之间的确有着不清不楚的关系。FBI 把调查结果公布后，克林顿也被迫承认了他和弗劳尔斯有 10 年（而非 11 年）的恋情。但是总统的烦恼显然没有结束，一位名叫凯瑟琳·威莉的女性也站了出来，她控告克林顿对她进行性骚扰，FBI特工们又对此事进行了调查，在调查的过程中，又出事了。

还是克林顿担任阿肯色州检察长期间的事情，他被指控涉嫌强暴一名叫娃妮塔·布罗垂克的女人。FBI对于总统克林顿的调查，完全可以用"疲于奔命"来形容，FBI特工的工作重点几乎就是调查克林顿的性丑闻。

其实这些事情并不是总统最担心的，他自信可以处理好这些事情，让他最为担忧的是由葆拉·琼斯的指控而牵扯出来的莫尼卡·莱温斯基案。

事情是这样的，1996年，刚刚结束了美国总统的大选，整个白宫都处于大选之后的一种放松状态。而当时还发生了另一件事，当时共和党的国会因为预算方面的事情和白宫发生过激烈的争论，于是共和党的国会对资金进行了冻结，因为发不出工资，许多政府雇员都在他们上级的指示下休假了。当时包括白宫在内的许多机关都几乎没有什么人。也是因为这样的一个环境，克林顿遇到了白宫实习生莫尼卡·莱温斯基，两人在经过一段时间交往后，他们顺利地将关系发展到了床上。

当然，这个莫尼卡·莱温斯基并不是一个很守规矩的女子。在FBI的调查资料中对于她是这样记录的：莫尼卡·莱温斯基出生于加利福尼亚州，父亲是一名忙于事业的癌症医生，母亲则是一位著名的活动家。家庭条件很富裕，莫尼卡·莱温斯基的生活状态很舒适。不过小时候的莫尼卡·莱温斯基可是个平凡的孩子，就算是上了大学，老师们也认为她是一个平庸的学生，在原来的社区学院读了大概有两年的时间，而后转到了俄勒冈州一所规模并不算很大的文科学院就读。1995年6月，她来到白宫实习，她的工作是很无趣的，甚至有点低级，她要做的就是每天分发邮件。因为这样的工作内容使得她可以有时间在白宫走廊里自由地走来走去，当然，她也很喜欢在总统椭圆形办公室外面逗留上那么一会儿。很多和她一起在白宫里面工作过的人回忆说，莫尼卡·莱温斯基衣服都穿得很暴露，在与人交流的时候，时不时会说上些粗话，个性十分张扬。

这样的一个个性，这样的一个环境，莫尼卡·莱温斯基和克林顿勾搭上，也是理所当然的事情。两人在白宫里总共亲密了 5 个月时间。对于此事，外界知之甚少，只有克林顿总统周遭的执勤人员知道，但是这些工作人员已经将此事作为公开的秘密而谈论了。1997 年 4 月，莱温斯基被调到国防部任职，被调动原因就是，她的上司认为她与总统的关系有些太亲密了。从这次调动之后，莫尼卡·莱温斯基和克林顿就再也没有过联系了。

事情本来就这样过去了，但是莫尼卡·莱温斯基还是暴露了。在国防部任职期间，莫尼卡·莱温斯基认识了一个名叫琳达·崔普的女子，在交往中，二人相谈甚欢，逐渐成为了无话不谈的朋友。而莫尼卡·莱温斯基就在谈话中无意提到了她和克林顿交往的内容。令人没有想到的是，这个叫琳达·崔普的女子是个非常有心计的人，她居然把二人的谈话录了下来。

1998 年 1 月，葆拉·琼斯案的原告律师正在四处搜集有关克林顿拈花惹草的证据，他的目的很简单，就是想向人们证明，克林顿是有着好色的性格的，而通过这些以为他的当事人遭到性骚扰做铺垫。这位律师对莫尼卡·莱温斯基和总统的事情也是早有耳闻，但是他在找到莫尼卡·莱温斯基后却遭到了对方的拒绝，对方很正式地告诉他，自己和总统没有过任何关系。就在这位律师一筹莫展的时候，莫尼卡·莱温斯基的那位好友，也就是琳达·崔普出现了，她将莫尼卡·莱温斯基和总统的事情抖了出来，并将她之前所做的录音交了出来。这个时候的莫尼卡·莱温斯基在无奈中也给律师提供了一些证据。

当调查这个案件的 FBI 特工就此事询问克林顿的时候，他立即做出了否认，他说自己和莫尼卡·莱温斯基没有任何关系，在很多场合，他都不惜以宣誓作证，他自始至终都宣称自己和莱温斯基没有发生性关系。可笑的是，克林顿竟然将"自己只是接受服务的一方，因此不算有性关系"作为自己理直气壮撒谎的逻辑和理由。

但是，事实击碎了总统的谎言。当莫尼卡·莱温斯基之前和朋友说话的录音带，以及莱温斯基的详细日记摆放在总统面前的时候，克林顿有点着急了，最为糟糕的是，莫尼卡·莱温斯基居然还给 FBI 交出了一件沾有他精液的蓝色洋装，这个证据几乎让总统发疯。

FBI 的技术人员对衣物上的精液做了 DNA 检测。在确凿的证据面前，克林顿总统已经无法抵赖，他只得面对事实，他就此事做了大约 5 分钟的"真情"讲话。在这间断的讲话中，他对自己的撒谎行为供认不讳，同时也作出解释：他之所以撒谎，一是想避免自己出丑；二是想维护自己的家庭；三是认为在葆拉·琼斯案的背后存在着政治动机甚至阴谋；四是那位独立监察官一直在想找他的麻烦，他之所以这样做，是因为之前他所调查的白水案一无所获，所以他就想在私生活方面找回一些面子。

对于这位总统，民众都已经很熟悉了。他最大的问题就是丑闻接连不断，当然这些丑闻未必都是真实的，都是证据确凿的，其中有些还是媒体捕风捉影的谣传。

FBI 与古巴、沙特等世界袭击间谍案

其实在克林顿任职总统的期间，FBI 特工可不仅仅只是为了他的私生活在忙着，在此之外，他还有着更大的麻烦。

1996 年，莫尼卡·莱温斯基案爆发的同年，有着一个更大的麻烦在等着克林顿总统。事情发生在沙特，当时一辆满载炸药的卡车以极高的速度径直冲向位于宰赫兰美军军事基地的大门。由于事情发生得太突然，当值的美国士兵没有做出任何反应，大卡车的爆炸顿时使半边天都红了起来，在这场爆炸和大火中总共有 19 名美军士兵被炸死，400 多人受伤。这也是美国士兵在海外非作战减员最为严重的一次，也是死亡人数最多的一次。

这件事情的发生，震惊了整个美国。FBI 立即派出了 100 多名 FBI 特工，前往沙特调查此事，并且捕捉爆炸凶手。但是特工们来到沙特后，通过调查一无所获，这让 FBI 特工们也很奇怪，这么大的爆炸案，对方居然没有留下任何的蛛丝马迹。就好像是由天外来客作的案一样，完成了任务他们就离开了地球。

但是，任何事情只要做了，终归是会留下痕迹的，更何况是这么大的爆炸案。FBI 特工们通过夜以继日的调查，终于找到了一些眉目，他们将调查的重点放在了沙特高层上。果然，在他们不懈的努力下，终于

找到了一些证据，同时锁定了几名犯罪嫌疑人。但毕竟这不是在美国本土，对于这几位外国犯罪嫌疑人的审问，必须要得到沙特方面的同意才可以。他们只能将情况编写成报告，呈送给白宫。但是，克林顿并没有要求沙特皇储阿布杜拉王子允许 FBI 审问关押在沙特的爆炸案疑犯，他只是一味地给对方讲关于构建总统图书馆的捐款事情。就这样，克林顿总统一手切断了 FBI 追查此事的唯一途径。在这次事件的处理上，克林顿显得有点不负责任，不仅辜负了美国人民的希望，同时也很对不起沙特霍巴塔恐怖袭击事件中遇难者的家属。

事实上，当年 FBI 特工在调查的过程中，已经掌握了爆炸案的幕后人物名单，在这份名单中就涉及几位伊朗政界人物。但是这份名单最终没有出现在克林顿总统的白宫办公桌上，FBI 高级领导也曾爆出对克林顿的不信任，对其打击恐怖分子的信心和决心的怀疑。